rororo

rororo

Jarkko Sipilä, geboren 1964 in Helsinki, arbeitet seit vielen Jahren als Polizeireporter und hat bereits mehrere Thriller veröffentlicht. Außerdem schreibt der in seiner Heimat sehr erfolgreiche Autor Drehbücher. «Die weiße Nacht des Todes» ist sein erstes ins Deutsche übersetztes Buch.

Jarkko Sipilä

Die weiße Nacht des Todes

Kommissar Takamäki ermittelt

Aus dem Finnischen
von Gabriele Schrey-Vasara

Rowohlt Taschenbuch Verlag

Die Originalausgabe erschien 2005 unter dem Titel
«Likainen Kaupunki» bei Gummerus Publishers, Helsinki

Deutsche Erstausgabe
Veröffentlicht im Rowohlt Taschenbuch Verlag,
Reinbek bei Hamburg, März 2007

Redaktion Stefan Moster
Umschlaggestaltung any.way, Wiebke Jakobs
(Abbildung: mauritius images / GreatShots)
Satz Minion PostScript, InDesign, bei
Pinkuin Satz und Datentechnik, Berlin
Druck und Bindung Clausen & Bosse, Leck
Printed in Germany
ISBN 978 3 499 24394 3

Nacht zum Montag

4. Juli 2005

1. Kapitel

Montag, 01.22 Uhr
Nord-Pasila, Helsinki

Eine leichte Sommerbrise schob den dichten schwarzen Rauch nach Norden. Anderthalb Meter lange Flammen schlugen aus der zerborstenen Windschutzscheibe des Lasters. Das Blaulicht der Feuerwehrautos ließ die Glut noch intensiver erscheinen.

Kriminalhauptmeisterin Anna Joutsamo blieb in fünfzig Meter Entfernung stehen. Selbst dort spürte sie die glühende Hitze und roch das bittere Gemisch von brennendem Gummi und Benzin.

Ein Dutzend Feuerwehrleute versuchten das Zugfahrzeug zu löschen und ein Übergreifen des Feuers auf den Sattelanhänger zu verhindern. «Keine Gasflaschen!», rief einer der Männer.

Joutsamo sah auf die Uhr: 01.22. Routinemäßig notierte sie die Uhrzeit. Tagsüber war es warm gewesen, aber in der Nacht war die Temperatur unter fünfzehn Grad gesunken. Deshalb hatte die zweiunddreißigjährige Kripobeamtin über ihrem dünnen grünen T-Shirt die schwarze Jacke angezogen, die sie kürzlich auf einer Dienstreise in Lappeenranta gekauft hatte. Die halblangen dunklen Haare hatte sie zum Pferdeschwanz zusammengebunden.

Unter die Uhrzeit schrieb sie: «Parkplatz bei Shell an der Veturitie». Die Adresse war nicht ganz exakt, aber so war sie ihr von der Notrufzentrale im Polizeigebäude von Pasila genannt worden. Das Gebäude lag weniger als einen Kilometer von der Brandstelle entfernt.

Der Brandmeister, der die Löscharbeiten leitete, brüllte Kommandos, die Joutsamo über dem Knistern der Flammen und dem Rauschen des Löschwassers nicht verstand.

«Am besten schreibt man sich die grundlegenden Fakten sofort auf», erklärte Joutsamo dem neben ihr stehenden Kollegen.

Risto Mäki nickte. «Ja, so mach ich es auch immer.»

Joutsamo begriff zu spät, wie dumm ihre Bemerkung gewesen war. Der Kollege war zwar neu in der Mordkommission, aber kein Grünschnabel. Mäki war im Rahmen der internen Rotation als Sommervertretung ins Gewaltdezernat der Kripo versetzt worden. Bisher hatte der etwa dreißigjährige, athletisch gebaute Mann in der Außenstelle Malmi Bagatelldelikte untersucht oder zumindest abgeheftet. Noch vor zehn Minuten hatte er Anna Joutsamo im Polizeipräsidium gegenübergesessen und erklärt, dank moderner, effektiver Methoden sei die Aufklärungsrate bei kleinen Einbrüchen und Fahrraddiebstählen erheblich gestiegen. Die Feuermeldung hatte ihr Gespräch unterbrochen.

«Vorderteil eines Lastzugs brennt», schrieb Joutsamo in die dritte Zeile.

«Du, das ist kein Lastzug. Das ist eine Sattelzugmaschine. Ein Lastzug ist ein zwei- oder dreiachsiger Laster mit Anhänger», korrigierte Mäki.

Joutsamo sah ihn flüchtig an, sagte aber nichts. Ihre Notizen änderte sie allerdings auch nicht.

«Ich bin schon mal so ein Ding gefahren.»

«Schön für dich», gab Joutsamo zurück. «Ich werde mit B Drei reden. Du kannst dich inzwischen umhören, ob jemand was gesehen hat.»

Die Brandstelle befand sich im Norden des Stadtteils Pasila, in der Nähe des Eisenbahndepots und der Hartwall-Arena, am Rand eines kleinen Industriegebiets mit Lagerhallen und Werkstätten, Güterwaggons und Lkws. Vor der Tankstelle hatte sich eine kleine Schar Neugieriger angesammelt.

Joutsamo trat auf den stämmigen Brandmeister mit dem Walrossbart zu. «Grüß dich, Kantanen.»

B Drei sah sie überrascht an. «Die Mordkommission? Jetzt schon? Warum denn das?»

«Na ja, ruhiger Abend und kurzer Weg. Wir haben den Alarm gehört und dachten uns, die Nachtschicht geht schneller rum, wenn man was zu tun hat. Oder so tut, als hätte man was zu tun», lächelte Joutsamo. «Außerdem haben wir einen neuen Kollegen, der bei uns den Kripoalltag kennenlernen soll. Bei dem warmen Wetter kriegt er davon allerdings keine realistische Vorstellung.»

Sie verkniff sich die Bemerkung, falls an dem Brand etwas faul wäre, sei es von Vorteil, dass die Kripo von Anfang an dabeistand. Dann würde wenigstens keiner aus lauter Dummheit Spuren vernichten. Und Mäki hätte Gelegenheit, wirklich etwas zu lernen.

«Ein heftiges Feuer, das muss ich zugeben», meinte Kantanen zögernd und kickte mit der Stiefelspitze eine Scherbe über den Asphalt. «Sieht man selten. Insofern ist es gut, dass ihr da seid.»

«Eine Explosion?», fragte Joutsamo und zeichnete gleichzeitig eine Skizze der Brandstelle auf ihren Block.

Ein blonder junger Polizist im blauen Overall der Schupo eilte herbei. «Bitte lassen Sie die Feuerwehr ihre Arbeit tun», blaffte er die Frau an.

«Habe ich sie daran gehindert?»

«Aushilfsreporterin, wie? Wissen Sie nicht, dass Sie hier nicht einfach rumlaufen können?», sagte der Polizist. Auf der linken Brust stand mit großen Buchstaben sein Nachname: Nieminen.

Kantanen wollte etwas sagen, doch Joutsamo kam ihm zuvor. «Und wie heißen Sie mit Vornamen, Herr Polizeianwärter?»

«Die Rangabzeichen kennen Sie wenigstens. Na schön, aber jetzt treten Sie bitte zurück», kommandierte Nieminen und sah sich nach einem Fotografen um. Auf der Polizeischule hatte er gelernt, dass Reporter praktisch nie ohne Fotografen unterwegs waren, die man grundsätzlich als Erste verscheuchen musste.

«Der Vorname?»

«Wenn Sie nicht sofort fünfzig Meter zurücktreten, nehme ich Sie wegen Widerstand gegen die Staatsgewalt fest», tönte Nieminen. «Ich spaße nicht!»

Joutsamo war versucht, das Spiel weiterzutreiben, um zu sehen, wie weit der junge Polizist gehen würde. Vom Umgang mit der Presse hatte er jedenfalls keine Ahnung. Doch sie holte die Brieftasche hervor und zeigte ihren Dienstausweis.

Nieminen sah nicht einmal hin, sondern herrschte sie an: «Der Presseausweis hilft Ihnen auch nichts. Fünfzig Meter zurück, und zwar sofort!»

Seine Hand lag bereits auf der Dienstwaffe.

Hilf Himmel, dachte Joutsamo und hielt dem jungen Mann ihren Ausweis direkt vor die Augen. Er studierte ihn zehn Sekunden lang.

«Hups, ja, also …», stammelte Nieminen. «Ich wollte nur … Na ja … Kann ich irgendwie behilflich sein?»

«Kannst du», versetzte Joutsamo. «Indem du dir hinter die Ohren schreibst, was ich dir jetzt sage: Verlass dich nie auf Vermutungen, sondern kläre die Fakten, bevor du handelst. Damit kommst du schon weit.»

Zwanzig Minuten später hatte das Wasser die Flammen erstickt, und aus dem Zugfahrzeug stieg nur noch dünner, weißer Dampf auf. Da die Vorderreifen geschmolzen waren, war die Maschine nach vorne gesackt, als wollte sie demütig um Verzeihung bitten. Die ersten Feuerwehrmänner rollten bereits ihre Schläuche ein.

Einer der Männer hielt den Wasserstrahl noch eine Weile in das Führerhaus, aber auch er legte den Hebel bald um und trat an die Fahrerkabine, um die letzten Brandherde zu orten.

«Kantanen!», rief er plötzlich. «Guck dir das an!»

Der Brandmeister lief zum Führerhaus, dicht gefolgt von Joutsamo. Er stieg auf das noch warme Trittbrett und warf einen Blick ins Innere. «Tja, tatsächlich gut, dass ihr schon hier seid. Das fällt in euer Ressort», stellte er fest und machte Joutsamo Platz. Im rückwärtigen Teil der Fahrerkabine war eine verkohlte Hand zu sehen.

«Gibt's was?», fragte Mäki, der plötzlich hinter Joutsamo auf dem nassen Asphalt stand.

Joutsamo drehte sich um. «Was hast du von den Leuten an der Tankstelle erfahren?»

«Na ja, eigentlich gar nichts ... Der Laster soll seit mindestens drei Stunden hier gestanden haben.»

«Mach die Runde nochmal. Jedes Nummernschild in der Umgebung wird notiert. Ebenso Namen und Kontaktdaten aller Anwesenden. Die Filme aus den Überwachungskameras an der Tankstelle und am Rangierbahnhof brauchen wir auch. Beeil dich. Da drin liegt eine Leiche. Ob ein Verbrechen vorliegt, wissen wir noch nicht, aber wenn ja, sind die nächsten Minuten entscheidend», sagte Joutsamo. Ihr Blick fiel auf Nieminen, der Kaugummi kaute und sich am Schritt kratzte. «Scheiße, wir brauchen Verstärkung.»

Montagmorgen

2. Kapitel

Montag, 08.27 Uhr
Polizeigebäude, Pasila

Nationalität?», fragte Takamäki.

«Wissen wir noch nicht», erwiderte Joutsamo. «Die Leiche wurde erst gegen vier geborgen.»

«Den Laster meine ich!» Der fünfundvierzigjährige Kommissar, der mit seinen kurzen dunklen Haaren jünger aussah, war gut gelaunt. In einer Woche begann sein Urlaub. Er hatte Muskelkater, weil er am Abend zwanzig Kilometer gelaufen war, viel mehr als seine übliche Strecke, aber in der warmen Sommerluft hatte das Laufen Spaß gemacht.

Es war ihm so leicht gefallen, dass er sogar mit dem Gedanken gespielt hatte, sich an der Marathonstrecke zu versuchen. Aber vielleicht war das unnötige Schinderei, letzten Endes lief er nur, um sich fit zu halten.

Takamäki war vor fünfzehn Minuten im Polizeigebäude eingetroffen und saß nun mit Joutsamo im kargen Kaffeezimmer der Mordkommission. Auch Mäki war anwesend und hatte als Neuling die ehrenvolle Aufgabe erhalten, den Kaffee zu kochen.

Der Tote in dem ausgebrannten Lkw war für die Mordkommission nicht weiter aufregend. Interessant war zunächst die Todesursache. Wenn ein Lkw Feuer fing, schaffte man es normalerweise, rechtzeitig auszusteigen. Es konnte jedoch plausible Erklärungen geben, weshalb es in diesem Fall nicht gelungen war. Als Erstes fiel den Ermittlern die Kombination von Vollrausch und brennender Zigarette ein.

«Das Nummernschild ist zur Hälfte verbrannt. Eventuell könnte es sich um ein estnisches Fahrzeug handeln.»

Nicht schlecht, der Kaffee, dachte Takamäki. Vielleicht hat der Mann aus Malmi Potenzial. Der Kommissar wusste, dass Mäki Basketball spielte. Überhaupt war der Neue in der Mordkommission nicht ganz unbekannt. Man hatte vor einem Jahr bei den Ermittlungen über den Mord an einem jungen Araber mit ihm zu tun gehabt, und Suhonen, der als verdeckter Ermittler zu Takamäkis Team gehörte, hatte damals gemeint, der Revierbeamte sei begabt. Als dann die Vertretungsstelle frei wurde, hatte Takamäki ihn gefragt, ob er Interesse habe.

Jetzt blickte er Mäki an, der nach der langen Nachtschicht ganz kleine Augen hatte. «Was hältst du von der Sache?»

Mäki zuckte die Achseln. «Vermutungen bringen uns nicht weiter. Am besten sehen wir uns die Fakten an, bevor wir die Situation beurteilen.»

Takamäki lächelte. Die Antwort war goldrichtig. «Und was sind die Fakten?»

«Ein Zugfahrzeug ist ausgebrannt, und im Führerhaus lag eine Leiche. Mehr weiß ich nicht. Unfall oder vorsätzlich herbeigeführter Tod.»

«Die Videos von der benachbarten Tankstelle und vom Rangierbahnhof werden gerade eingesammelt», fügte Joutsamo hinzu. «Von den Anwesenden hat niemand gesehen, wie das Feuer entstand, jedenfalls gibt es keiner zu. Einige haben allerdings ausgesagt, sie hätten Flammen gesehen, bevor die Feuerwehr eintraf.»

«Keine Feuerwehr ohne Feuer», bemerkte Takamäki.

«Die Rechtsmedizinerin hat versprochen, sofort mit der Sektion und der Festlegung der Todesursache anzufangen, wir müssten also bald erste Anhaltspunkte bekommen.»

Mäki überlegte, ob er eine Frage stellen sollte oder lieber nicht.

Takamäki bemerkte sein Zögern. «Bei uns gilt die Regel: Dumm ist, wer nicht fragt. Also?»

«Na ja ...» Mäki zauderte immer noch. «Die Leiche ist völlig verkohlt. Was kann man da ...»

«Alles Mögliche», erklärte Takamäki ruhig. Regel Nummer zwei besagte, dass niemand, der fragte, für dumm gehalten wurde. «Ist dir beim Grillen schon mal die Wurst verbrannt?»

Mäki nickte. «Mehr als einmal.»

«Mit Menschenfleisch ist es nicht viel anders als mit der Wurst. Da die Feuerwehr relativ schnell vor Ort war, ist von der Leiche sozusagen nur die Pelle verbrannt. Darunter findet sich genug zum Analysieren, und die Rechtsmediziner vollbringen Wunder. Ihr hättet zur Autopsie gehen sollen.»

«Es gibt auch so genug zu tun», sagte Joutsamo. Sie hatte ein paarmal an Obduktionen von Brandopfern teilgenommen und mied sie, wenn es irgendwie möglich war.

«Und die Brandspuren?», erkundigte sich Takamäki.

«Danach müssen wir Kannas fragen», erwiderte Joutsamo. «Die Spurensicherung war gegen drei an der Brandstelle. Erste Ergebnisse im Lauf des Vormittags. Stimmt es übrigens, dass Suhonen heute zurückkommt?»

Takamäki nickte.

Der Kommissar setzte sich an seinen Schreibtisch. Schon vor der Besprechung mit Joutsamo und Mäki hatte er den Computer eingeschaltet. Der Tod des Lkw-Fahrers war höchstwahrscheinlich ein Routinefall, doch man durfte ihn keinesfalls von Anfang an als nebensächlich abhaken. Joutsamo hatte völlig richtig gehandelt, als sie nach dem Leichenfund eine vollgültige Ermittlung angeleiert hatte.

Auch ihre Entscheidung, ihn in der Nacht nicht anzurufen, weil nicht eindeutig feststand, ob es sich um ein Kapitalverbrechen handelte, akzeptierte er. Einem weniger erfahrenen und kompetenten Mitarbeiter hätte er diese Eigenmächtigkeit nicht durchgehen lassen.

In der Mailbox warteten einige interne Rundschreiben über die eventuelle Gefahr terroristischer Anschläge am Nationalfeiertag der USA, die Takamäki rasch überflog. Dann lud er das Formular für den Obduktionsauftrag hoch und füllte es aus. Mit den Rechtsmedizinern war vereinbart, dass die Papiere in dringenden Fällen nachgeliefert werden konnten.

Wenn es nach Takamäki gegangen wäre, hätte Joutsamo alle Nachtschichten übernehmen können – oder zumindest diejenigen, in deren Verlauf ermittlungsbedürftige Leichen auftauchten. Im Schnitt wurden dem Gewaltdezernat monatlich gut hundert Tote gemeldet. Fast immer handelte es sich um natürliche Todesfälle, Unfälle oder Selbstmorde, nur ein- oder zweimal pro Monat kam ein Kapitalverbrechen ans Licht.

Der Kommissar wusste, dass er seine beste Ermittlerin nicht mehr lange in seinem Team behalten durfte. Joutsamo gehörte in den Kommissarslehrgang, sie hatte das Zeug, Karriere zu machen. Takamäki hatte die Frage bereits mehrfach angeschnitten, doch die junge Frau hatte mit einer Gegenfrage geantwortet: «Und wie ist es mit dir und dem Posten des Hauptkommissars?»

Takamäki hatte nur gebrummt, irgendwer müsse ja aufwischen, was die Gesellschaft auskotzte; für diese Aufgabe sei er wie geschaffen. «Ist das nicht eher was für Hauptmeister?», hatte Joutsamo zurückgegeben.

Über seine eigene Karriere hatte der fünfundvierzigjährige Kommissar sich durchaus Gedanken gemacht. Doch keine der Alternativen behagte ihm. Sollte er als Hauptkommissar am Schreibtisch hocken? An der Polizeischule unterrichten? Als Beamter ins Ministerium gehen? Den Polizeidienst quittieren? Nein, nein, nein und nein. Das Einzige, was ihn wirklich interessierte, war, Verbrecher hinter Gitter zu bringen.

Takamäkis Familienleben war in Ordnung. Seine Frau Kaarina arbeitete in der Krankenhausverwaltung, sein älterer Sohn Joonas kam im Herbst in die achte Klasse, Kalle, der jüngere, in die sechste. Jetzt hatten die beiden Sommerferien. Takamäki hatte zu Beginn des Sommers eine Woche Urlaub gemacht und danach Karila, den Chef des Gewaltdezernats, vertreten. Nun war Karila wieder im Dienst, und Takamäki würde am nächsten Montag den zweiten Teil seines Urlaubs antreten. Er hatte für die ganze Familie eine Reise nach Kreta gebucht. Am Dienstag sollte es losgehen. Das Reiseziel hatte die Familie gemeinsam ausgesucht. Takamäki hatte im Winter ein Buch über die Kämpfe auf Kreta im Jahr 1941 gelesen und hielt die Insel deshalb für interessant, wusste aber, dass weder seine Frau noch seine Söhne Lust hatten, ehemalige Schlachtfelder zu besichtigen. Na, am Strand war es sicher auch schön.

Er druckte das fertige Formular aus und lehnte sich zurück.

Hoffentlich erwies sich die Lkw-Geschichte als Unfall; ein Selbstmord würde es vermutlich nicht sein. Für die letzten Tage vor dem Urlaub wünschte sich Takamäki ein sommerlich-friedliches Helsinki, ohne Kapitalverbrechen. Wärme, Sonne und gute Laune für alle. Als er die ersten Takte von Jussi Raittinens Sommerjob-Blues hörte, reckte er sich, um das Transistorradio auf dem Fensterbrett lauter zu stellen.

Seine Finger klopften den Takt mit: «*Im August nehm ich*

zwei Wochen frei, fahr zum Ruisrock, Pressa spielt, und ich bin dabei. Als ich's dem Alten sag, meint der: Auwei, da gehst du nicht hin, sonst wirst du nur high.»

Takamäki musste lachen. Als Eddie Cochrans Song 1973 ins Finnische übersetzt wurde, war er dreizehn gewesen. Jussi Raittinen hatte das Stück für seine LP «Ich will Rock 'n' Roll» aufgenommen.

Auch der Polizistensohn Kari Takamäki hatte nicht zum Ruisrock-Festival fahren dürfen – zumindest damals mit dreizehn nicht. Lust hätte er schon gehabt. Später war er dann öfter dort gewesen. Er erinnerte sich an den Auftritt von Uriah Heep 1978, in einem kalten, verregneten Sommer. Die Band hatte das ansonsten miserable Festival gerettet.

Jetzt interessierte ihn Ruisrock nicht mehr, und seinem vierzehnjährigen Sohn Joonas hätte er auch nicht erlaubt, hinzufahren. Der fand allerdings Fußball und Eishockey ohnehin spannender.

Es klopfte. Takamäki brummte etwas Undefinierbares.

Kirsi Kohonen trat ein. Die rothaarige Kriminalmeisterin sah ihren Chef verwundert an: «Machst du schon Urlaub?»

«Noch nicht», lächelte Takamäki. «Erst in einer Woche.»

«Auf Kreta, stimmt's?»

«Ja … Was ist mit der Frau? Bleibt sie bei ihrer Aussage?» Takamäkis Team war mit zahlreichen Fällen beschäftigt, die natürlich gleichzeitig bearbeitet wurden. Alle kannten die wichtigsten Punkte aller offenen Delikte, aber für jeden Fall wurde jeweils ein Hauptermittler ernannt.

Der Fall, der Kirsi Kohonen zugefallen war, betraf den achtunddreißigjährigen Pekka Räsänen, der am Samstagabend, dem 18. Juni, auf dem Sofa in seiner Wohnung tot aufgefunden worden war. Seine Frau Kristiina hatte den Krankenwagen alarmiert und auch gleich gesagt, sie habe ihren Mann mit zwei Messerstichen verletzt, weil der sie verprügelt und bedroht hatte – demnach handelte es sich um einen Fall von Notwehrüberschreitung.

Bei der Vernehmung hatte die Frau ausgesagt, ihr Mann sei wie so oft stark betrunken nach Hause gekommen. Mehr als einmal habe sie schon daran gedacht, sich wegen der Prügelei im Suff scheiden zu lassen, es aber dann doch nicht fertiggebracht. Wenn er wieder nüchtern sei, bereue Pekka seine Taten. Für diesen Teil ihrer Aussage gab es indirekte Beweise. Der Mann war bereits zweimal zu einer Geldstrafe verurteilt worden, weil er seine Frau misshandelt hatte.

Am Abend seines Todes habe er sie wieder mal als Nutte beschimpft und geschlagen. Da sei sie in die Küche gerannt, habe das Brotmesser genommen und zweimal zugestochen.

Die Messerstiche hatten den Mann in die linke Schulter und die linke Seite getroffen. «Genug jetzt», hatte Pekka nach Kristiinas Darstellung gesagt, war quer durchs Zimmer gegangen und hatte sich aufs Sofa fallen lassen. Sie hatte angenommen, er sei nicht schlimm verwundet, und hatte sich neben ihn gesetzt. Da sah sie das Blut auf seiner Hose und auf dem Fußboden.

Dann war Pekka blass geworden, und seine Haut hatte sich plötzlich kalt angefühlt. Er hatte versucht, etwas zu sagen, was Kristiina jedoch nicht verstehen konnte. Zu diesem Zeitpunkt hatte sie den Krankenwagen alarmiert. Aber bei dessen Ankunft war Pekka bereits tot.

Soweit Kristiinas Aussage vor der Kriminalpolizei. Es schien sich um einen Routinefall zu handeln. Kristiina kam in Untersuchungshaft, und die Leiche wurde in die Pathologie gebracht. Dort kam der Rechtsmediziner zu dem Schluss, dass der Stich in die Seite, der direkt ins Herz getroffen hatte – nach Kristiinas Aussage der zweite –, erst geführt worden war, als der Mann bereits saß, denn das Messer war aus einem anderen Winkel eingedrungen.

An sich war Kristiinas Aussage logisch. Von der Stelle, an der sie zum ersten Mal zugestochen hatte, führte eine Blutspur zum Sofa. Wenn bereits der erste Stich ins Herz getroffen hätte, wäre der Mann aber kaum fähig gewesen, drei Meter zu gehen. Die Schulterwunde hatte geblutet, die Herzwunde nicht. Hätte der Mann sich nach dem Stich ins Herz bewegt, hätte die Wunde bluten müssen. Es kam noch etwas hinzu: Eine Herzverletzung führte notwendigerweise zu einer starken Blutdrucksenkung. Wenn also erst der zweite Stich in die Schulter getroffen hätte, hätte diese Wunde gar nicht mehr bluten können.

Wie der rechtsmedizinische Befund sprach auch Pekkas Kleidung gegen Kristiina. Angeblich hatte ihr Mann schon vor der Auseinandersetzung sein T-Shirt ausgezogen, aber das Hemd wies an der Schulter einen Riss und Blutflecken auf. In Rippenhöhe war es dagegen unversehrt.

Der Fall war daher klar: Kristiina hatte ihrem Mann, der zu dem Zeitpunkt vor ihr stand, das Messer in die Schulter gestoßen. Erst nachdem der Verletzte sich hingesetzt und das blutige Hemd ausgezogen hatte, hatte sie ein zweites Mal zugestochen – direkt ins Herz.

Nun stand die Frau also unter Mordverdacht. Für Mord gab es «Lebenslänglich», für Notwehrüberschreitung mit Todesfolge vier Jahre Gefängnis, von denen man in der Regel nur zwei Jahre abzusitzen brauchte.

«Sie bleibt bei ihrer Geschichte», sagte Kohonen. Man hatte die Frau auf die Widersprüche hingewiesen, doch sie hielt an ihrer Aussage fest.

«Weil ihr keine neue einfällt», meinte Takamäki. «Die Sache ist klar. Schick den Fall an den Staatsanwalt.»

«Denke ich auch. Mit Vernehmungen kommen wir nicht

mehr weiter. Was ist übrigens mit der Brummileiche? Steckt was dahinter?»

«Keine Ahnung. Hoffentlich nicht. Mir wäre eine ruhige Woche ganz lieb, sozusagen als sanfter Übergang zum Urlaub.»

Der Wunsch des Kriminalkommissars sollte sich nicht erfüllen. Eine Stunde später befand er sich im Rechtsmedizinischen Institut in der Kytösuontie 11.

3. Kapitel

Montag, 9.40 Uhr
Rechtsmedizinisches Institut

Ich hab eine neue Geschichte für dich», sagte die Rechtsmedizinerin Tuija Nyman. Takamäki fand, dass die schlanke Fünfzigjährige mit den tiefschwarzen Haaren und dem schmalen, schönen Gesicht fast griechisch wirkte.

«Schieß los», erwiderte er und zwängte sich auf den Besucherstuhl, was akrobatische Fähigkeiten voraussetzte. Das Bücherregal nahm nämlich so viel Platz in Anspruch, dass zwischen Stuhl und Schreibtisch nur vierzig Zentimeter blieben. In dem kleinen Zimmer herrschte ein wüstes Durcheinander.

Normalerweise mussten Kommissare keine Laufarbeit machen, aber wegen der chaotischen Urlaubsregelung fehlte es überall an Personal. Es war eine ziemliche Farce: Für die Zeit der zweiwöchigen Leichtathletik-WM im August hatte das Innenministerium eine Urlaubssperre für sämtliche Polizeikräfte verhängt, weshalb alle versuchten, vorher Urlaub zu machen. Zudem hatte Takamäki es nicht übers Herz gebracht, Joutsamo und Mäki nach der Nachtschicht herumzuhetzen, und Kohonen musste das Protokoll über die Vernehmung der Messerstecherin schreiben.

Es gab freilich noch einen weiteren Grund für Takamäkis persönlichen Einsatz: Die Pathologin, die ihm in schwarzer Hose und dunkelgrünem T-Shirt gegenübersaß, war nett und witzig. Auch deshalb hatte er gegen den Abstecher ins Rechtsmedizinische Institut nichts einzuwenden gehabt.

«Okay, diese Story ist eine von der Sorte ‹gute und schlechte Nachrichten›», begann die Pathologin. «Ein Mann steht unter dem Verdacht, sich an seiner Tochter vergangen zu haben. Er sitzt in der Zelle, und zwei stämmige Polizisten kommen zu ihm. Der eine sagt: Wir haben eine gute und eine schlechte Nachricht für dich. Welche willst du zuerst hören? Der Verdächtige überlegt einen Moment und sagt, die schlechte. Darauf der Polizist: Na ja, die schlechte Nachricht ist, dass der DNA-Test dich festnagelt. Und die gute?, fragt der Mann. Da sagt der Polizist: Sie ist nicht deine Tochter.»

Takamäki ließ sich von ihrem fröhlichen Lachen anstecken.

«Tja», sagte sie dann und wurde ernst. «Die Leiche aus dem Lkw.»

«Ja?»

«Willst du sie sehen?»

«Nicht unbedingt, es sei denn, du willst mir etwas Bestimmtes zeigen.»

Nyman schüttelte den Kopf. «Von außen gibt's nichts Besonderes zu sehen», sagte sie und berichtete, sie habe die erhaltenen Reste der Kleidung bereits an die Kriminaltechniker weitergeleitet. Der Mann hatte auf dem Fußboden vor der Schlafkoje gelegen. Der Teil seines Hemdes, der den Bodenbelag berührt hatte, war von den Flammen verschont geblieben. Nach sorgfältiger Reinigung mit diversen Chemikalien hatte die Pathologin von den verkohlten Händen der Leiche sogar Fingerabdrücke nehmen können. Das Alter des Mannes schätzte sie auf etwa fünfunddreißig. Er war einen Meter dreiundachtzig groß und stämmig, aber nicht dick gewesen.

«Am Telefon hast du angedeutet, es könnte sich um ein Kapitalverbrechen handeln.»

«Ja. Der Mann war schon tot, als das Feuer ausbrach», erklärte Nyman.

«Kein Rauch in der Lunge?»

«Und kein Kohlenmonoxid im Blut», nickte sie. «Er hat also nicht mehr geatmet, als der Lkw Feuer fing. Die Todeszeit fällt allerdings mit dem Zeitpunkt des Brandes zusammen. Jedenfalls so ungefähr.»

«Woran ist er gestorben?», fragte Takamäki gespannt.

«An einer Überdosis Heroin», sagte die Frau mit ernstem Gesicht.

Takamäki war verblüfft. «Ein Junkie?»

«Kann sein, vielleicht aber auch nicht. Die Befunde deuten darauf hin, dass der Mann die drei- bis vierfache Menge der normalen, ich meine der durchschnittlichen tödlichen Dosis eingenommen hat. Er muss sehr schnell gestorben sein, denn im Urin finden sich keine Heroinspuren. So weit ist der Stoff nicht mehr gekommen. Wenn ich mir eine Schätzung erlauben darf, würde ich sagen, der Tod ist nach wenigen Minuten eingetreten.»

«So schnell?»

Die Pathologin nickte. «Es ist wie gesagt nur eine Schätzung. Wenn jemand Selbstmord begehen wollte, wäre das sicher die effektivste Methode. Einstiche waren an der verkohlten Leiche natürlich nicht zu sehen, aber die Dosis war enorm. Natürlich besteht die Möglichkeit, dass der Mann erstens ein langjähriger Fixer war, zweitens nicht wusste, dass es sich um absolut reinen Stoff handelte, und drittens auch noch falsch abgemessen hat. Alles zusammen könnte die Höhe der Dosis erklären. Aber ein Heroinsüchtiger als Lkw-Fahrer? Das passt nicht zusammen.»

«Ob er der Fahrer war, wissen wir nicht», gab Takamäki zu bedenken.

«Stimmt auch wieder», räumte Nyman ein.

Takamäki schwieg sekundenlang und überlegte dann laut: «Hat er sich die Spritze selbst gesetzt ... oder war es ein anderer?»

«Das ist die große Frage.»

Kannas schob Takamäki ein Dutzend Fotos hin. «Hast du die schon gesehen?», fragte der massige technische Ermittler in seinem Dienstzimmer im Polizeipräsidium. In den 1980er Jahren waren Kannas und Takamäki als junge Polizisten vor dem Präsidentenpalais Streife gegangen und hatten erfahren, warum der langweilige Posten den Spitznamen «Tropf» trug: weil einem im kalten Wind vom Meer ständig die Nase lief.

Takamäki betrachtete die Aufnahmen und schüttelte den Kopf. Sie waren in der vergangenen Nacht im Lkw gemacht worden. Die verkohlte Leiche befand sich in Seitenlage auf dem Boden hinter dem Fahrer- und Beifahrersitz. Kein schöner Anblick. Noch schlimmer waren die Nahaufnahmen vom Gesicht. Anhand dieser Aufnahmen würde man den Toten nicht identifizieren können.

«War heiß, das Feuer», stellte Takamäki fest und legte die Fotos zurück.

«Die sind für dich, damit kannst du deinen Ermittlern eine Freude machen. Magst du einen Kaffee? Musst ihn allerdings schwarz trinken, die Milch ist alle.»

Takamäki, der gerade erst bei der Pathologin eine Tasse getrunken hatte, lehnte dankend ab.

Kannas setzte sich an den Computer und klickte den Druckbefehl an. Auf seinem Tisch stand ein halbes Dutzend Fotos von Menschen verschiedenen Alters. Takamäki hatte sich vor Jahren einmal erkundigt, wer diese Leute waren, und Kannas hatte ihm die Geschichte jedes Einzelnen erzählt. Bei allen handelte es sich um Opfer von Gewaltverbrechen. Die rothaarige Prostituierte mit den Kulleraugen war mit einem Baseballschläger getötet, dem dreijährigen Mädchen mit einem Bügeleisen der Schädel eingeschlagen worden … Kannas hatte geholfen, die Täter zu überführen, und umgab sich mit den Fotos ihrer Opfer, damit er nie vergaß, warum er seine Arbeit tat.

«Du kannst den vorläufigen Bericht gleich mitnehmen.»

«Erzähl mir doch mal das Wichtigste», bat Takamäki.

«Mit der Nyman hast du schon gesprochen, also überspringe ich den Teil. Die Leiche konnte bisher nicht identifiziert werden. Die Fingerabdrücke sind bei uns nicht registriert, und das Ergebnis der DNA-Probe liegt noch nicht vor. Ich glaub allerdings nicht, dass es uns weiterhilft, da wir nicht mal passende Fingerabdrücke finden. Bleibt natürlich die Möglichkeit, dass die DNA-Analyse den Mann mit einem ungeklärten Verbrechen in Verbindung bringt. Dann wissen wir aber immer noch nicht, wer er ist. Einen Gebissabdruck bekommen wir, aber auch da fehlt uns das Vergleichsobjekt.»

«Schwierige Sache.»

«Es wurden weder Papiere noch eine Brieftasche gefunden. Die KFZ-Unterlagen im Handschuhfach sind verbrannt. Der Plastikbelag am Armaturenbrett ist vollständig geschmolzen, falls da irgendwas war, ist es weg. Das Nummernschild haben wir natürlich, demnach ist der Lkw in Estland registriert. Auf unsere Anfrage in Tallinn haben wir noch keine Antwort. Jedenfalls handelt es sich um einen Volvo FH 12 mit langem Führerhaus. Offenbar Baujahr '98. Der Kilometerstand ist nicht mehr festzustellen, aber Zugmaschinen in diesem Alter kosten so viel wie ein neuer Pkw der oberen Preisklasse, selbst wenn sie schon eine Million Kilometer hinter sich haben.»

«Okay», sagte Takamäki. Das Nummernschild war immerhin etwas. Es führte zu einer Firma oder einer Privatperson, der man Fragen stellen konnte.

«Vom Hemd des Mannes, übrigens ein weißes T-Shirt, ist ein Stück unversehrt geblieben, ungefähr so viel wie ein kleines Taschentuch. Wir haben daran rund ein Dutzend Fasern gefunden.»

Gut, dachte Takamäki. Wenigstens etwas.

«Die werden uns allerdings nicht viel helfen. Sie stammen mit fast hundertprozentiger Sicherheit von einem stinknormalen blauen Arbeitsoverall, made in China. Gibt's für zwanzig Euro oder weniger in jedem Baumarkt», dämpfte Kannas den Optimismus des Kommissars. «Weder in der Zugmaschine noch im Anhänger wurde ein Overall gefunden, auch keine verbrannten Reste. Auf die Fasern kannst du nicht bauen. Die können von überall her kommen, zum Beispiel kann der Mann selbst irgendwann so einen Overall getragen haben.»

«Klar. Sie können aber auch von seinem Mörder stammen.»

«Sicher, aber bei den riesigen Stückzahlen, in denen diese Dinger produziert werden, haben die Fasern nicht viel Beweiskraft.»

Takamäki nickte nur. Kannas hatte auf seinen dezenten Hinweis, es handle sich um ein Kapitalverbrechen, nicht reagiert. Demnach hatte er noch etwas in petto. Das war allerdings zu erwarten gewesen: Die Kriminaltechniker fingen immer mit den schlechten Nachrichten an.

Kannas setzte seinen Bericht fort: «Weder im Wagen noch in der Umgebung wurden Fingerabdrücke, Blut, Speichel oder Zigarettenkippen sichergestellt.»

«Auch draußen nicht?»

«Hab ich doch gerade gesagt.»

Okay, dachte Takamäki. Jetzt kamen sie vielleicht doch ein Stück weiter. Es lag auf der Hand, dass der Mann aus dem Laster Nichtraucher war, andernfalls hätten sich in der Umgebung des Wagens Kippen finden müssen. Er hatte bereits die Möglichkeit in Betracht gezogen, dass die Brandursache eine Zigarette gewesen war. Überdosis und Glimmstängel …

«Keine Fuß- oder Reifenspuren in der näheren Umgebung. Allerdings hat die Feuerwehr reichlich gespritzt. Das Löschwasser kann auch eventuelle Zigarettenstummel weggespült haben. Der Anhänger war leer, aber wir wissen nicht, ob etwas rausgenommen wurde.»

Takamäki schwieg.

«Ganz aussichtslos ist die Lage trotzdem nicht.»

«Klingt aber sehr danach.»

«Ein paar Fakten haben wir immerhin. Das Feuer war so heftig, dass eine natürliche Brandursache so gut wie ausgeschlossen ist, zumal Lkws in der Regel nicht von selbst Feuer fangen.»

«Und weiter?»

«Na, wir stehen ja noch am Anfang, aber vor ein paar Jahren haben wir unsere neuen Analysatoren mit verschiedenen Grillflüssigkeiten getestet. Kennst du das Industriebenzin von Aspokem? Das in der schwarzen Flasche? Meiner Meinung nach absolut das beste, weil es die Holzkohle in Flammen setzt …»

«Was war mit den Tests?», unterbrach Takamäki ihn ungeduldig.

«Ach ja … Es ist so: Wenn man einen Beschleuniger verwendet – zum Beispiel flüssigen Grillanzünder –, brennt nicht die Flüssigkeit selbst, sondern die Dämpfe an ihrer Oberfläche brennen. Darum sieht es beim Grillen immer so aus, als würde das Feuer über der Kohle brennen.»

«Ja. Und?»

«Das heißt, das unverbrannte Material enthält Rückstände des Beschleunigers. Wenn die Holzkohle auf deinem Grill nicht restlos verbrannt ist, lässt sich feststellen, ob du eine Flüssigkeit zum Anzünden verwendet hast und vor allem, welche. Die unterscheiden sich nämlich in ihrer chemischen Zusammensetzung.»

«So weit klar», nickte Takamäki. Kannas holte immer weit aus.

«Also, die Proben von dem unverbrannten Material unter der Leiche haben dieselben Resultate ergeben wie damals bei dem Test. Die genaue Analyse steht zwar noch aus, aber ich bin fast sicher, dass Aspokem verwendet wurde, um das Feuer zu entfachen, und zwar eine ziemliche Menge.»

«Was ist mit dem Feuerspürhund?»

«Den brauchen wir nicht, weil sich die Sache auch so geklärt hat», sagte Kannas stolz.

Im Gewaltdezernat hielt man große Stücke auf die Diensthunde, die in Blutflecken, an Leichen und bei Bränden für das menschliche Auge unsichtbare Fährten entdeckten. Vielleicht ging das den Kriminaltechnikern gegen die Ehre, überlegte Takamäki.

Kannas setzte hinzu: «Ein Hund liefert nur Ansatzpunkte, aber die haben wir jetzt sowieso.»

Die Information, dass ein Grillanzünder verwendet worden war, klärte die Situation, machte die Ermittlungen aber zugleich schwieriger. Es wäre viel leichter gewesen, die Tankstellen abzuklappern und zu fragen, ob in den letzten Tagen jemand einen Benzinkanister gefüllt hatte, als mitten in der Grillsaison alle Käufer von Grillflüssigkeit zu überprüfen. Den Kanistermann zu entdecken erforderte nichts als Laufarbeit, aber unter Tausenden von Grillfreunden das eine schwarze Schaf herauszufiltern war schier unmöglich.

Eins stand nun jedoch fest: Es war Mord gewesen. Wer an einer Überdosis Heroin stirbt, zündet sich nicht an. Takamäki durchforstete sein Gedächtnis: Hatte er je zuvor einen Fall gehabt, in dem Rauschgift als Mordwaffe verwendet wurde? Bisher erst einmal, doch damals hatte es sich nur um einen Verdacht gehandelt, der letztlich nicht bewiesen werden konnte.

Das Motiv für den Einsatz der Droge lag auf der Hand: Sie tötet lautlos und unblutig. Kein Pistolenschuss, der Nachbarn oder Passanten aufmerksam macht. Keine Rillen am Projektil, die einer Schusswaffe zugeordnet werden können. Kein Blut, das am Täter haften bleibt.

Vor zwei Jahren hatte die Mordkommission einen Fall bearbeitet, bei dem es um eine Auseinandersetzung unter Berufsverbrechern ging. Sie hatten die «Methode der weißen Schrotflinte» verwendet, was im Mafiaslang bedeutete, dass drei bis vier Männer das Opfer erwürgten und die Leiche spurlos verschwinden ließen.

Der Fall des Lkw-Fahrers wies ähnliche Züge auf. Nur hatte es die Nähe der Tankstelle den Tätern unmöglich gemacht, die Leiche ungesehen zu entfernen. Darum hatten sie offenbar beschlossen, sie zu verbrennen.

4. Kapitel

Montag, 10.05 Uhr
Urheilukatu 16, Helsinki

Tiina Wallin öffnete in der Eckwohnung in dem prachtvollen Etagenhaus aus den zwanziger Jahren das Fenster und schaute auf das Olympiastadion. Das Wetter war eine Wonne: fünfundzwanzig Grad und sonnig.

Die dreiundzwanzigjährige Frau war gerade erst aufgestanden und trug lediglich einen Slip. In der Zweizimmerwohnung lag alles durcheinander, aber Tiina dachte gar nicht daran, aufzuräumen. Es war nicht ihre Wohnung, sondern die von Mika. Von seinen Freunden wurde er Mikke genannt. Auch seinen Nachnamen kannte sie: Kahma. Allerdings wusste sie nicht, ob die Wohnung ihm gehörte oder ob er nur zur Miete wohnte. Das spielte ohnehin keine Rolle. Ihr Interesse galt dem Mann, nicht seiner Wohnung. Sie hatte zwei Tage und Nächte mit ihm verbracht, und zwar nicht, weil er so unwiderstehlich gewesen wäre.

Tiina Wallin warf die schulterlangen blonden Haare zurück und überlegte kurz. Dann ging sie auf die Toilette, wusch sich das Gesicht und putzte die Zähne. Duschen konnte sie später. Sie musterte ihr Spiegelbild. Ihre Brüste waren rund und schön, allerdings ein wenig zu klein für Schönheitswettbewerbe, und mit eins neunundsechzig hatte sie nicht die Länge für eine Karriere als Fotomodell. Das war ihr allerdings egal.

Nachdem sie die Kaffeemaschine angeschaltet hatte, ging sie aus einer spontanen Laune heraus ins Schlafzimmer zurück und öffnete den Kleiderschrank. Mikkes Klamotten lagen größtenteils auf dem Boden, im Schrank hingen nur eine Lederjacke und eine Weste. Tiina nahm die Weste vom Bügel. Sie war aus hartem, steifem Leder. Am Rücken war ein roter Schädel aufgenäht, darüber stand «MC Skull Brigade». Die Schädelbrigade.

Tiina wusste, dass sie Prügel beziehen würde, wenn Mikke sie erwischte. Die Schädelbrigade war berüchtigt. Dennoch zog sie die Weste über. Sie war ihr viel zu groß – Mikke maß eins neunzig und wog hundert Kilo –, aber das raue Leder fühlte sich schön kühl auf der Brust an. Tiina behielt die Weste nur eine halbe Minute an, länger wagte sie es nicht. Mikke hatte gesagt, er käme spätestens am Vormittag zurück.

Sie hängte die Weste wieder auf den Bügel und holte ein enges rotes T-Shirt mit züngelnden Flammen aus ihrer Sporttasche. Es reichte knapp bis zum Nabel.

Der Kaffee war durchgelaufen, und Tiina machte sich ein Brot. Sie hätte es gern getoastet, aber es gab keinen Toaster. Margarine war auch keine da, dafür standen jede Menge Bier und Wodka im Kühlschrank. Nichts für sie – jedenfalls nicht gleich nach dem Aufstehen.

Sie trank ihren Kaffee schwarz. Normalerweise hätte sie fettfreie Milch hineingegossen, aber die gab es natürlich auch nicht. Es blieb ihr wohl nichts anderes übrig, als einzukaufen. Sie setzte sich an den Küchentisch und blätterte in einer zerfledderten Motorradzeitschrift. Was unter einem Motorrad ohne Hinterradschwinge zu verstehen war, verstand sie nur zu gut: Schwielen am Hintern und Rückenschmerzen. Die Debatte, ob *panhead*- oder *knucklehead*-Motoren bei der Harley-Davidson besser seien, interessierte sie dagegen weniger.

Die Wohnungstür ging auf.

«Hallo», rief Tiina aus der Küche.

Mikke kam herein, in Jeans und einem T-Shirt mit dem Aufdruck ‹GYM›. Er ging oft zum Krafttraining, das wusste Tiina, und es war auch zu sehen. Seine starken Handgelenke waren ihr sofort aufgefallen. Einige seiner Kumpel nannten ihn Remo, sie wusste nicht, warum.

«Hast du dich heute Nacht am Telefon gemeldet?», fragte Mikke scharf.

Tiina schüttelte den Kopf. «Es hat zweimal geklingelt, und ich hab den Hörer abgenommen, aber nichts gesagt, genau wie du es wolltest. Am anderen Ende hat auch keiner gesprochen.»

«Gut», nickte Mikke und entspannte sich. «Tolles Hemd.»

Sie nahm die Schultern zurück, um ihren Busen besser zur Geltung zu bringen. «Willste Kaffee?»

«Nee, ich will dich», sagte der Mann und kam zu ihr.

«Wo warst du eigentlich?», fragte Tiina, als er ihr das rote Hemd über den Kopf zog.

«Geht dich nichts an.»

«Bestimmt bei einer Frau.»

«Nein. Wir haben bei einem Kumpel Räder repariert.»

«Aha», sagte Tiina und biss ihn spielerisch ins Ohr. Die kurzen blonden Haare rochen nach Rauch.

5. Kapitel

Montag, 14.30 Uhr
Westhafen, Helsinki

Die Kriminalbeamtin Kohonen eilte mit raschen Schritten auf das Gebäude in der Tarmonkuja zu, von Wissensdurst getrieben, aber ohne überhaupt zu merken, wie schnell sie ging.

Das große Bauwerk war aus hellgrauem Beton. Keine architektonische Perle und gerade deshalb genau richtig im Hafenmilieu. Das Nachbargebäude, ein fast zehnstöckiger Kasten, erinnerte entfernt an einen Berliner Luftschutzbunker aus dem Zweiten Weltkrieg. Containerstapel am Kai vervollständigten das Bild.

Ein Schild wies Kohonen den Weg zum Hafenzoll.

Sie hatte das offizielle Protokoll von Kristiinas Vernehmung fertiggestellt, doch nun lag der Fall auf Eis, weil Takamäki seinen ganzen Trupp für die Ermittlungen im Brummimord mobilisiert hatte. Joutsamo und Mäki würden erst zur Abendschicht wieder da sein, denn der Kommissar hatte ihnen nach der Lagebesprechung einige Stunden Schlaf verordnet.

Kohonen hatte sich auf den Lkw konzentriert, neben der Leiche die wichtigste Spur. Sie mussten den Toten identifizieren, andernfalls war die Suche nach seinem Mörder doppelt mühsam. Das Zollamt konnte ihnen vielleicht weiterhelfen, zumindest hatte Kohonen bei ihrer telefonischen Nachfrage diesen Eindruck gewonnen.

Der Zoll hatte sein Domizil im größten Hafen von Helsinki. Der Westhafen war bereits in den 1830er Jahren gebaut worden, anfangs nur als kleiner Fischerhafen. Anfang des 20. Jahrhunderts wurden zwei vorgelagerte Inseln mit dem Festland verbunden, damit Hafenanlagen für Ozeandampfer errichtet werden konnten; gleichzeitig war eine Gleisstrecke gelegt worden, die noch immer die Autofahrer zur Verzweiflung brachte. Lange war der Westhafen nur von Frachtschiffen angelaufen worden, aber vor zehn Jahren hatte man den größten Teil des Passagierverkehrs nach Tallinn vom Südhafen hierherverlegt. Und diese Fähren nach Tallinn waren der Grund für Kohonens Besuch beim Hafenzoll.

Ein Pförtner wies ihr den Weg zu Pohjalas Büro. Den Titel des auf die sechzig zusteuernden Mannes hatte sie am Telefon nicht genau mitbekommen, aber er war auch nebensächlich. Ein kleines Rädchen war Pohjala jedenfalls nicht, das zeigte die Größe seines Dienstzimmers. Es hatte sogar Meerblick – allerdings nur auf das Hafenbecken, hinter dem die Hochhäuser des Stadtteils Punavuori aufragten.

Kohonen war gespannt, was der grauhaarige Beamte in dem korrekten Anzug ihr zu sagen hatte. Am Telefon hatte er sich aus Sicherheitsgründen nicht äußern wollen. Sie hatte sich mächtig darüber geärgert, denn sie musste in kürzester Zeit möglichst viele Informationen beschaffen und hielt es für überflüssig, deshalb kreuz und quer durch die Stadt zu gondeln.

Sie gab dem Mann die Hand und stellte sich vor: Titel, Name und Arbeitsplatz.

«Von der Kriminalpolizei also», knurrte Pohjala. «Dürfte ich Ihren Ausweis sehen?»

Kohonen reichte ihm die in Plastik verschweißte Karte und bemühte sich, ihre Zunge im Zaum zu halten. Für solchen Blödsinn hatte sie eigentlich überhaupt keine Zeit, verdammt nochmal.

«Wie bitte?»

«Ich hab nix gesagt», erwiderte Kohonen verdutzt.

«Ich dachte, ich hätte was gehört», meinte Pohjala und gab ihr den Ausweis zurück. «Sieht echt aus.»

«Ist auch echt», versetzte Kohonen. Wie viele Frauen in der Zollinspektion arbeiten mochten? Die Behörde schien eine Hochburg des Chauvinismus zu sein, einen anderen Grund für die schikanöse Behandlung konnte die rothaarige Ermittlerin sich nicht denken.

Der Mann bat sie, Platz zu nehmen. «Vielleicht haben wir etwas, das für euch interessant ist», meinte er und musterte sie. Kohonen fühlte sich wie im Gymnasium, als sie zum Rektor zitiert worden war, weil sie auf dem Schulhof geraucht hatte. Der Rektor hatte genauso einen schlecht sitzenden grauen Anzug getragen wie Pohjala.

«Wissen Sie, was Lipre ist?», fragte der Zollbeamte.

Es klang wie der Name einer Monatsbinde, doch Kohonen wusste, dass es sich um ein Computersystem zur Kontrolle des Lkw-Verkehrs handelte. Das Prinzip war ihr klar, aber über die praktische Anwendung war sie zu wenig informiert, um die Frage zu bejahen. Also schüttelte sie den Kopf.

«Das ist ein System, mit dem wir Nummernschilder und Container fotografieren und identifizieren. Anfangs wurde es nur an der russischen Grenze eingesetzt, genauer gesagt, am Grenzübergang Vaalimaa, seit letztem Jahr aber auch hier am Westhafen. In der Praxis werden alle Nummernschilder und Container bei der Überschreitung der Zollgrenze fotografiert.»

Das darf nicht wahr sein, dachte Kohonen. Ein Foto!

«Wir haben das estnische Kennzeichen gefunden. Der Wagen ist am Sonntagabend um 18.45 Uhr an Bord der Meloodia eingetroffen.» Pohjala drehte den Bildschirm seines Computers, sodass Kohonen ihn sah.

Der Monitor war in drei Fenster unterteilt. Am linken oberen Rand befand sich eine überraschend scharfe Aufnahme vom Kühler des Lasters. Rechts standen genauere Angaben über den Lkw, am unteren Rand waren die früheren Grenzübertritte aufgelistet, an die zwanzig Stück.

«Ich kann sicher einen Ausdruck bekommen?»

«Schon fertig», sagte Pohjala und reichte ihr das Papier. «Die Angaben verbleiben circa zwei Monate in der aktiven Datenbank. Anhand der Nummernschilder können wir recherchieren und für bestimmte Pkws oder Laster eine automatische Alarmfunktion schalten. Das System wird seit gut einem Jahr zur Beobachtung der Einfuhr von Drogen, Prostituierten und Alkohol verwendet.»

Seine Erläuterungen rauschten an Kohonen vorbei. Sie überflog das Papier. Als Eigentümer des Lastwagens wurde die estnische Firma FF-Transport genannt, die ihren Sitz in der Viru valjak in Tallinn hatte. Kohonen kannte die Straße: Dort befand sich auch das Hotel Viru.

Solche Kameras müssten überall an der Stadtgrenze von Helsinki stehen, dachte sie, das würde die Arbeit der Polizei wesentlich erleichtern. Einen Fehler hatte das Programm jedoch: Auf dem Bild war nur der Wagen zu sehen. «Was ist mit dem Fahrer? Habt ihr von dem auch ein Foto?»

«Nein», antwortete Pohjala. «Das ist gesetzlich nicht erlaubt. Wir dürfen nur Fahrzeuge überwachen.»

«Schade», sagte Kohonen ruhig, obwohl sie am liebsten wüst geflucht hätte. Aber damals beim Rektor hatte sie sich auch zusammengenommen.

«Den Namen haben wir natürlich», fuhr Pohjala fort. «Ob es sich um eure Leiche handelt, ist eine andere Frage, aber das hier ist der Mann, der den Wagen gestern durch den Zoll gebracht hat.» Er reichte ihr eine Kopie der Zollerklärung.

Dem Dokument zufolge war der Fahrer ein gewisser Ivo Martinsoni, geboren am 6. Juli 1971 in Tallinn. Auch die Passnummer des Mannes war angegeben. Darunter stand ein Vermerk, dass der Anhänger bei der Einreise leer gewesen war. «Können wir das Original bekommen, wegen der Fingerabdrücke?»

«Es gibt kein Original, die Zollabfertigung ist automatisiert. Der Fahrer legt nur seinen Pass vor, aus dem die Daten übernommen werden. Im Prinzip wäre das hier nicht einmal nötig gewesen, weil der Mann keine Fracht transportierte. Er hätte ohne Zollerklärung zur Grenzkontrolle fahren können, aber wie aus den Unterlagen hervorgeht, wurden in dem Fahrzeug früher Möbel und andere Waren eingeführt, und in solchen Fällen erledigen wir die Formalitäten auch bei leeren Wagen. Das spart dem Fahrer Zeit.»

Kohonens Gedanken kreisten um den leeren Anhänger. Offenbar war also keine Fracht gestohlen worden, zumindest keine aus Estland eingeführte Ladung. Allenfalls war es möglich, dass der Fahrer in einer Fabrik oder einem Lager in Finnland Waren abgeholt hatte, die dann gestohlen worden waren. Andererseits hatte der Lkw, wenn die Augenzeugenberichte zutrafen, mindestens ab halb elf auf dem Parkplatz in Pasila gestanden. Da er erst gegen sieben über die Grenze gekommen war, blieb nicht allzu viel Spielraum.

«Wurde der Wagen von einem Drogenspürhund überprüft?», fragte sie.

Pohjola schüttelte den Kopf. «Nein, denn es gab keinen Verdachtsgrund. Ich weiß, dass das Fahrzeug anfangs einige Male überprüft wurde, das wird bei allen Neulingen gemacht. Wenn bei den ersten Fahrten nichts gefunden wird, gilt der Wagen als zuverlässig. Trotzdem werden natürlich Stichproben gemacht, aber gestern Abend war kein Drogenspürhund im Einsatz.»

Kohonen bedankte sich und stand auf, dachte aber weiter über den Lkw und seine Bestimmung nach. Möglicherweise lag dort das Motiv. Hatte der Fahrer in Finnland etwas abholen sollen? Was wurde eigentlich nach Estland exportiert?

Tiina Wallin und Mika Kahma lagen nackt auf dem zerwühlten Laken. Die Decke war auf den Boden gerutscht. Sie hatten sich am Vormittag geliebt, danach hatte Mika die Frau aus dem Bett gescheucht und drei Stunden geschlafen. Als er aufgewacht war, hatte er wieder Sex gewollt. Jetzt rauchte er eine Zigarette. Die rote Digitalanzeige des Weckers auf dem Nachttisch zeigte 15.01 Uhr. Das Transistorradio in der Küche spielte sommerliche Popmusik.

«Mikke, was für eine Maschine fährst du eigentlich?», fragte Tiina. Da es in der Wohnung sonst nichts zu lesen gab, hatte sie die Motorradillustrierten studiert und wusste nun, dass die neueste Harley einen *Twin-cam*-Motor hatte, der auch *fathead* genannt wurde.

«Wieso?»

«Interessiert mich eben.»

«Warum?»

«Vielleicht möchte ich mal mitfahren», schnurrte Tiina und schmiegte sich an ihn.

«Ich hab keins.»

Tiina schwieg eine Weile. «Aber du hast doch gesagt, du hättest die ganze Nacht dein Bike repariert», schmollte sie dann.

«Das von meinem Kumpel. Meins hab ich im Frühjahr verkauft, weil ich die Knete brauchte», erklärte Kahma und blies Rauchkringel in die Luft.

«Wär aber schön, ein bisschen zu fahren. Bei dem Wetter.»

«Meinst du?»

Sie schlang die Arme um ihn. «Bestimmt.»

Kahma löste sich aus ihrer Umarmung und stand auf. «Ich geh jetzt zum Training», verkündete er und zog Jeans und T-Shirt an.

«Müsst ihr Lederjacken nicht ein Motorrad haben? Ist das nicht Bedingung?»

Kahma betrachtete die nackte Frau auf dem Bett. Das Flittchen war verdammt neugierig. «Nee, ist keine Bedingung. Du hast doch meine Weste gesehen. Was steht da drauf, ey?» Seine Stimme wurde lauter. «Wir sind die fucking Skull Brigade, kein Mopedclub!»

«Aber …»

«Skull Brigade, Schädelbrigade! Steht da was von einem Scheißmopedclub?»

«Aber das MC? Heißt das nicht Motorradclub?»

Kahma lachte auf. «MC bedeutet, was wir wollen. *Master of Ceremony* oder *Mega Cock*, was dir lieber ist … Meinetwegen auch *Mother Cucker*.»

«Aber … schreibt man das nicht mit S?»

«Oder mit F … Ist doch wurscht. Vergiss es. Ich geh jetzt zum Training und dann in die Stadt. Zieh dir was Hübsches an, was Enges. Jyrkkä will dich kennenlernen», sagte Kahma und band die Schnürsenkel zu. «Um fünf in der Kellerbar Ecke Mannerheimintie und Kalevankatu. Ich ruf vorher nicht mehr an. Sei pünktlich!»

Damit nahm er seine Sporttasche und ging. Tiina Wallin sah ihm nach. Sie beschloss, ihre Wäsche zu waschen und anschließend zu duschen.

6. Kapitel

Montag, 16.40 Uhr
Polizeigebäude, Pasila

Suhonen humpelte über den langen Flur der Mordkommission. Er war knapp vierzig, trug einen Vollbart und hatte die dunklen Haare im Nacken zusammengebunden. Eine schwarze Lederjacke und verschlissene Jeans machten das Bild komplett. Am linken Arm baumelte ein Motorradhelm.

«Hallo! Schön, dass du wieder da bist!», rief Joutsamo, die plötzlich auf dem Flur erschienen war, und umarmte ihren Kollegen.

Suhonen verzog das Gesicht, als sie ihn losließ.

«Was ist?»

«Die verdammten Polizeihunde!»

Joutsamo sah ihn verblüfft an. «Bist du gebissen worden?»

Kohonen und Mäki eilten mit gespitzten Ohren herbei.

«Nein, verflucht! Irgendein Clown hat seine Töle auf die Straße kacken lassen, und ich hab mein Motorrad da abgestellt. Natürlich genau in dem Haufen. Scheiße, grad wie ich absteigen will, rutscht mir der Fuß weg und die Maschine kippt um!»

«War's schlimm?», fragte Kohonen, die sich das Lachen kaum verbeißen konnte.

«Sie hat zum Glück nicht mal einen Kratzer abgekriegt», erwiderte Suhonen, stolzer Besitzer einer Harley-Davidson Sportster, 883 Kubik, Baujahr 1991. «Aber das Knie hab ich mir verrenkt. Zum Donnerwetter, sechs Monate lang bin ich in Australien Kängurus und überlangen Lastern ausgewichen, alles in Butter. Aber hier, am ersten Arbeitstag …»

«Hättest eben dableiben sollen», lächelte Kohonen. Die ganze Mordkommission beneidete den verdeckten Ermittler um seinen sechsmonatigen unbezahlten Urlaub, den er tatsächlich in Australien verbracht hatte. Wie er dabei finanziell über die Runden gekommen war, wusste keiner so genau. Einige seiner Kollegen waren überzeugt, dass er auf einer Kängurufarm oder sonst wo schwarz gearbeitet hatte.

Nun stellte sich auch Takamäki dazu. «Krankgefeiert wird aber nicht, hörst du?»

«Hab ich was von Krankschreibung gesagt? Aber den verdammten Hundeführer könntest du mal zur Fortbildung schicken!»

«Bist du sicher, dass es ein Hund war? Heute früh sind hier nämlich berittene Polizisten vorbeigekommen», grinste Kohonen.

Takamäki lächelte und schüttelte Suhonen die Hand. «Fein, dass du gesund zurückgekommen bist. Oder fast gesund.»

«Ja. Schön, dich zu sehen», stimmte Kohonen zu und umarmte Suhonen. «Ehrlich.»

«Ich hab Schmerztabletten dabei», sagte Joutsamo.

«Anschließend alle zur Lagebesprechung», ordnete Takamäki an.

Suhonen schüttelte angewidert den Kopf. «Nee, Mann. Nicht gleich eine Lagebesprechung! Kennt ihr denn kein Erbarmen? Sechs Monate ohne eine einzige Besprechung. Wisst ihr, wie man das nennt?»

Takamäki wollte die Antwort nicht hören. «Wir haben eine Leiche. Weißt du noch: Eine Leiche ist ein Mensch, der nicht mehr atmet. Falls du es vergessen hast, wir sind Polizisten und müssen feststellen, wer ihn getötet hat. Dann wird der Täter ins Gefängnis gesteckt, um seine Tat zu sühnen», erklärte er grinsend.

«Ach so», brummte Suhonen. «Ich dachte, die ersten paar Tage würde ich nur meine E-Mails lesen. Da hat sich sicher einiges angestaut.»

«Vergiss es. Ich informier dich gleich über den Fall. Weiß eigentlich jemand, wo Strand und Nurmi stecken?»

Bisher war ein relativ kleiner Kreis an den Ermittlungen beteiligt, in der Urlaubszeit ging es einfach nicht anders. Trotzdem hatte Takamäki es geschafft, leihweise einige Männer aus dem Dezernat seines Kollegen Ariel Kafka zu bekommen. Sie sollten sich die Videos der Überwachungskameras in der Umgebung der Brandstelle ansehen, bei den Firmen in der Nachbarschaft die Runde machen und die Aussagen der Augenzeugen überprüfen, die Mäki in der Nacht befragt hatte. Bisher war dabei noch nicht viel herausgekommen.

«Ja», sagte Kohonen. «Sie klappern die Speditionen ab, müssten aber bald wieder hier sein.»

«Wer kocht den Kaffee?», fragte Takamäki.

«Das kann ich übernehmen», meldete sich Mäki dienstbeflissen.

«Nee, diesmal bin ich dran», widersprach Kohonen. «Du hast letztes Mal den Kaffee gemacht.»

Kohonen hatte auch daran gedacht, für Anna Joutsamo, die sich nichts aus Kaffee machte, Teewasser aufzusetzen. Joutsamo hatte sich nach der Nachtschicht um elf Uhr vormittags schlafen gelegt, fünf Stunden später hatte der Wecker geklingelt. Im Prinzip folgte zwar auf jede Nachtschicht ein freier Tag, aber ein akuter Fall hatte immer Vorrang. Joutsamo hatte rasch geduscht und war zur Arbeit gefahren. Eigentlich hatte sie am Abend mit einem Mann ins Kino gehen wollen, der sich Hoffnungen machte, ihr Freund zu werden. Im Grunde hatte es ihr nicht einmal leidgetan, die Verabredung abzusagen. Der achtundzwanzigjährige Diplomingenieur war so verdammt selbstsicher.

Im Besprechungsraum rekapitulierte Takamäki die wichtigsten Fakten: Brand und Leiche, Heroinbefund der Pathologin, Zollinformationen über Lkw und Fahrer.

Kohonen meldete sich zu Wort. «Ich weiß nicht, ob es wichtig ist, es könnte aber mit dem Fall zu tun haben. Jedenfalls ist es ein interessanter Hintergrund. Ich war letztes Frühjahr bei einem gemeinsamen Seminar der Polizei und der Versicherungsbranche, es ging um Speditionskriminalität. Ich hab mir die Notizen nochmal angesehen und kurz zusammengefasst.» Sie teilte Kopien aus.

Suhonen überflog das Blatt. Vom Jahresanfang 2000 bis Ende Juni 2003 waren in Finnland 107 Lastwagen und Anhänger gestohlen worden. Zehn Zugmaschinen und 49 Anhänger waren nie wieder aufgetaucht, vermutlich waren die meisten mit gefälschten Kennzeichen nach Russland gebracht worden. Im gleichen Zeitraum waren 153 Lkws aufgebrochen worden, der Geldwert der gestohlenen Waren belief sich auf zwei Millionen Euro. Fast immer handelte es sich um elektronische Geräte, und in jedem fünften Fall steckte der Fahrer mit den Tätern unter einer Decke. Statistiken waren zwar nur Statistiken, aber für Wahrscheinlichkeitsberechnungen taugten sie allemal. Ziffern, dachte Suhonen. Mit Ziffern klärt man Wirtschaftsverbrechen auf, aber keinen Mord.

«Kann sein, dass die Statistiken nichts mit unserem Fall zu tun haben, aber es ist gut, sie zu kennen. Glaube ich», fügte Kohonen unsicher hinzu.

Takamäki nickte. «Danke. Aber zurück zu unserem Fall. Dem Zoll zufolge hat dieser Ivo Martinsoni das Fahrzeug nach Finnland gebracht, aber ob er der Tote ist, wissen wir nicht. Es ist wahrscheinlich, aber nicht sicher.»

Kohonen berichtete über die Versuche, mit der estnischen Polizei Kontakt aufzunehmen. «Immer noch keine Antwort. Ob die unsere E-Mails und Faxe überhaupt gelesen haben? Die Verbindungsdaten haben wir auch noch nicht bekommen.»

Die Polizei hatte keinerlei Informationen über das Mobiltelefon, das Martinsoni, falls er es war, benutzt hatte. Das Amtsgericht hatte eine sogenannte Blankobefugnis für alle Funkmasten in der näheren Umgebung der Brandstelle erteilt. Sobald die Telefonanbieter die Daten lieferten, würde man feststellen können, welche Personen oder zumindest welche Mobiltelefone sich am Tatort oder in der näheren Umgebung befunden hatten. Die Anordnung auf Datenfreigabe betraf die Zeit zwischen Sonntag 20 Uhr und Montag 1.20 Uhr.

In dieser Zeit waren unter Umständen Tausende von Anrufen getätigt worden. Die Telefonanbieter lieferten Listen, aus denen lediglich die Nummern der Anrufer und Angerufenen sowie Zeitpunkt und Dauer des Gesprächs hervorgingen; bei Kurzmitteilungen war die Anzahl der Zeichen vermerkt. Bis auf weiteres mussten diese Listen manuell ausgewertet werden. Takamäki hatte beim Innenministerium die Entwicklung einer Software beantragt, die automatisch die Namen zu den Telefonnummern suchte, doch bisher hatte das Ministerium nicht reagiert.

«Ruf bei den Telefongesellschaften an und mach ihnen Dampf», sagte Takamäki. «Und dann kontaktierst du den finnischen Verbindungsmann in Tallinn, er soll sich das Büro von diesem FF-Transport ansehen.»

Strand räusperte sich, neben ihm nickte Nurmi mit dem Kopf. Die beiden Ermittler gehörten ebenfalls zu Takamäkis Team. Beide waren vierunddreißig, mit nur einem Monat Altersunterschied. Strand war der etwas Ältere und so mager, dass ein Ganove ihn im Verhör als leeren Ärmel tituliert hatte. Der Spitzname war an ihm hängengeblieben, allerdings vermieden es die Kollegen, ihn in seiner Gegenwart zu verwenden. «Den finnischen Spediteuren ist FF-Transport unbekannt. Einer hat für uns im estnischen Handelsregister nachgesehen und die Firma tatsächlich gefunden. Dem Umsatz nach ein kleines Unternehmen.»

Strand ließ einen Registerauszug herumgehen, alle warfen einen kurzen Blick darauf.

«Hast du dich mit der Firma in Verbindung gesetzt?», fragte Takamäki.

«Ich habe angerufen», schaltete sich Nurmi ein. «Die Zentrale meldet sich, rückt aber den Namen des Chefs nicht heraus. Er ist angeblich verreist und hat keine Handynummer hinterlassen.»

«Umso wichtiger, dass unser Verbindungsmann hingeht. Sollte der gerade im Urlaub oder auf Dienstreise sein, fliegt einer von uns mit dem Hubschrauber rüber.»

«Die estnische Polizei hätte aber mehr Handlungsfreiheit als wir», gab Nurmi zu bedenken.

«Zum Teufel mit der estnischen Polizei!», explodierte Kohonen. «Die antworten ja nicht mal auf unsere Anfragen zum Lkw, geschweige denn zu diesem Ivo Martinsoni.»

«Sagt dir der Name was?», wandte sich Takamäki an Suhonen.

Das Schmerzmittel, das Suhonen von Joutsamo bekommen hatte, fing zu wirken an, aber noch tat ihm das Knie weh. «Ach was, das ist ein häufiger Name. Sagt mir nichts. Ein Foto haben wir nicht?»

«Nein», sagte Kohonen. «Im Register ist keins.»

«Wie ist es mit dem alten Grenzschutzregister? Früher haben die Esten doch ein Visum gebraucht.»

«Hab schon nachgesehen. Da ist er auch nicht drin.»

«Der Mann war vor 1997 also nicht in Finnland. Seltsam, wenn er schon länger als Brummifahrer gearbeitet hat. Vielleicht gehört ihm die Firma, oder er ist nur gelegentlich eingesprungen.»

«Er kann ja woandershin gefahren sein», meinte Nurmi.

«Oder mit Kanarienvögeln gehandelt haben», gab Suhonen zurück. «Habt ihr schon in Schweden nachgefragt? Und in den Nachbarstaaten von Estland? In Russland, Lettland oder wie die nun heißen?»

«Australien?», grinste Kohonen.

«Ha-haa», machte Suhonen. «Ich muss mal telefonieren», sagte er dann und stand mühsam auf. Er tippte eine Nummer ein und wollte den Raum verlassen, doch das Gespräch kam so schnell zustande, dass die anderen es zwangsläufig mithörten.

Takamäki überlegte, ob er die Besprechung einfach fortsetzen sollte, entschied sich aber, abzuwarten. Suhonen schien voller Energie zu stecken. Vielleicht würde ein Sabbatjahr auch ihm selbst guttun, dachte Takamäki. Mit einem sechsmonatigen Australienurlaub wäre seine Frau allerdings bestimmt nicht einverstanden.

«Wie steht's, alter Junge?», sagte Suhonen ins Telefon und machte eine kurze Pause, während sein Gesprächspartner ihn offenbar etwas fragte. «Na ja, Kängurus, Giftschlangen und Traumstrände … Ja, davon erzähl ich dir später. Ich bin nicht allein», sagte Suhonen mit einem Seitenblick auf die Kollegen. «Hör mal, ich wollte dich um einen kleinen Gefallen bitten. Sitzt du gerade am Computer? … Gut. Hast du irgendwelche Informationen über einen Esten namens

Ivo Martinsoni? … Ja. I-V-O, Nachname M-A-R-T-I-N-S-O-N-I.»

Suhonen wartete schweigend. Am anderen Ende wurde der Name offenbar in einen Computer eingetippt. Takamäki und die anderen überlegten, welches Register Suhonen überprüfen ließ.

Plötzlich sah Suhonen überrascht auf. «Ihr habt was? Tatsächlich? Das Geburtsdatum … warte mal», sagte Suhonen und machte Kohonen ein Zeichen. Sie brachte ihm das Zollformular. «Also, 6. 7. 1971 … Stimmt überein? … Okay. Komisch, bei uns haben wir nichts über diesen Martinsoni … Nein, wirklich nicht … Tatsächlich? Schick's mir gleich als E-Mail … Noch was? … Ja, seltsame Sache … Okay … Danke, du hast was gut bei mir … In Ordnung, sollst du haben. Foster's natürlich … Ciao», sagte Suhonen und unterbrach die Verbindung.

Die anderen sahen ihn erwartungsvoll an. «Na also, wenn man an der richtigen Stelle sucht, findet man auch was.»

«Wer war das? Ich meine, wo hast du angerufen?», erkundigte sich Kohonen.

«Beim Zentralregister der Strafvollzugsbehörde. Ich hab gefragt, ob Martinsoni in einer der Strafanstalten registriert ist oder war.»

«Und?», drängte Kohonen, obwohl die Antwort auf der Hand lag.

«Volltreffer. Ivo Martinsoni hat wegen einer Drogensache gut ein Jahr im Sörkka gesessen. Wurde im März entlassen. Mein Kontaktmann schickt mir per E-Mail Fingerabdrücke und ein Foto.»

Kohonen sah ihn nachdenklich an. «Wie zum Teufel kommt er ins Häftlingsregister, wenn er in der Datenbank der Polizei nicht zu finden ist?»

«Woher soll ich wissen, was ihr in den letzten sechs

Monaten mit den Computern angestellt habt?», erwiderte Suhonen achselzuckend.

Joutsamo ignorierte den sarkastischen Kommentar. «Ein Eingabefehler? Oder kann man Angaben aus unserem Register tilgen? Und wenn ja, wer kann das tun?»

Kohonen stellte eine weitere Hypothese in den Raum: «Vielleicht ist er woanders verurteilt worden und musste seine Strafe hier absitzen?»

«Schon gut, es gibt sicher viele Möglichkeiten, aber Spekulationen bringen uns nicht weiter. Wir müssen das abklären», sagte Takamäki. «Dein Bekannter in der Strafvollzugsbehörde hat dir also auch ein Foto versprochen?»

«Und Fingerabdrücke. Ich seh gleich mal nach, ob die E-Mail schon da ist», bemerkte Suhonen nickend und humpelte hinaus. «Die verdammten Hundeführer», fluchte er vor sich hin.

Takamäki zeigte den anderen die Pressemitteilung, die er aufgesetzt hatte: «Die Helsinkier Kriminalpolizei untersucht einen Lkw-Brand, der sich in der Nacht von Sonntag auf Montag auf einem Parkplatz an der Veturitie in Pasila ereignet hat. Bei dem zwischen 01.10 und 01.15 Uhr ausgebrochenen Feuer kam ein bisher nicht identifizierter Mann ums Leben. Ein Verbrechen kann nicht ausgeschlossen werden. Die Polizei bittet um sachdienliche Hinweise.» Es folgten Takamäkis Name und die Nummer des Hinweistelefons.

«Kommentare?»

Mäki zögerte: «Vielleicht ist das eine dumme Frage, aber du hast ja gesagt, die wären erlaubt …»

«Stimmt», ermutigte ihn Takamäki.

«Warum steht da, ein Verbrechen wäre nicht auszuschließen, wo wir längst wissen, dass es Mord war? Das ist doch irreführend.»

«Ein wichtiger Punkt. Öffentlichkeitsarbeit ist Teil der taktischen Ermittlungen. Wenn wir die Leiche irgendwo anders gefunden hätten als in einem brennenden Laster, würden wir überhaupt nichts bekanntgeben, sondern zuerst den Hintergrund abklären, bevor wir um Hinweise bitten. Aber da die Zeitungen sowieso über das Feuer berichten werden, ist es besser, dass wir uns selbst an die Öffentlichkeit wenden. Ich will den oder die Täter aber nicht wissen lassen, was wir inzwischen herausgefunden haben. Das Feuer wurde ja offensichtlich gelegt, um die Spuren zu vernichten.»

«Klar. Natürlich», sagte Mäki.

«Holt euch noch Kaffee», forderte Takamäki seine Mitarbeiter auf. «Ich schicke die Pressemitteilung raus, und dann sehen wir uns Suhonens Informationen an, bevor wir weitermachen.»

Bei all dem kreisten seine Gedanken um die Widersprüche in den Registern.

7. Kapitel

Montag, 17.30 Uhr
Bakers Pub, Ecke Kalevankatu und Mannerheimintie

Tiina Wallin saß im Bakers Pub und nippte an einem Gin Tonic. Außer ihr selbst und der Frau hinter dem Tresen hielten sich nur drei Männer um die vierzig in der Bar auf. Sie trugen Shorts, tranken Bier und spielten Flipper.

Der holzgetäfelte Raum war ziemlich klein. Er lag im Souterrain, durch die Fenster über der Theke sah man die Beine der Passanten auf der Kalevankatu.

Aus den Lautsprechern ertönte «Paranoid» von Black Sabbath, vorläufig noch in gemäßigter Lautstärke. Am späten Abend waren höhere Dezibelwerte angesagt.

Tiina war die erste Kundin gewesen. Die Bar öffnete erst um fünf, aber sie hatte schon um zehn vor vor der Tür gestanden. Nun wartete sie bereits eine halbe Stunde.

Das ärmellose blaue Minikleid saß hauteng, wie Mikke es sich gewünscht hatte. Sie hätte ohnehin nichts anderes anziehen können, denn sie hatte sonst keine Sachen in Mikkes Wohnung und konnte auch keine holen. Allenfalls hätte sie sich etwas Neues kaufen können.

Kaum hatte Tiina ihr Glas leer getrunken, kam die etwa dreißigjährige Bardame an ihren Tisch und räumte es ab. Ihr schwarzes T-Shirt passte zum rockigen Image der Bar und brachte obendrein ihren großen Busen zur Geltung. «Noch einen, Schätzchen?»

Tiina nickte und holte einen Fünfer aus der Handtasche, überlegte es sich anders und zog einen Zwanziger hervor. «Und ’ne Schachtel Marlboro … und Streichhölzer.»

Seit einem halben Jahr hatte sie nicht mehr geraucht, doch für den Fall, dass Mikke die Zigaretten ausgingen, wollte sie eine Schachtel in Reserve haben.

Sie beobachtete die drei Männer am Flipperautomaten. Zwei hatten eine Glatze, der dritte trug eine Baseballkappe mit dem Schriftzug «Los Angeles Clippers». Sie sahen aus, als erwarteten sie noch einige Freunde. In ihrem Gespräch, soweit Tiina es bei der Musik hören konnte, tauchten immer wieder Ausdrücke wie *points*, *assist* und *rebound* auf. Tiina war sich nicht sicher, wofür die Typen sich mehr begeisterten, für Basketball oder Flippern. Körperlich waren sie allerdings eher fürs Flippern ausgestattet.

Tiina hatte ihren zweiten Longdrink zur Hälfte geleert, als die beiden Männer eintrafen. Mikkes Begleiter war wesentlich dünner als er, wirkte aber dennoch kräftig. Er hatte hohle Wangen und einen kurzen Bart. Seine Haut war unrein, die glatten braunen Haare reichten ihm bis über die Ohren. Sie waren noch feucht. Tiina schätzte den Mann auf fünfunddreißig. Er trug ein langärmliges schwarzes T-Shirt und eine schwarze Jeans. An den Handgelenken und am Hals waren Tätowierungen zu sehen.

Mikke Kahma bestellte an der Theke zwei Bier und schaute zu Tiina hinüber. «Hi. Willst du auch noch einen?»

Tiina nickte.

«Und einen Gin Tonic», brummte Kahma. Inzwischen kam sein Kumpel an ihren Tisch und stellte seine Sporttasche auf den Boden. Erst jetzt sah Tiina die große, altmodische Gürteltasche. Sie konnte sich denken, was sich darin befand.

«Hi. Ich bin Jyrkkä», sagte der Mann mit heiserer Stimme und setzte sich ein wenig schwerfällig auf den Stuhl links neben ihr.

«Tiina», stellte auch sie sich vor.

Mikke kam mit den Getränken. «Das ist Jyrkkä.»

Der Hohlwangige funkelte ihn an. «Hab mich schon selbst vorgestellt.»

«Aha, sorry», murmelte Mikke und trank sein Bier mit einem Zug halb aus. Das Glas verschwand fast komplett in seiner riesigen Pranke.

Jyrkkä wirkte nervös. Er sah immer wieder zur Tür und konnte nicht einen Moment stillsitzen. Eine Minute lang schwiegen alle drei. Die Männer steckten sich Zigaretten an.

«Wie war das Training?», fragte Tiina schließlich.

«Ganz okay.»

«Schön.»

Wieder herrschte Schweigen. Tiina nippte an ihrem Drink.

«Bankdrücken und so?»

«Ja», antwortete Mikke. «Und Beinpresse.»

«Machst du auch Krafttraining?», wandte sie sich an Jyrkkä.

«Ja.»

«Gehörst du auch zur Brigade?»

Jyrkkä schwieg und sah Mikke an.

«Ich hatte die Weste an, als wir uns kennengelernt haben», erklärte der.

«Okay», sagte Jyrkkä.

«Jyrkkä ist unser Vizepräsident. Der Präsident sitzt in Kakola, lebenslänglich», fuhr Mikke fort.

«Schön, dich kennenzulernen», lächelte Tiina.

Aus heiterem Himmel packte Jyrkkä ihre Hand und führte sie an seinen Schritt. «Ich werd mal abchecken, ob die Tussi wirklich so gut ist, wie du behauptest», wandte er sich an Mikke. «Du hast doch nichts dagegen?»

«Absolut nicht», grinste der ohne Zögern. Die beiden hatten sich zweifellos vorher abgesprochen.

Jyrkkä stand auf und zog Tiina hoch. Sie war verblüfft, wehrte sich aber nicht. Mikke zwinkerte ihr lächelnd zu. Dann verschwand das Pärchen in der Toilette.

Mikke Kahma stand auf, ging an die Theke und hielt der Bedienung einen Fünfziger hin. «Wir mieten das Klo für eine Viertelstunde. Okay?»

Die Frau lachte und steckte den Schein in die Tasche. «Ich geb dir 'nen Salmiakschnaps aus.»

Einer der Flipperspieler machte ein paar Schritte in Richtung Toilette, doch Kahma rief: «Besetzt». Der Mann mit der Baseballkappe zuckte die Achseln. «Kein Problem, solange kann ich's noch zurückhalten.»

«Gib denen auch einen Salmiakschnaps», sagte Kahma zu der Frau hinter der Theke. «Auf meine Rechnung.»

Im Polizeigebäude musterte Kohonen das Foto von Martinsoni. Sie hatte versprochen, bis zehn Uhr abends am Hinweistelefon zu sitzen, hatte also noch drei Stunden vor sich. Danach würde die Nachtschicht den Dienst übernehmen. Bisher war kein Anruf gekommen.

Die Nachricht war bereits im Bildschirmtext und auf den wichtigsten Websites zu lesen, doch einen Ansturm der Medien hatte die knappe Pressemitteilung nicht ausgelöst. Takamäki war lediglich von zwei Reportern angerufen worden, denen er jedoch keine Extras bieten konnte. Die Fernsehsender hatten der Routinenachricht keine Aufmerksamkeit geschenkt.

Die anderen Ermittler hatten teils Feierabend gemacht, teils waren sie mit dem Foto unterwegs, um nach Informationen über den mysteriösen Esten zu suchen. Der Mann auf dem Foto sah wütend aus, er blickte mit gerunzelten

Brauen in die Kamera. Er hatte verhältnismäßig lange, dunkelbraune, schmierige Haare, eine ziemlich große Nase und runde Wangen. Wie ein Junkie sah er nicht aus. Die meisten Rauschgiftsüchtigen vergaßen zu essen, verloren Gewicht und wurden hohlwangig.

Die Strafvollzugsbehörde hatte nur wenige Angaben über Martinsoni. Er war Ende Februar in die Haftanstalt Sörkka eingeliefert worden, wo er eine Strafe von zwei Jahren und einem Monat absitzen sollte, war aber bereits Anfang März 2005 auf Bewährung entlassen worden. In den Unterlagen fehlte jedoch jeder Hinweis auf die Gerichtsverhandlung. Auch die Bewährungsaufsicht wurde nicht erwähnt.

Immerhin wussten die Ermittler nun mit Sicherheit, dass es sich bei dem Toten aus dem Lkw um Ivo Martinsoni handelte, denn die Fingerabdrücke aus den Gefängnisakten stimmten mit denen überein, die die Pathologin der Leiche abgenommen hatte. Der Kriminaltechniker Kannas hatte den Vergleich persönlich durchgeführt.

Weshalb Martinsonis Daten in den übrigen Registern der Polizei und der Justizverwaltung fehlten, hatte nicht geklärt werden können. Die reguläre Dienstzeit war längst zu Ende, und die für die elektronischen Register zuständigen Beamten hatten Feierabend gemacht, soweit sie nicht ohnehin in Urlaub waren.

Kohonen blickte auf das Telefon. Es klingelte nicht.

8. Kapitel

Montag, 22.30 Uhr
Kulma-Pub, Kallio

Kahma und Jyrkkä standen am Tresen des Kulma-Pub im Stadtteil Kallio und tranken Bier. Das Lokal war halb voll. Die beiden Männer und Tiina Wallin hatten auf dem Weg von der Innenstadt hierher in drei Kneipen Station gemacht. Die einzelnen Etappen hatten sie im Taxi zurückgelegt, Kahma hatte alles bezahlt. Inzwischen waren die Männer ziemlich betrunken.

Das Lokal hätte unter Denkmalsschutz stehen müssen, als Beispiel für die Bierschwemmen, die während der Rezession Anfang der 1990er Jahre wie Pilze aus dem Boden geschossen waren. Die Inneneinrichtung war seither nicht erneuert worden, und das hellbraune Holz der Tische war mit zahllosen schwarzen Brandflecken gesprenkelt.

In der Jukebox lief finnischer Pop. Maija Vilkkumaa sang mit schicksalsschwerer Stimme: «*Die Mutter mit schlohweißen Haaren sagt, das Leben ist voller Gefahren …*»

Im Fernsehen zeigte Eurosport in einer Wiederholung die Tagesetappe der Tour de France. Der Ton war abgedreht, doch einige starrten trotzdem wie hypnotisiert auf den Bildschirm, während sie ihr Bier tranken. Der Tresen war so platziert, dass man gleich beim Hereinkommen bestellen konnte. Ein großes Bier kostete seit Jahren unverändert zwei Euro, in der Happy Hour noch weniger.

Jyrkkä hatte einen Platz am Ende der Theke gewählt, von wo er den Eingang im Auge behalten konnte. Die Sporttaschen hatten beide Männer zu ihren Füßen abgestellt. Da

Tiina auf die Toilette – diesmal die Damentoilette – gegangen war, waren sie zum ersten Mal an diesem Abend allein, ohne dass jemand direkt neben ihnen stand.

«Was ist das für eine? 'ne Fixerin?»

«Nee, hab ich dir doch schon gesagt. Ich hab jedenfalls nicht gesehen, dass sie was nimmt. Die ist eben wie alle anderen. Will einen harten Mann, und die Weste wirkt wie ein Magnet. Weißt du was? Die könnte die Tallinn-Sache für uns übernehmen.»

«Wir sollten lieber vorsichtig sein», flüsterte Jyrkkä.

«Meinst du, die hat was mit den Bullen zu tun? Wenn die solche Weiber haben, melde ich mich zur Polizeischule!»

Jyrkkä lachte. «Nee, bei der Polente ist die nicht. Trotzdem. Hast du ihr was von dem Job gesagt?»

«Natürlich nicht. Glaubst du, ich bin blöd?»

Jyrkkä schwieg und sah zur Tür, weil jemand hereinkam. Das ärgerte den angetrunkenen Kahma.

«He, vergiss die Satzung nicht», sagte er feierlich. «Auf seinem Kumpel hackt man nicht herum. Ich hab dir meine Tussi abgetreten, genau wie's da drinsteht. Also musst du dich auch an die Regeln halten. Wir sind alle beide Gründungsmitglieder. Respekt!»

«Klar, war nicht so gemeint», besänftigte Jyrkkä und umarmte ihn herzlich.

«Na gut», brummte Kahma.

Maija Vilkkumaa sang erneut den Refrain: «*Die Mutter mit schlohweißen Haaren sagt, das Leben ist voller Gefahren …*»

Mikke Kahma hatte endlich das Gefühl, jemand zu sein. Sein Leben lang hatte man auf ihm herumgetrampelt. Selbst sein Vater hatte ihn im Stich gelassen, er war gestorben, als Mikke fünf war. Das Jugendheim, das Leben auf der Straße und das Gefängnis hatten ihn hart gemacht, aber etwas hatte ihm immer gefehlt. Nun bekam er es: Anerkennung und Respekt. Das war viel wert. Er würde nie einen Kumpel verraten, unter keinen Umständen. Niemals. Für seine Brüder würde er alles tun.

Sein Blick fiel auf einen bärtigen Mann, der an einem Nebentisch saß und zu ihnen herüberstarrte. Mikke ließ Jyrkkä los und blaffte den Mann an: «Verdammter Hippie, was gibt's da zu glotzen?»

Suhonen wandte den Blick ab und trank einen Schluck von seinem Foster's, das man erstaunlicherweise sogar in dieser Kaschemme bekam. Er legte keinen Wert darauf, sich mit zwei Rockern anzulegen, auch wenn er wusste, dass er mit den beiden fertiggeworden wäre. Der MC Polizei hatte mehr Mitglieder und mehr Schusswaffen als jede Verbrecherbande. Dennoch ärgerte es ihn, dass er aufgefallen war. Denn eigentlich verstand er sich auf unauffälliges Observieren.

Er hatte die beiden Männer sofort erkannt. Der größere war Mika Kahma, der in Schwarz hieß Raimo Jyrkkä. Beide hatten eine lange Kette von Gewaltdelikten hinter sich, was natürlich Bedingung für die Aufnahme in den MC Skull Brigade war. Nach dem Vorbild der Hell's Angels und der Bandidos, die sich vor gut zehn Jahren in Finnland eingenistet hatten, war inzwischen rund ein Dutzend kriminelle Motorradgangs entstanden. Allerdings waren nicht alle, die Lederwesten trugen und Harley-Davidsons fuhren, Verbrecher. Hartgesotten und hässlich vielleicht, aber nicht kriminell.

In manchen der kriminellen Banden hatten sich echte Motorradfans zusammengefunden, doch einige pickten sich nur die Rosinen heraus: den unbedingten Zusammenhalt und den einschüchternden Effekt der Lederwesten. Je mehr die Presse und das Fernsehen über die Brutalität der

Gangs berichteten, desto leichter war es für sie, als Schuldeneintreiber Angst und Schrecken zu verbreiten.

Jack Nicholson hatte es in dem Film «Easy Rider» auf den Punkt gebracht: «Nicht vor euch haben sie Angst, sondern vor dem, wofür ihr steht.» Hinter diesem Lagerfeuer-Satz stand der Gedanke, dass eine Motorradgang Freiheit verkörperte. Doch inzwischen standen die Banden für Angst und Gewalt. Was ihre Mitglieder verband, waren Gleichgültigkeit gegenüber den Regeln der Gesellschaft, Idealisierung der kriminellen Lebensweise plus diverse Persönlichkeitsstörungen.

Die Schädelbrigade war auch so ein Clan, der Furcht verbreitete. Ihr Präsident war für einen Mord zu lebenslänglicher Haft verurteilt worden, nachdem ein zwielichtiger Geschäftsmann vor zwei Jahren in einer Lagerhalle per Kopfschuss hingerichtet worden war. Die Spuren hatten zum Anführer der Schädelbrigade geführt. Der Auftraggeber war nicht zu ermitteln gewesen. Suhonen hatte sich damals gefragt, ob die Tat verübt worden war, um die noch neue Gang bekannt zu machen, oder ob der Anführer die Männer zu seiner eigenen Sicherheit nachträglich um sich geschart hatte. Die Polizei besaß einfach zu wenig Informationen.

Hatte der Anführer Auseinandersetzungen mit anderen Banden gehabt? Das Gleichgewicht des Schreckens musste immer wieder bestätigt werden. Dafür hatten die Bandidos und die Hell's Angels mit ihrem skandinavischen Bandenkrieg Mitte der neunziger Jahre das Vorbild geliefert.

Kahma und Jyrkkä konzentrierten sich auf ihr Bier und schenkten Suhonen keine Beachtung mehr. Jyrkkä behielt dabei ständig die Tür im Auge. Suhonen fragte sich, vor wem oder was der Mann Angst hatte. Er hatte auch Jyrkkäs Gürteltasche bemerkt und überlegt, ob sie eine Neunmillimeterpistole oder einen Revolver Kaliber 357 enthielt. Wahrscheinlich eine Pistole, denn in deren Magazin passten mehr Kugeln als in einen Revolver.

Nun kam die Blondine im blauen Minikleid zurück. Schöne Frauen und Lederwestenmänner waren keine ungewöhnliche Kombination, doch Suhonen überlegte, ob mehr dahintersteckte. Die Anwesenheit der Frau hatte zur Folge, dass jeder in der Kneipe guckte, zu wem sie gehörte. Wollten die Männer gesehen werden? Brauchten sie ein Alibi? Oder waren sie einfach nur auf einer Sauftour zufällig hier gelandet? Jedenfalls war die Frau in dieser Umgebung so fehl am Platz, wie es Suhonen in seinem Outfit bei einem Businesslunch gewesen wäre.

Suhonen wurde aus seinen Gedanken gerissen, da Salmela sich an seinen Tisch setzte, ein Hehler, mit dem er seit der gemeinsamen Kindheit in Lahti befreundet war. Normalerweise trafen sie sich nicht in der Öffentlichkeit, aber nach Suhonens langer Abwesenheit – und vor allem dank seiner längeren Haartracht und seinem Bart – konnten sie es diesmal riskieren.

«Na, Alter?», fragte Salmela. Der Zufall hatte die beiden in entgegengesetzte Lager geführt. Mit vierzehn hatte ebendieser Eero Salmela versucht, seinen Freund Suhonen zu einem Einbruch zu überreden. Nichts Kompliziertes. Sie wollten zu viert den Dachboden eines Hochhauses durchsuchen und nachsehen, ob sich etwas Wertvolles oder wenigstens Interessantes fand. Suhonen wäre mitgegangen, aber eine schlimme Grippe mit hohem Fieber sorgte dafür, dass er das Bett hüten musste. Salmela und die beiden anderen Jungen waren bei dem Einbruch geschnappt worden. Das Schicksal hatte damals die Weichen gestellt, der Rest war Feinabstimmung gewesen. Ihre Freundschaft hatte dennoch Bestand gehabt.

«Greetings from down under», grinste Suhonen, beobachtete dabei aber aus den Augenwinkeln die Brigade-Männer.

«Ich hab deine Ansichtskarte gekriegt. Danke», sagte Salmela und fügte nach einer Weile hinzu: «Bist du hinter den Bekloppten da her? Dann geh ich nämlich. Mit denen will ich nichts zu tun haben.»

«Wer ist die Tussi?»

Salmela schaute nicht hin. «Keine Ahnung. Irgendeine Fixernutte, nehme ich an.»

«Ist ja auch egal», sagte Suhonen und trank sein Bier aus.

«Willst du noch eins? Ich kann's dir holen», bot Salmela an.

«Nicht nötig. Guck mal, ich hab ein Mitbringsel für dich.» Suhonen kramte in der Tasche seiner leichten Jacke und legte einen haarigen Gegenstand von der Größe einer Fünfzig-Cent-Münze auf den Tisch.

Salmela betrachtete das Ding misstrauisch. «Was soll das denn sein?»

«Eine Kängurupfote.»

«Eine Kängurupfote?», fragte Salmela entsetzt.

«Genau. Hab ich selbst geschossen.»

«Was?! Du hast ein Känguru geschossen? Stehen die nicht unter Naturschutz? Du bist kriminell!»

«Quatsch. Die sind da so häufig wie Elche in Finnland.»

«Aber, aber ... wie kannst du Kängurus jagen? Ich hab im Discovery-Channel Dokumentarfilme über Kängurus gesehen. Die darf man nicht einfach abknallen.»

Suhonen lachte. «Okay, dir sag ich die Wahrheit. Ich habe nicht geschossen. Ich hab's mit einem Bumerang erlegt.»

«Hä?»

«Mann! Das Ding ist aus dem Souvenirshop. Hat fünfzehn australische Dollar gekostet», erklärte Suhonen und lachte erneut.

«Kängurus darf man nicht töten!» Salmela weinte fast. «Knallen die Aussis die wirklich ab?»

«In jeder Kneipe kriegst du Kängurusteaks. Schmecken ganz gut.»

«Du hast Kängurufleisch gegessen?»

«Klar», nickte Suhonen und wunderte sich über die Macht des Fernsehens.

Salmela betrachtete die hellbraune Pfote. «Was soll ich damit denn anfangen?»

Suhonen nahm das Andenken in die Hand. «Guck mal! Hier ist ein Ring. Du kannst zum Beispiel deinen Hausschlüssel da dranhängen oder es von mir aus auch an irgendeinem Reißverschluss befestigen. Es ist wie eine Hasenpfote.»

«Bringt Glück, meinst du? Dem Känguru hat's aber kein Glück gebracht.»

«Na, dann stellst du dir eben vor, es wäre ein Talisman, der dich von bösen Taten abhält», lachte Suhonen. Er sah wieder zu den Rockern hinüber. Kahma hatte den Arm um die Hüfte des Mädchens gelegt, und Jyrkkä lächelte.

«Trinkst du noch eins mit?», fragte Salmela, die Pfote in der Hand.

«Eh ich mich schlagen lasse.»

Salmela brauchte genau drei Minuten, um die Gläser auffüllen zu lassen.

«Das ist Koff aus Helsinki, kein Kängurumörder-Bier!»

«Schon recht», sagte Suhonen. «Ach, übrigens. Ich hätte da eine Bitte. Ich geb dir gleich unter dem Tisch ein Foto. Ein Typ aus Estland. Ich will wissen, wer seine Kontaktleute sind. Er ist offenbar im März aus dem Knast entlassen worden, hatte wegen irgendeiner Drogengeschichte gesessen. Genaueres weiß ich nicht, und frag mich um Himmels willen nicht, warum ich nichts Genaues weiß.»

«Wieso weißt du nichts über ihn? Sind eure Register …»

Suhonen schüttelte den Kopf, und Salmela verstummte.

Schweigend nahm er den doppelt gefalteten DIN-A4-Bogen in Empfang und steckte ihn ein.

«Hat der Typ wenigstens einen Namen?»

«Ivo Martinsoni. Wie der große Dean, aber mit einem i hinten dran.»

«Hä?», wunderte sich Salmela. «Der heißt doch Dean Martin.»

Suhonen war einen Moment sprachlos. Natürlich. Ein blöder Fehler. «Okay, also Dean plus Soni, wie die Firma, die Playstation herstellt.»

«Der letzte Buchstabe ist also ein Ypsilon?», flachste Salmela.

«Hör auf, mich zu nerven.»

«Schon gut. Du willst also wissen, wo der Kerl steckt?»

«Nein», sagte Suhonen. «Wo er ist, weiß ich. Im Kühlfach in der Pathologie. Ich will wissen, was dieser Brummifahrer getan hat, um da zu landen.»

«Der Brummifahrer von dem Parkplatz an der Veturitie?»

Suhonen nickte.

«Okay, ich hör mich mal um», versprach Salmela, und die beiden widmeten sich wieder ihrem Bier.

«In dem Souvenirladen gab's auch Haifischzähne. Wär dir so einer lieber gewesen?»

«Nö, das Känguruding ist ganz okay», sagte Salmela und drehte die Pfote zwischen den Fingern.

An der Theke legte Kahma seine Pranke auf Tiina Wallins wohlgeformten Po.

Dienstag

9. Kapitel

Dienstag, 10.10 Uhr
Polizeigebäude, Pasila

Jetzt hat mich der Sommerjob-Blues doch erwischt, dachte Takamäki und schaltete den Computer ein.

Da er am Abend bis neun Uhr gearbeitet hatte, hatte er sich an diesem Morgen Zeit gelassen und mit seiner Frau auf der Terrasse ihres Reihenhauses gefrühstückt. Kaarinas Urlaub hatte gerade angefangen. Es war ein perfekter Sommertag: wolkenloser Himmel und morgens um neun bereits zwanzig Grad. Die beiden Söhne waren bei einem einwöchigen Trainingslager ihrer Eishockeymannschaft, sodass die Eltern Zeit für sich hatten.

Allerdings hatte Takamäki ständig an den Fall Martinsoni denken müssen. Die Erklärungen seiner Frau, wie sie den Garten gestalten wollte, waren an ihm vorbeigerauscht. Kaarina hatte es gemerkt und das Thema fallenlassen.

«Ein schlimmer Fall?», hatte sie gefragt.

«Außergewöhnlich und seltsam.»

«Ist das nicht dasselbe?»

«Eigentlich nicht. Der Mord ist außergewöhnlich, und bei den Ermittlungen sind wir über seltsame Dinge gestolpert.»

«Wieso sitzt du dann noch hier?»

Takamäki hatte in sein Croissant gebissen und einen Schluck Kaffee dazu getrunken. «Schön, zur Abwechslung mal zu Hause zu sein.»

«Wird es heute Abend spät?»

«Vielleicht.»

«Du weißt es nicht?»

«Nein. Tut mir leid.»

Sie hatte das kleine Gemüsebeet betrachtet. «Der Dill wächst gut.»

Takamäki hatte eine Weile geschwiegen. Dann hatte er geseufzt: «Na gut, ich rufe Rautakivi an und sag ihm, was los ist.»

«Aber sag ihnen bloß nicht ab. Ich möchte heute Abend ausgehen», hatte seine Frau lächelnd gesagt.

«Okay. Ich komm nach, sobald ich kann.»

Sie hatte gezögert. «Stornieren wir die Reise nach Kreta?»

«Nein», hatte Takamäki gerufen. Dann hatte er seinen Kaffee ausgetrunken und war zur Arbeit gefahren.

Er wusste genau, dass die Urlaubsreise in Gefahr war. Wenn der Fall schnell gelöst werden konnte oder wenn im Gegenteil die Ermittlungen auf der Stelle traten, würde er verreisen können. Aber wenn die kritische Phase auf das Wochenende oder den Anfang der nächsten Woche fiel, musste die Familie ohne ihn nach Kreta fliegen. Es war praktisch unmöglich, im kritischen Stadium den Ermittlungsleiter zu wechseln. Doch das hatte er seiner Frau nicht sagen wollen.

Auf dem Weg zur Arbeit hatte Takamäki seinen Turkuer Kollegen angerufen und ihm grob von den laufenden Ermittlungen erzählt. Kommissar Rautakivi von der Kripo in Turku hatte Verständnis gehabt. Vor einem Jahr waren die beiden Ehepaare in Turku zusammen ausgegangen. Jetzt wollten sie dasselbe in Helsinki tun, aber der einzige mögliche Termin war dieser Dienstag. Zwei Familien in der Ferienzeit unter einen Hut zu bringen schien schwieriger zu sein, als in der Dienstzeit Besprechungen mit anderen Dezernaten zu organisieren.

Takamäki machte das Fenster auf. Es war ein heißer Tag,

und die Klimaanlage funktionierte nicht. Das Thermometer an der Tür zeigte fünfundzwanzig Grad, viel zu viel. Er sollte sich einen Ventilator kaufen.

Die Pathologin Nyman hatte einen vorläufigen Obduktionsbericht geschickt. Takamäki überflog ihn, doch er enthielt nichts Neues. Die Todesursache war Herzstillstand, ausgelöst durch das im Heroin enthaltene Morphium. Die lateinischen Fachausdrücke waren nebensächlich, Takamäki hatte sie im Lauf der Jahre oft genug gelesen. Drogentote waren Routine geworden. Den Angehörigen die Trauernachricht zu überbringen war allerdings so unangenehm wie eh und je.

Ihm schoss der Gedanke durch den Kopf, dass die traurige Pflicht auch in diesem Fall erledigt werden musste. Wo mochten die Eltern oder die Frau von Martinsoni leben? In Tallinn vermutlich.

Kohonen hatte sich morgens um neun wieder ans Telefon gesetzt. In der Nacht hatte sich nichts gerührt, und auch am Morgen waren nur zwei Anrufe gekommen, beide unergiebig. Seit dem letzten Anruf waren bereits fünfundvierzig Minuten vergangen. In der Zwischenzeit hatte sie selbst beim Telefonanbieter angerufen und darauf gedrängt, dass die gerichtlich angeforderten Verbindungsdaten umgehend geliefert wurden. Bei der Telefongesellschaft schien auch schon Urlaubsstimmung zu herrschen. Während Kohonen auf weitere Hinweise aus der Bevölkerung wartete, bearbeitete sie die Akte zur Messerstecherei. Dieser Fall konnte bald an den Staatsanwalt weitergeleitet werden.

Kohonen hatte ihre roten Haare hochgesteckt, weil sie keine Zeit gehabt hatte, sie zu waschen. Sie trug Jeans und ein weißes T-Shirt. Shorts waren am Arbeitsplatz leider verpönt.

Im Radio schwatzte jemand über das schöne Wetter und forderte die Hörer auf, blauzumachen, weil es bei der Hitze am Strand viel schöner sei. Kohonen rang sich ein müdes Lächeln ab. Ihr Urlaub fing erst in drei Wochen an, und sie hatte nur eine Woche frei. Anschließend musste sie wegen der idiotischen Leichtathletik-WM wieder arbeiten und konnte erst danach ihren Resturlaub nehmen. Das einzig Gute an einem Urlaub im Spätsommer war, dass man denen eine lange Nase drehen konnte, deren Ferien schon vorbei waren.

Am Vorabend war die Ermittlerin gegen zehn Uhr nach Hause in die Aleksis Kiven katu geradelt und todmüde ins Bett gefallen. Die Arbeit bei der Mordkommission war kein Zuckerschlecken. Zwischendurch ging es zwar auch einmal ruhiger zu, aber wenn etwas passierte, rackerte man bis zum Umfallen. Kohonens Rekord waren neunundvierzig Stunden Arbeit mit nur sechs Stunden Schlaf, eine Schinderei, aber sie hatten den Vergewaltiger geschnappt. Diesmal hatte der Wecker um acht Uhr früh geklingelt. Eine Schüssel Cornflakes, eine Tasse Kaffee und dann per Rad zurück nach Pasila.

Das Telefon klingelte.

«Kriminalpolizei Helsinki, Gewaltdezernat», meldete sich Kohonen.

«Hallo? Hier spricht Lasse Vastela», sagte die Stimme eines offenbar schon älteren Mannes.

«Guten Tag. Kriminalmeisterin Kirsi Kohonen am Apparat.»

«Guten Tag. Ich bin Taxifahrer und habe in der Zeitung gelesen, dass die Polizei um Hinweise zu dem Lkw-Brand bittet.»

«Ja, da sind Sie hier richtig.»

«Gut. Ich wollte nur mitteilen … ich weiß nicht, ob es

wichtig ist, aber als ehrbarer Bürger wollte ich es jedenfalls melden», sagte der Mann und machte eine Pause.

«Jede Information ist wichtig», machte Kohonen ihm Mut.

«Das dachte ich auch. Also jedenfalls, ich bin so gegen Viertel vor eins an dem Parkplatz an der Veturitie vorbeigefahren. Ich stand da an der Ampel und hab zum Parkplatz geschaut, nur so, ohne Grund. Da stand so ein estnischer Lkw, und im Führerhaus brannte Licht. Ich weiß natürlich nicht, ob da noch andere estnische Lkws waren, aber dieser war jedenfalls beleuchtet.»

«Sie glauben also, das Licht in der Fahrerkabine war eingeschaltet?», fragte Kohonen nach. Sie wusste, dass auf dem Parkplatz keine weiteren estnischen Lkws gestanden hatten.

«Ich glaube es nicht, ich bin mir sicher», antwortete der Taxifahrer bestimmt.

«Gut. Und wie genau können Sie die Zeit angeben?»

«Ich habe auf der Quittung nachgesehen. Um 00.41 Uhr hatte ich am Hotel Pasila einen Fahrgast abgeholt, von da braucht man ungefähr vier Minuten zum Parkplatz.»

«Haben Sie sonst noch etwas beobachtet? Waren zum Beispiel Menschen auf dem Parkplatz, oder Pkws?»

«Kann ich nicht sagen. An der Tankstelle waren natürlich Autos und auch ein paar Leute, aber direkt bei dem Laster ist mir niemand aufgefallen.»

«Gut», sagte Kohonen, bedankte sich bei dem Anrufer und gab seinen Hinweis in den Computer ein.

Viel war das nicht, dachte sie. Trotzdem gut, dass der Taxifahrer angerufen hatte. Seit einigen Jahren gingen kaum noch Hinweise aus der Bevölkerung ein, weil niemand in irgendetwas verwickelt werden wollte. Kohonen hatte dafür kein Verständnis. Gewiss war es nicht leicht, bei schweren

Gewaltverbrechen als Zeuge aufzutreten, aber es war nun einmal Bürgerpflicht. Es ging einfach nicht an, dass sich alle furchtsam in ihren Winkel verzogen und den Kriminellen das Feld überließen. Glücklicherweise hatte man im neuen Gerichtsgebäude den Zeugenstand mit verdunkeltem Glas abgeschirmt, sodass der Angeklagte die Zeugen nicht sehen konnte.

Der Anruf des Taxifahrers hatte nur eine winzige neue Information gebracht. Den bisherigen Beobachtungen nach hatte das Licht im Führerhaus um 00.40 noch gebrannt, nun verschob sich diese Zeitspanne um fünf Minuten. Entscheidende Schlussfolgerungen ließen sich daraus nicht ziehen, aber jede Kleinigkeit war nützlich. Es lohnt sich also doch, am Hinweistelefon zu hocken, dachte Kohonen, auch wenn sie lieber am Strand gelegen hätte.

Eine Stunde später saß sie wieder am Telefon, doch diesmal rief sie selbst an. Sie musste der estnischen Polizei Dampf machen.

Auf die Erkundigungen über Martinsoni war immer noch keine Antwort gekommen. In der Besprechung, die vor etwa zwanzig Minuten zu Ende gegangen war, hatte Takamäki angeordnet, einer der Ermittler solle am Nachmittag nach Tallinn fliegen, falls die estnische Polizei sich bis dahin nicht gemeldet hatte. Mit Pistole, hatte er scherzhaft hinzugefügt.

Ein Flug mit dem Hubschrauber lockte Kohonen nicht, vor allem, da es so einfach gewesen wäre, die Informationen per Telefon, Fax oder E-Mail zu liefern. Tatsächlich war während der Besprechung ein Fax aus Estland eingegangen, doch darin ging es um einen gewissen Mart Tams, vierzig Jahre, der in Tallinn erschossen worden war. Es war eine reine Routinesache, denn zwischen der Tallinner und der Helsinkier Polizei bestand die Vereinbarung, sich gegenseitig sofort zu unterrichten, wenn bei einem Fall mögliche Verbindungen zur jeweils anderen Stadt bestanden. Da Mart Tams Geschäftsfreunde in Helsinki gehabt hatte, wurde die Helsinkier Kripo über seine Ermordung informiert, brauchte jedoch nicht aktiv zu werden.

Kohonen hörte nur das Besetztzeichen und legte auf. Seit einer Viertelstunde rief sie nun bei der Durchwahlnummer an, doch es meldete sich niemand. Sie versuchte es gleich noch einmal: Tüt – tüt – tüt …

Die Ermittlungen steckten in allen Richtungen fest. Im Führerhaus des Lkws waren weder Sprengstoffspuren noch Reste eines Zeitzünders gefunden worden. Aller Wahrscheinlichkeit nach war das Feuer also mit Brennspiritus und Streichhölzern gelegt worden, was wiederum bedeutete, dass die Täter gegen 01.10 Uhr, als das Feuer ausbrach, noch am Tatort gewesen sein mussten. Augenzeugen gab es dafür jedoch nicht.

Wieso Martinsonis Angaben im Polizeiregister fehlten, war nach wie vor ein Rätsel. Takamäki hatte bei der Besprechung berichtet, er habe mit dem Vizedirektor des zentralen Rechtsregisters gesprochen, der sich die Sache ganz und gar nicht erklären konnte. Ebenso ratlos seien auch die Datenbankspezialisten im Präsidium. Fehler könnten eben vorkommen, hatten die EDV-Genies erklärt, und es sei auch nicht auszuschließen, dass ein Computer gelegentlich einzelne Daten verlor. Takamäki hatte sich darüber ziemlich aufgeregt.

Auch eine mittelschwere Nachlässigkeit war bei der Besprechung ans Licht gekommen. Die Leute, die Kommissar Ariel Kafka leihweise zur Verfügung gestellt hatte, hatten zwar die Firmen in der Umgebung des Tatorts abgeklappert und die Videos der Überwachungskameras eingesammelt, es aber nicht für nötig gehalten, sie anzusehen, sondern sie einfach auf dem Tisch im Pausenraum deponiert und einen Zettel daraufgelegt: «Hier die Videos».

Himmelsackzement, hatte Kohonen gedacht. So kann man natürlich auch ermitteln.

Überhaupt herrschte eine gewisse Lustlosigkeit. Takamäki redete nur von seinem bevorstehenden Urlaub, Suhonen war in Gedanken noch halb in Australien, und Kohonen selbst träumte vom Strand. Sie überlegte, woher dieses Desinteresse rühren mochte. Lag es daran, dass das Opfer ein Mann, Este und obendrein Lkw-Fahrer war? Wenn es sich um einen Beamten oder Politiker, um eine Frau oder ein Kind gehandelt hätte, wären die Ermittlungen sicher intensiver betrieben worden. Fälle wie dieser, die niemand richtig wahrnahm, waren ein Prüfstein für Kompetenz und Motivation eines Teams. Je langweiliger ein Fall schien, desto wichtiger war er. Die Basisarbeit muss ordentlich getan werden, sonst können wir gleich einpacken, dachte Kohonen.

Wieder ertönte das Besetztzeichen. Frustriert knallte sie den Hörer auf die Gabel.

Tiina Wallin schrieb eine SMS. Raimo Jyrkkäs Wohnung war weitaus abstoßender als Mikke Kahmas. Das Einzige, was man vom Fenster aus sah, waren die Mülltonnen im Hinterhof.

Jyrkkä hauste in einer Zweizimmerwohnung in der Vaasankatu, nicht weit von der U-Bahn-Station Sörnäinen. Tiina schätzte, dass die Wohnung seit mindestens einem Monat nicht mehr geputzt worden war. An ihren nackten Füßen klebte der Dreck vom Fußboden.

Um 11.35 Uhr ging die SMS ab. Jyrkkä und Kahma schliefen noch. Tiina wollte einen Kaffee. Sie hatte das verknautschte blaue Kleid wieder anziehen müssen, da sie nichts anderes dabeihatte. Besonders frisch fühlte sie sich nicht gerade, sie war nur froh, dass sie wenigstens daran gedacht hatte, die Reisezahnbürste mitzunehmen.

Sie waren erst kurz nach vier Uhr morgens in der Wohnung gelandet. Anfangs hatte Tiina im Doppelbett zwischen den Männern geschlafen oder vielmehr versucht zu schlafen. Die Situation besserte sich erst, als sie Mikke und wenig später auch Jyrkkä aus dem Bett geschubst hatte. Beide hatten ungerührt auf dem Fußboden weitergeschlafen, aber aufgehört zu schnarchen.

Tiina sah sich in der erbärmlichen Bude um. Von einer Inneneinrichtung konnte man hier wirklich nicht sprechen. Im Schlafzimmer stand nur das Bett, die Kleider lagen in einem Haufen auf dem Boden. Im kombinierten Wohn- und Esszimmer standen ein kleiner Esstisch mit roter Platte und zwei Stahlrohrstühle, vermutlich vom Flohmarkt. Das durchgesessene Sofa musste Jyrkkä vom Sperrmüll geholt haben. In einer Ecke stand ein Fernseher auf dem Fußboden. Zum Glück gab es in der Küche wenigstens eine Kaffeemaschine, und im Schrank fand sie ein Paket Kaffee. Eine Billigmarke, aber immerhin kein Nescafé. Sie überprüfte das Verfallsdatum. Frisch genug.

Im Kühlschrank fand sich nichts Essbares. Verschimmelter Käse, fünf Flaschen Bier, im Butterfach ein Minigrip-Beutel mit einem weißen Pulver. Der Vizepräsident der Schädelbrigade hatte nicht die Angewohnheit, zu Hause zu essen, so viel stand fest. Als in der Kaffeemaschine die letzten Tropfen durch den Filter sickerten, sah sich Tiina im Schrank nach Tassen um.

«Was suchst du da?», fragte eine heisere Stimme hinter ihr.

Sie drehte sich erschrocken um. Im Durchgang zwischen Wohn- und Schlafzimmer stand Jyrkkä. Er trug nur eine weiße Unterhose und war am ganzen Körper tätowiert.

«Wo stehen deine Kaffeetassen?»

«Meine Tasse ist im Spülbecken.»

«Ach so.»

Jyrkkä lächelte. «Aber ich hab Wegwerfbecher.» Er holte eine Stange Pappbecher aus dem Fach über dem Kühlschrank und reichte sie ihr.

«Danke. Möchtest du Kaffee?»

Er schüttelte den Kopf. «Ich brauch 'ne heiße Dusche. Mir tut der Nacken weh.» Er zog die Tischschublade auf und holte eine Packung Schmerztabletten heraus. Tiina sah einen Minigrip-Beutel mit kleinen, runden Pillen in der Schublade liegen.

Jyrkkä schluckte zwei Schmerztabletten und spülte sie mit Wasser direkt aus dem Hahn herunter. «Wieso hab ich auf dem Fußboden geschlafen?»

Tiina zuckte die Achseln. «Als ich ins Bett gegangen bin, hast du mit Mikke in der Küche gehockt und Jägermeister getrunken.»

«Scheiße», stöhnte Jyrkkä und machte sich auf den Weg ins Bad. «Lass die Kaffeemaschine an!»

Tiina wartete, bis sie die Dusche rauschen hörte. Dann schaltete sie ihr Handy auf «lautlos» und steckte es in ihre Handtasche, in der sich ein zweites Mobiltelefon und eine kleine Pistole, eine FN Baby Kaliber 6.35, befanden. Mikke hatte wieder angefangen zu schnarchen. Tiina füllte einen der Pappbecher mit Kaffee.

10. Kapitel

Dienstag, 11.40 Uhr
Strafvollzugsanstalt Sörnäinen, genannt Sörkka, Helsinki

Suhonen schritt vom Pförtnerhaus der Haftanstalt auf das massive Backsteingebäude zu, in dem sich das eigentliche Gefängnis befand. Ein blau uniformierter Wärter mit kurz geschnittenen Haaren ging einen halben Meter vor ihm her. Suhonen hätte den Weg auch allein gefunden, aber er brauchte jemanden, der ihm die Türen aufschloss. «Ein schöner Tag», sagte der Wärter.

Suhonen schaute nach links und sah etwa zwanzig Häftlinge auf dem teilweise vertrockneten Rasen des Gefängnishofs ein Sonnenbad nehmen.

«Bald wird es Herbst», gab er zurück.

Das Helsinkier Gefängnis beherbergte hinter seinen stacheldrahtbewehrten Mauern rund ein Drittel der schlimmsten Verbrecher Finnlands. Die anderen sogenannten harten Gefängnisse befanden sich in den Städten Turku und Riihimäki. Weitere Schwerverbrecher waren in der psychiatrischen Anstalt für Gefangene in der Nähe von Kakola und in zwei Nervenkliniken in Vaasa und Niuvanniemi untergebracht. In Niuvanniemi war Suhonen zweimal gewesen, beides niederschmetternde Erlebnisse. Zwar hatte er schon allerhand erlebt, doch die Begegnung mit völlig Wahnsinnigen hatte ihn aufgewühlt. Wenn man sah, wie ein Vierzehnjähriger sich umzubringen versuchte, indem er mit dem Kopf gegen die Wand rannte, zerriss es einem das Herz. Später hatte Suhonen allerdings im Protokoll der Voruntersuchung gelesen, was der Junge der Fünfjährigen angetan hatte, die er entführt hatte. Danach hatte er dem Burschen für den nächsten Selbstmordversuch viel Erfolg gewünscht.

Wenn Nervenkliniken mit aufgestautem Entsetzen gefüllt waren, so staute sich in den Gefängnissen die Angst. Jeder, der hier einsaß, fürchtete sich, auch wenn es sich die wenigsten eingestanden. Manche hatten Angst vor den Mauern, andere vor ihren Mithäftlingen, einige sogar vor der Freiheit. Gründe, sich zu fürchten, gab es hinter diesen Mauern genug.

Der Wärter schloss auf, und Suhonen folgte ihm in das eigentliche Gefängnisgebäude. Rechts neben der Tür führte eine schmale Treppe zu den Büros der Gefängnisleitung. Zum Glück hatte der stellvertretende Gefängnisdirektor Saku Ainola Dienst. Er wusste sicher, mit wem Martinsoni in der Haftanstalt befreundet gewesen war. Mit wem hatte der Este Kontakt gehabt? In welcher Abteilung hatte er gesessen? Wer war zur gleichen Zeit dort inhaftiert gewesen?

Die Büros lagen an einem zwanzig Meter langen und drei Meter breiten, hellgrau gestrichenen Flur, an dessen Ende sich eine schwere Stahltür zum Gefängnistrakt befand. Der Wärter blieb vor einer Tür an der linken Seite des Flurs stehen und klopfte. «Herein», kam es von drinnen. Suhonen öffnete die Tür und trat ein.

Ainola kam ihm entgegen. Der etwa Vierzigjährige wirkte wie ein strohtrockener Finanzminister, doch sein Aussehen täuschte: Er steckte voller Witz. Den Humor, der für seine Heimatprovinz Savo typisch war, hatte er sich bewahrt; der Dialekt hatte sich dagegen im Lauf der Jahre verflüchtigt, denn Gefängnisbeamte wurden häufig versetzt, und Ainola hatte in allen Teilen Finnlands gelebt.

«Grüß dich», sagte er. «Lange nicht gesehen.» Er begrüßte Suhonen mit einem festen Händedruck, bot ihm einen

Stuhl an und nahm selbst auf der anderen Seite des großen Holztisches Platz. Das Dienstzimmer war zehn Meter lang und fünf Meter breit. Die Tische bildeten ein T, wobei der lange Konferenztisch den Fuß und der Chefschreibtisch den Querstrich darstellte.

«Du bist ein hohes Tier geworden, wie man sieht», flachste Suhonen.

«Ach ja, wenn die Direktorin Urlaub macht, kriegen die kleinen Kater eine größere Hütte. Dieses Zimmer ist das einzige, das man Besuchern zumuten kann. Kaffee? Sag bloß nicht nein! Seit die Chefin in Urlaub ist, hab ich heute zum ersten Mal die Chance, Bewirtungskosten zu verbuchen. Plunderstücke gibt's auch», lächelte Ainola. Das Gebäck stand bereits auf dem Tisch. Suhonen fragte sich, weshalb vier Teilchen auf der Platte lagen.

«Selbstverständlich trinke ich Kaffee», sagte Suhonen. «Und Plun…»

«Worum geht's?», unterbrach ihn Ainola. «Entschuldige, dass ich am Telefon so kurz angebunden war. Wir hatten eine akute Krise mit einem Lebenslänglichen, dessen Gnadengesuch wieder mal abgelehnt worden ist. Sandström ist schon fast sechzehn Jahre hier und hat fest mit der Begnadigung gerechnet. Nun muss er mindestens noch ein Jahr absitzen.»

«Sandström? Das ist doch der, der die Imbissverkäuferin erschossen hat, für eine Beute von … wie viel war es noch? Hundertsiebzig Mark?»

«Hundertvierundsiebzig.»

«Der kommt also demnächst schon frei», sinnierte Suhonen.

Ainola lachte auf. «Er hat die Tat im Oktober 1989 begangen. Damals gab's die Sowjetunion noch.»

«Die Zeit vergeht so schnell – jedenfalls draußen.»

«Genau. Man sollte meinen, das Verbrechen wäre inzwischen gesühnt.»

Suhonen überlegte kurz. «Die Imbissverkäuferin war vierundzwanzig, wenn ich mich recht entsinne. Heute wäre sie vierzig, wenn ...»

«Und ich bin zweiundvierzig, und man hat mir siebzehn Mal gedroht, mich umzubringen.»

Suhonen biss in ein Plunderstück und wischte sich mit dem Finger Erdbeermarmelade aus dem Mundwinkel. «Drohungen zähl ich gar nicht mehr ... Lecker, das sind sicher schon diesjährige Erdbeeren.»

«Vielleicht ... Aber den Sandström könnte man wirklich laufen lassen. Man hätte ihn längst begnadigt, wenn sein Opfer ein Mann gewesen wäre, aber da es eine junge Frau war ...»

«Tja, was soll ich dazu sagen, ich kenne diesen Sandström ja nicht», meinte Suhonen und fragte sich, ob der Häftling nach der Ablehnung des Gnadengesuchs einen Tobsuchtsanfall bekommen hatte. Das würde nicht unbedingt für seine Freilassung sprechen.

«Der ist okay. Ein bisschen aufbrausend, aber er würde draußen schon zurechtkommen. Er hat alle unsere Kurse absolviert.»

«Na gut. Also ...»

Ainola trank einen Schluck Kaffee. «Richtig. Dein Fall.»

Suhonen zeigte ihm Ivo Martinsonis Foto. «Wer ist das?»

Ainola betrachtete das Foto lange, dann schüttelte er den Kopf. «Kenn ich nicht.»

Suhonen war verdattert. «Nicht?»

«Nein», sagte Ainola und biss in sein Plundergebäck.

«Ehrlich nicht?»

«Müsste ich ihn kennen?»

«Ja. Er hat bis März hier gesessen.»

«Quatsch.»

Suhonen zog den Registerauszug aus der Tasche, entfaltete das Papier und schob es über den Tisch. «Am 12. März 2004 entlassen. Hat gut ein Jahr bei euch verbracht.»

Ainola studierte es mit ernster Miene. «Quatsch mit Soße, dabei bleibe ich», sagte er und sah noch einmal das Foto an. «Den Mann habe ich nie gesehen. Hier war der nicht.»

«Ivo Martinsoni, ein Este.»

«Ich kenne ihn nicht», beharrte Ainola. «Wenn er hier gewesen wäre, würde ich mich an ihn erinnern.»

«Die Akten behaupten es aber.»

«Die Akten können behaupten, was sie wollen. Ich sage dir, der Mann war nicht hier.»

«Bist du sicher?»

Ainola stand auf und trat an den Computer hinter dem Chefschreibtisch. «Darauf wette ich drei Runden Schnaps.»

Suhonen zuckte die Achseln.

Der stellvertretende Gefängnisdirektor drückte ein paar Tasten, dann fuhr er erstaunt zurück. «Das gibt's doch nicht! Unser Register behauptet dasselbe. Demnach war dieser Martinsoni doch hier. Das begreif ich nicht, verdammt nochmal ... Das kann nicht sein. Noch dazu wegen schwerer Drogendelikte. Nee, zum Donnerwetter ... Daran müsste ich mich doch erinnern ... Zeig mir das Foto nochmal!» Er betrachtete das Bild eine halbe Minute lang. «Nee, der war nicht hier. Hundert Prozent sicher bin ich mir nicht mehr, aber ...»

«Auch nicht im Sicherheitstrakt oder so?»

Ainola schüttelte den Kopf. «Wenn du willst, kann ich meinen estnischen Informanten bitten, sich mal umzuhören.»

«Nein. Die Sache darf auf keinen Fall bekannt werden. Da stimmt irgendwas nicht. In unserem Register ist der Typ nämlich gar nicht vorhanden. Er existiert nur in eurer Datenbank und im Register der Strafvollzugsbehörde.»

«Aber hier war er nicht.»

«Ich glaub's dir ja. Wirklich eine seltsame Geschichte.»

«Allerdings. Noch Kaffee?»

«Ja bitte, und dann lass mich mal kurz an deinen Computer.»

«Das ist aber nicht ganz legal», protestierte Ainola, doch Suhonen saß schon vor dem Gerät. Ainola goss ihm Kaffee ein.

«Bierchen?», fragte Salmela und zeigte auf den braunen Flaschenhals, der aus seinem Rucksack ragte.

Suhonen schüttelte den Kopf. Die beiden Männer saßen auf einer Bank am Ufer vor dem kolossartigen Wohnkomplex Merihaka. Suhonen war auf seinem Motorrad geradewegs vom Gefängnis hierhergefahren.

«Ist kalt», pries Salmela sein Bier an.

«Nein danke.»

Salmela schlug den Kronkorken ab und trank einen Schluck. «Ich hab noch Sommerurlaub.»

«Urlaub von was?», lächelte Suhonen.

«Ich kann doch nicht zwölf Monate im Jahr Ganove sein. Wohnungseinbrüche sind nicht mein Metier. Im Moment nehm ich keine Sore an», sagte Salmela und machte es sich auf der Bank bequem. Die Sonne schien warm, das Meer war fast windstill. Im gegenüberliegenden Hafen wurden gemächlich Container auf ein Schiff gehievt. Die Möwen kreischten träge, und hinter der Terrasse des Restaurants Tervasaari schob sich langsam die Fähre zur Zooinsel hervor. Niemand schien es eilig zu haben.

Salmela nahm noch einen Zug aus der Flasche. «Das Bier ist neuerdings so billig, dass ich eigentlich gar nicht mehr zu arbeiten brauche. Die Sozialhilfe reicht. Na ja, beinahe», lächelte er und holte eine Sonnenbrille aus dem Rucksack. «Außerdem hab ich eine Kängurupfote, die mir Glück bringt.»

Suhonen lachte, streckte die Beine aus und legte seinen schwarzen Helm auf die Bank. Die Aussicht erinnerte ihn an die Hafenbar in Sydney, in der er vor fünf Tagen gesessen und mit dem Gedanken gespielt hatte, auf dem nächstbesten Schiff anzuheuern, egal wohin es fuhr.

Alle Eile schien von ihm abzufallen. In Australien war der Winter fast so warm wie der finnische Sommer … Der Ermittler gähnte. Der Zeitunterschied saß ihm noch immer in den Knochen.

Ein Motorboot tuckerte heran und drehte dann wieder ab. Suhonen schloss die Augen. Minutenlang saßen die beiden Männer schweigend nebeneinander. Natürlich hatte Salmela keinen Sommerurlaub, sondern vermutlich ein größeres Ding gedreht und reichlich Geld eingesackt. Er trank seine Bierflasche leer und machte die nächste auf.

«Dieser Este …», begann er zögernd, «dieser Martinsoni …»

Suhonen gab keine Antwort.

«Schläfst du?»

«Nee», antwortete Suhonen, ohne die Augen zu öffnen. «Was ist mit ihm?»

«Ich hab ein paar Jungs nach ihm gefragt. Keiner kennt ihn. Das Foto sagt ihnen nichts. Bestimmt irgendein Alleinunternehmer.»

«Wer tötet mit Heroin?»

Salmela schwieg einen Moment. «Ein Junkie. Sich selbst.»

«Und zündet danach ein Feuer an?»

«Na, wenn er geraucht hat ...»

Suhonen hielt die Augen immer noch geschlossen. «Nein. Es war Mord. Und zwar exakt geplant. Heroin oder Diapam kann man nicht zum Händler zurückverfolgen, in der Leiche werden nur Rückstände gefunden. Alle anderen Indizien zerstört das Feuer. Warum ist da jemand so gründlich vorgegangen?»

«Weil er nicht geschnappt werden will.»

«Genau, aber wer ist dieser Jemand? War es ein Auftragsmord?», fragte Suhonen, immer noch mit geschlossenen Augen.

Salmela schwieg, denn er hatte keine Antwort.

«Kein Gerede auf den Straßen?»

«Natürlich wird geredet. Übers Wetter. Alle wollen an den Strand oder ins Sommerhaus. Auch Berufsverbrecher brauchen Ferien.»

Suhonen schwieg eine Weile. «Erinnerst du dich an das Freibad bei der Sprungschanze, wo wir immer schwimmen waren?»

Salmela lachte. «Damals in Lahti. Mann, das war eine sorglose Zeit. Wenn ich wählen dürfte, wäre ich immer elf. Ich würde Fußball spielen, schwimmen und die Welt bestaunen, ganz ohne Sorgen. Kein Trouble mit den Frauen. Mensch, das wäre toll. Man hätte alle Entscheidungen noch vor sich, und diesmal würde man vielleicht die richtigen treffen.»

Suhonen schlug die Augen auf. «Na und, was hindert dich denn?»

«Woran?»

«Mensch, guck doch mal geradeaus.»

Salmela konnte ihm nicht ganz folgen.

«Das Meer. Ist nicht kalt», sagte Suhonen und zog auch schon das T-Shirt über den Kopf.

«Warum eigentlich nicht», lachte Salmela. «Natürlich.»

Sie zogen sich bis auf die Unterhosen aus, legten ihre Kleider auf die Bank und sprangen ins Meer. Das Wasser war herrlich erfrischend. Suhonen spritzte Salmela eine Ladung ins Gesicht. «Du hast mir im Freibad mal zwei Mark geklaut!»

«Stimmt nicht! Das war Rönnholm!»

Suhonen ließ die nächste Salve folgen. «Gib's zu, du alter Gauner!»

«Quatsch!», lachte Salmela. «Es war Rönnholm!»

«Nee, der war 'ne ehrliche Haut», prustete Suhonen und spritzte weiter. Für einen Moment waren die beiden Männer elfjährige Jungs in einem Freibad in Lahti. Die Welt rundherum verschwand.

Suhonen und Salmela platschten im Meer und wünschten sich, dieser Augenblick würde nicht vergehen. Aber sie konnten nicht ewig im Wasser bleiben. Über eine Leiter kletterten sie die Uferböschung hoch. Ein älterer Mann, der seinen Cockerspaniel ausführte, schlug einen weiten Bogen um die beiden nassen Gestalten, die weder ihn noch seinen Hund wahrnahmen.

Sie setzten sich wieder auf die Bank, um ihre Hosen trocknen zu lassen. Die Sonne wärmte, die Möwen kreischten unaufhörlich. Die Haut spannte, und die Lippen schmeckten salzig.

Salmela wischte verstohlen eine Träne weg, und auch Suhonen schwieg. Die Rückkehr in die Wirklichkeit war hart. Die vergebenen Chancen und Fehlschläge der letzten fünfundzwanzig Jahre, aber auch einige schöne Momente passierten Revue.

«Wusstest du, dass ich eigentlich Playboy werden wollte?», fragte Salmela. «Cabrio fahren, teuren Wein trinken und langbeinige Schönheitsköniginnen flachlegen … Na ja, ein Miniplayboy bin ich immerhin geworden. Ich fahr einen Kleintransporter, trink Bier und hol mir einen runter.»

Suhonen schwieg.

Salmela griff in seinen Rucksack. «Willst du jetzt ein Bier?»

«Nein. Ich bin im Dienst», erklärte Suhonen kühl und stieg in seine Jeans, obwohl die Unterhose hinten noch nass war. «Ich muss einen Killer finden.»

«Ich hör mich weiter um», versprach Salmela, schlug den Kronkorken am Rand der Bank ab und nahm einen langen Zug aus der Flasche.

11. Kapitel

Dienstag, 12.30 Uhr
Polizeigebäude, Pasila

Can't start a fire. You can't start a fire without a spark. This gun's for hire. We're dancing in the dark», sang Bruce Springsteen im Transistorradio.

Der Song passte zum aktuellen Fall wie Erdbeeren zu Cornflakes, fand Kohonen. So früh im Sommer waren die Erdbeeren allerdings noch wahnsinnig teuer. Als Springsteen vor ein paar Jahren im Olympiastadion gastiert hatte, wäre Kohonen gern hingegangen, aber vom Polizistengehalt hatte sie sich die Konzertkarte nicht leisten können, obwohl sie sich mit Reitstunden etwas dazuverdiente.

«*We're dancing in the dark*», erklang der Refrain. Im Fall Martinsoni tappten sie wahrhaftig im Dunkeln. Kohonen saß in ihrem Dienstzimmer. Genaugenommen war diese Bezeichnung zu hochtrabend, es handelte sich um eine von insgesamt sechs durch Stellwände abgetrennte Nischen. An die Wand hatte sie Fotos von dem Lkw-Brand geheftet. Auf dem Flipboard standen einige Namen: Die Mordkommission hatte verschiedene Personen überprüft, die Drogen- und Gewaltdelikte auf dem Konto hatten und derzeit nicht im Gefängnis saßen. Es deutete jedoch nichts darauf hin, dass einer von ihnen der Täter war.

Risto Mäki, die Leihgabe des Polizeireviers Malmi an die Mordkommission, kam herein.

«Was machst du denn hier?», fragte Kohonen. «Hast du nicht heute frei?»

«Doch», antwortete Mäki und setzte sich. Es war vereinbart, dass er jeweils den Schreibtisch benutzte, der gerade frei war. «Aber du ja auch.»

«Schon, aber ich muss hier sein.»

«Aha. Und ich will nichts versäumen. Ist nämlich mein erster Mord», erklärte Mäki.

Vielleicht hatte Mäki tatsächlich das Zeug zum Kriminalisten. Zumindest schielte er nicht ständig auf die Uhr. «Und du klärst ihn auf?», lächelte Kohonen, keineswegs überheblich, nur ein wenig verwundert.

«Sicher nicht, aber vielleicht kann ich dabei helfen.»

«Gut, dass du da bist. Wegen der Überstunden musst du allerdings Takamäki fragen.»

«Mach ich, sobald sich eine Gelegenheit ergibt. Was Neues?»

Kohonen schüttelte den Kopf. «Kein Durchbruch.»

«Hast du schon gegessen?»

«Nein, aber ich denke, ich geh ins Kellerrestaurant am Rathausplatz.»

«Wohin?»

«Irgendwer muss nach Tallinn fahren, wenn wir von dort nicht bald eine Antwort bekommen.»

Takamäki hatte sie vor einer halben Stunde darauf angesprochen. Da der Verbindungsmann der finnischen Polizei nach Auskunft der Botschaft in Urlaub war, würde jemand von der Mordkommission nach Estland fahren müssen, um die offenen Fragen zu klären. Der Kommissar hatte beschlossen, bis halb zwei zu warten. Dann war der Hubschrauber noch zu erreichen, der um 14.00 Uhr abflog und nach Tallinn knapp zwanzig Minuten brauchte. Kohonen wunderte sich über die Langsamkeit der Esten, denn im Allgemeinen funktionierte die Zusammenarbeit. Der rundwangige Ivo Martinsoni war allem Anschein nach so aalglatt gewesen, dass auch die Esten Schwierigkeiten hatten, etwas über ihn zu erfahren.

Kohonen wusste, dass sie keine Zeit für einen Restaurantbesuch haben würde. Sie konnte froh sein, wenn sie in der Abflughalle ein Brötchen bekam. Andererseits würde sie möglicherweise in Tallinn übernachten müssen, wenn sie im Lauf des Nachmittags nicht alle Informationen zusammentragen konnte.

In dem Fall hätte sie Zeit genug für ein ausgiebiges Abendessen. Sie war oft in der estnischen Hauptstadt gewesen und wusste, dass man dort für dasselbe Geld viel besser aß als in Helsinki. Allerdings waren die Preise in Tallinn inzwischen deutlich gestiegen.

«Wer fährt hin?», fragte Mäki.

«Sprichst du Estnisch?», lächelte Kohonen.

«Touristenestnisch, wie alle Finnen. He Aslak, ein großes Bier, dalli dalli.»

«Aslak?»

«Na ja, die Esten nennen uns Rentiere, also sind sie die Rentierhirten. Wie die Lappen – und bei denen heißt doch jeder zweite Aslak ...»

Kohonen lachte auf. «Hast du dir das ganz allein ausgedacht?»

«Ja», grinste Mäki.

«Gar nicht schlecht. Aslak!»

Joutsamo steckte den Kopf zur Tür herein. «Was? Wer ist Aslak?»

«Niemand», sagte Kohonen. «Risto hat einen Witz erzählt.»

«Aha», schnaubte Joutsamo. «Um eins Besprechung im Konferenzraum.»

«Sollte die nicht um halb zwei sein?»

«Vorverlegt. Habt ihr was von Suhonen gehört?»

Beide schüttelten den Kopf.

«Sieh zu, dass du bis dahin was aus Tallinn erfährst, damit keiner von uns da hinzugondeln braucht.»

«Versuch ich ja die ganze Zeit», protestierte Kohonen.

Joutsamo ging wortlos hinaus. Mäki sah ihr nach. «Was hat Anna denn?»

«Danach darfst du mich nicht fragen.»

«Wieso nicht? Ich hab gehört, ihr seid befreundet.»

«Schon, aber …»

«Aber was?» Mäki ließ nicht locker.

«Die hat Stress oder so. Ich weiß nicht genau, wir hatten schon länger keine Zeit, ein Bier trinken zu gehen. Irgendwas ist ihr wohl über die Leber gelaufen», sagte Kohonen. Sie wusste wirklich nicht, was es war.

Mäki sah sie an. «Das solltest du aber klären.»

«Schon gut, du hast ja recht.»

Als Takamäki kurz vor eins den Konferenzraum betrat, herrschte bedrückte Stille.

Er ging gleich weiter in die angrenzende Kochnische, nahm seine Tasse aus dem Schrank und goss sich Kaffee ein. Die Kaffeemaschine hatte er vor zwei Jahren von seinem eigenen Geld gekauft, weil die vorige den Dienst quittiert hatte und eine neue im Etat nicht vorgesehen war.

Takamäki kam mit seiner Tasse zurück und setzte sich an die Stirnseite des langen Tisches, an dem zwanzig Personen Platz hatten. Die Wände des schmucklosen Konferenzraums waren hellgrau gestrichen. Der Overheadprojektor am anderen Ende des Tisches und das Flipboard in der Ecke wurden diesmal nicht benötigt. Außer Takamäki waren Nurmi, der dürre Strand, Mäki und Joutsamo anwesend.

Der Kommissar sah auf die Uhr: eine Minute vor eins.

«Wo sind Kohonen, Suhonen und Kannas?», fragte er und trank probeweise einen Schluck Kaffee. Für Polizeikaffee ganz ordentlich.

Keiner sagte etwas.

«Aufwachen, Leute!», rief der Kommissar.

«Mmh», begann Mäki. «Kohonen ist noch am Telefon, aber Suhonen habe ich bisher nicht gesehen. Und Kannas … ist das der Kriminaltechniker?»

Auch Joutsamo, Nurmi und Strand wussten nicht mehr zu berichten.

«Und Kafkas Männer haben offenbar frei?»

«Hat Kohonen jedenfalls gesagt», erwiderte Nurmi. «Sie haben die Videos hergebracht, aber nicht angeschaut.»

«Ja, hab ich gehört», sagte Takamäki. «Das werde ich reklamieren.»

Der Kommissar holte sich noch eine Portion Kaffee und überlegte. So apathisch, wie seine Leute waren, würden sie den Mord selbst dann nicht aufklären, wenn der Täter hereinspazierte und ein Geständnis ablegte. Vielleicht litten sie unter sommerlicher Ermattung, denn bisher hatte noch keiner aus Takamäkis Team Urlaub machen können. Doch diese Erklärung war zu simpel: Herbstdepression, Wintererschöpfung, Frühjahrsmüdigkeit, Sommermattheit, eine endlose Kette. Lag es an der Arbeitsbelastung? Alle wurden pausenlos verheizt, man nahm keine Rücksicht mehr auf die Menschen und verließ sich darauf, dass es der Sommerurlaub schon richten würde. Aber wenn in diesen wenigen Wochen der Stress eines ganzen Jahres abgebaut werden musste, wurde der Urlaub ebenso belastend wie der Arbeitsalltag, und das war erst recht destruktiv. Takamäki hatte deshalb für sich persönlich beschlossen, keinerlei Erwartungen mehr mit dem Urlaub zu verbinden, sondern einfach in den Tag hinein zu leben. Das wiederum bedeutete eine Belastung für seine Familie, was er durch die einwöchige Kreta-Reise kompensieren wollte.

Wieder sah er auf die Uhr: zwei Minuten nach. «Okay, fangen wir an. Wer weiß, ob die anderen überhaupt kommen. Ich habe versucht, Licht in das Rätsel um die Register zu bringen, aber niemand konnte mir erklären, wieso Martinsoni im Gefängnisregister steht, aber in unserem nicht ... Was haben wir sonst noch?»

«Eine verkohlte Leiche und einen Mord», versetzte Joutsamo. «Sonst nichts.»

«Okay», sagte Takamäki. «Der Este Ivo Martinsoni. Ganz offensichtlich Lkw-Fahrer. Zumindest nebenberuflich. Wer hat das Bedürfnis, einen estnischen Lkw-Fahrer umzubringen?»

«Jeder, der schon mal auf der Landstraße hinter so einem hergezockelt ist. Mit anderen Worten, die Hälfte aller finnischen Autofahrer», meinte Nurmi trocken.

Takamäki hatte bereits zu einer Zurechtweisung angesetzt, doch er wurde unterbrochen.

«Oder jemand, der sich für Laster interessiert.» Kohonen war gerade hereingekommen. Sie wirkte aufgekratzt und hatte offensichtlich eine Neuigkeit.

«Na, was gibt's?»

«Unser Fall entwickelt sich zu einer ganz bösen Geschichte. Ab sofort gilt allgemeine Urlaubssperre ... ach nee, die haben wir ja sowieso schon. Ich hab endlich jemanden in Tallinn erreicht», erklärte die rothaarige Ermittlerin. «Die Kollegen dort hatten unsere Faxe und E-Mails bekommen, aber aus irgendeinem Grund wurde die Antwort nicht abgeschickt. Jedenfalls ist dieser Ivo Martinsoni dort registriert, und die Angaben stimmen mit unseren Gefängnis-, Zoll- und Grenzregistern überein, dürften also zutreffen. Die Esten haben mir außerdem berichtet, dass die Firma FF-Transport nur über einen einzigen Lkw verfügt, der Martinsoni selbst gehört. Es handelt sich also um einen Privatunternehmer, der übrigens nur ein minimales Einkommen versteuert.»

«Graue Geschäfte und Schwarzarbeit», kommentierte Joutsamo.

«Sch», machte Takamäki.

«Aber das ist noch nicht alles. Wir haben offenbar eine zweite Leiche. In Tallinn wurde letzte Nacht der vierzigjährige Mart Tams erschossen, der nach Auskunft der Tallinner Polizei Frachten an die FF-Transport vermittelt hat. Tams war Transportchef bei einer Speditionsfirma, die nach Einschätzung der Esten in der Grauzone operiert. Er hatte eine Reihe kleiner Firmen an der Hand, an die er Aufträge vergab. Ein Großteil der Aufträge an die FF-Transport stimmt mit Martinsonis Terminen im Zollregister überein.»

«Wie wurde Tams getötet?»

«Vor seiner Haustür erschossen, aus einem vorbeifahrenden Auto. Das heißt, das Auto hat offenbar angehalten, und der Fahrer hat mehrere Schüsse abgegeben, von denen vier trafen. Die Beobachtungen der Augenzeugen sind ungenau, aber es soll sich um einen dunklen Wagen gehandelt haben.»

«Ach du Scheiße», kommentierte Nurmi.

«Allerdings», meinte Joutsamo. «Wenn es einen Zusammenhang zwischen den beiden Morden gibt, dürfte klar sein, dass Tams und Martinsoni jemanden beschissen haben. Verdammt nochmal, hätten sie den Martinsoni auch in Estland umgebracht, müssten wir uns jetzt nicht mit der Sache rumschlagen!»

«Er wurde aber hier ermordet», sagte Takamäki und sah Joutsamo scharf an. Sie wich seinem Blick aus. «Noch was?», wandte er sich an Kohonen.

«Eigentlich nicht. Nur ein paar Einzelheiten, die wir uns später ansehen können.»

«Lass hören. Wir haben ja sonst nichts.»

Kohonen blätterte in ihren Notizen. «Martinsoni war vorbestraft, wegen Zigarettenschmuggel an der estnisch-lettischen Grenze im letzten Jahr. Auch ein Auftrag, den Tams ihm vermittelt hatte. Er war ledig und kinderlos, hatte sein Leben lang in Tallinn gewohnt, zuletzt aber ohne feste Adresse. Die Kollegen in Tallinn vermuten, dass er in seinem Lkw gehaust hat.»

«Und trotzdem hatte er eine eigene Firma?», fragte Joutsamo dazwischen.

Takamäki warf seiner besten Ermittlerin einen raschen Blick zu. Endlich eine vernünftige Überlegung, die erste seit dem Beginn der Besprechung.

«Gibt es Informationen über die Firma?», hakte Joutsamo nach.

«Die Kollegen hatten noch keine Zeit, sich zu erkundigen.»

«Wer bearbeitet den Fall Tams in Tallinn?» Joutsamo war in Fahrt gekommen.

«Ich hab mit einem Kommissar Jan Voidek gesprochen. Der Name sagt mir nichts. Ein Neuer, oder?» Kohonen sah ihre Kollegen fragend an.

«Kenn ich nicht», erwiderten Takamäki und Joutsamo gleichzeitig. Die anderen schwiegen.

Kohonen fuhr fort: «Allerdings nimmt dieser Voidek an, dass die estnische Zentralkripo den Fall übernimmt, zumal sie spätestens durch meinen Anruf natürlich auf die Verbindung nach Finnland aufmerksam geworden sind.»

«Das kann nichts schaden», stellte Takamäki fest. Sowohl das finnische Landeskriminalamt als auch die Helsinkier Polizei arbeiteten seit Jahren reibungslos mit der estnischen Kriminalpolizei zusammen. Auch innerhalb Finnlands hatte Takamäkis Team seit einigen Jahren ein gutes Verhältnis zur Zentralkripo, während es mit der staatlichen Sicherheitspolizei immer wieder Reibereien gab.

«Na, Fall geklärt?», dröhnte Kannas und stapfte herein. «Sind die technischen Befunde noch wichtig oder heften wir sie als Anhang 8 an das Protokoll der Voruntersuchung?»

«Wenn du ein Foto vom Mörder hast, rück es sofort raus», flachste Takamäki. «Andernfalls verzieh dich wieder in dein Labor.»

Kannas wurde ernst. «Kein Foto. Und auch sonst nicht viel. Feuer und Löschwasser, das ist für technische Ermittlungen eine üble Kombination. Und sollten doch noch Spuren übrig sein, besorgen die Löschwagen und die Stiefel der Feuerwehrmänner den Rest. Verdammte Scheiße. ’tschuldigung. Was ich euch sagen kann: Im Anhänger war zuletzt irgendwas aus Spanplatten, eventuell Küchenmöbel. Die Fahrerkabine wurde total zerstört, außer den Rückständen von Brennspiritus kann ich euch nichts bieten. Das Feuer war so heiß, dass sämtliche Papiere restlos verbrannt oder spätestens vom Löschwasser zerstört worden sind. Ein paar Bierdosen waren noch da, aber die haben nichts hergegeben.»

Alle schwiegen. «Keine Fingerabdrücke, keine DNA, gar nichts?», fragte Nurmi schließlich.

Kannas schüttelte den Kopf.

Damit stand endgültig fest, dass es sich um einen äußerst schwierigen Fall handelte. Jemand, der mit Heroin mordete und anschließend ein Feuer legte, um sämtliche Spuren zu vernichten, würde keinesfalls ein Geständnis ablegen. Und wenn die technischen Ermittlungen keine Indizien erbrachten, die den Täter eindeutig mit dem Tatort verbanden, stand der Fall auf wackligen Beinen. Auf sehr wackligen.

«Sorry», sagte Kannas. «Die Grillflüssigkeit konnte identifiziert werden, und außerdem haben wir im unverbrannten Teil der Kabine ein paar Fasern von einem blauen Overall gefunden. Falls es jemand wissen will: Als letzte Mahlzeit hat das Opfer vermutlich ein Schinkenbrötchen zu sich genommen. Wir haben nämlich auch Reste von Erbrochenem sichergestellt. Bei einer Überdosis Heroin kommt es ja meist zu Erbrechen.»

«Hatte der Wagen einen Peilsender?», fragte Takamäki.

Kannas schüttelte den Kopf. «Nein. Darüber hab ich mich auch schon gewundert.»

Kohonen wies ihn darauf hin, dass der Lkw einer kleinen Firma gehörte.

«Gut, das erklärt die Sache.»

«Also kein leichter Fall. Irgendwelche Ideen?», wandte sich Takamäki an die ganze Runde.

«Habt ihr im Führerhaus ein Telefon oder Reste eines Telefons gefunden?», fragte Joutsamo.

«Nein. Mit völliger Sicherheit kann ich dazu noch nichts sagen, weil die meisten Analysen noch nicht abgeschlossen sind, aber mit bloßem Auge war nichts dergleichen zu sehen.»

Joutsamo sah Takamäki an, der ihr zunickte. In ihren Augen war endlich ein Funke aufgeglimmt. «Das mit dem Telefon ist wichtig. Ich glaube nicht, dass ein Privatunternehmer in der Speditionsbranche ohne Handy auskommt. Wenn in der Kabine keins gefunden wird, hat der Mörder es mitgenommen, womöglich zusammen mit der Brieftasche und anderen Dingen. Und was nicht verbrannt ist, das findet sich irgendwo.»

«Zumindest die Verbindungsdaten», fügte Kohonen hinzu.

«Was ist mit den Sendezellengenehmigungen? Liegen die schon vor?», fragte Joutsamo.

«Ja. Der Telefonanbieter hat die Daten für zwei Uhr versprochen.»

Takamäki sah auf die Uhr. Es war Viertel nach eins.

«Wir sollten auch für die Sendezelle am Westhafen Freigabe beantragen», schlug Joutsamo vor. «Dann können wir die Listen vergleichen. Bei einer eventuellen Übereinstimmung handelt es sich womöglich um Martinsonis Nummer. Und wenn wir die haben, erfahren wir, mit wem er in den letzten Tagen telefoniert hat.»

«Klingt gut», pflichtete Takamäki bei. «Die Videos müssen durchgesehen werden, und die Telefonnummern der Personen, die an der Brandstelle befragt wurden, fassen wir in einer separaten Datei zusammen, das erleichtert den Vergleich. Und was den Westhafen betrifft, besorgen wir uns am besten gleich die Genehmigung für mehrere Sendezellen in der Gegend.»

Tiina Wallin betrat die Geschäftsstelle des Telefonanbieters an der Mannerheimintie gegenüber vom Schwedischen Theater und winkte dem Pförtner zu, der sie anlächelte. Sie erinnerte sich, dass er Lauri hieß. Seinen Nachnamen wusste sie nicht mehr, auch nicht, ob er nun Hand- oder Wasserball spielte, aber so groß war der Unterschied letztlich ja nicht. Es ging immer nur darum, den Ball ins Tor zu bringen.

Tiina schob ihre Magnetkarte in das Lesegerät. Das übliche akustische Signal ertönte, dann öffnete sich die Pforte.

Sie ging durch die Eingangshalle zum Aufzug, wo sie erneut ihre Karte einschieben musste. Tiina war noch nicht ganz klar im Kopf, obwohl es bereits kurz nach eins war. In der letzten Nacht hatte sie mehr als nur ein paar Gin Tonics getrunken.

Als sie gegangen war, hatte Jyrkkä Kaffee getrunken und Mikke immer noch geschlafen. Sie hatte versprochen, am Nachmittag zurückzukommen, und daran würde sie sich auch halten. Unterwegs hatte sie das billige, aber hübsche gelb geblümte Kleid gekauft, das sie jetzt trug.

Der Aufzug hielt im vierten Stock. Zu den anderen Etagen hatte Tiina mit ihrer Karte keinen Zugang. Aber sie wollte auch nirgendwo anders hin als an ihren Computer.

Auf den Fluren war es still. Nur ein Mann in brauner Hose und weiß-blauem Hawaiihemd kam ihr entgegen: Ingenieur Johansson, dreißig Jahre alt, Brillenträger und Tiinas Vorgesetzter.

«Hallo Tiina», sagte er überrascht. «Hast du nicht noch Urlaub?»

Sie nickte lächelnd. «Noch zwei Wochen. Ich will nur rasch meine E-Mails lesen.»

Johansson runzelte die Stirn. «Hast du denn keinen Kommunikator?»

Immer noch lächelnd schüttelte Tiina den Kopf. «Ich?»

«Na, dann werde ich zusehen, dass du einen bekommst. Oder wäre dir ein Breitbandanschluss in deiner Wohnung lieber?»

Sie lachte und warf ihm im Vorbeigehen eine Kusshand zu. «Du bist goldig», sagte sie. Der Ingenieur wäre nie auf die Idee gekommen, dass sie es nicht ernst meinte.

Tiina Wallins Arbeitsplatz befand sich in einem mittelgroßen Büroraum, den sie sich mit drei Männern teilte: Teuvo, Kimmo und Jukka. Alle vier hatten dieselbe Aufgabe: Sie kontrollierten die Rechnungen der Telefongesellschaft. Ein Fehler bei der Urlaubsplanung hatte dazu geführt, dass in dieser Woche alle vier freihatten. Johansson hatte es durchgehen lassen, weil er keinem den Urlaub verderben wollte.

Tiina setzte sich an ihren Schreibtisch und schaltete den Computer ein. Auch dazu brauchte sie ihre Magnetkarte und musste zusätzlich ihr Benutzerkennzeichen und ihr Passwort eingeben. Als Erstes rief sie ihre Mailbox auf, für den Fall, dass jemand hereinkam. Dann klickte sie das Rechnungskontrollprogramm an und gab erneut ihr Benutzerkennzeichen ein. Die Software erlaubte ihr, für jeden beliebigen Mobilanschluss die getätigten Anrufe sowie Dauer und Ort des Gesprächs herauszusuchen. Der Computer zeigte sogar Anrufe von Prepaid-Anschlüssen. Tiina holte einen Zettel aus der Tasche und überprüfte acht Telefonnummern.

Sie wusste, dass man anhand der Kontrolldateien feststellen konnte, wer die Verbindungsdaten überprüft hatte. Irgendwer konnte auf die Idee kommen, einmal nachzuschauen, welche Anschlüsse die junge Angestellte für ihre Stichproben ausgewählt hatte. Das war möglich, aber nicht sehr wahrscheinlich. In ein paar Monaten würde es ohnehin keine Rolle mehr spielen. Das hoffte Tiina jedenfalls. Eine langjährige Karriere im Dienst des Telefonanbieters plante sie nämlich nicht.

Sie notierte die Nummern, die in den letzten zwei Tagen von den acht Anschlüssen aus angerufen worden waren. Dafür brauchte sie eine Viertelstunde. Mit dem Drucker wäre es schneller gegangen, doch den wollte sie nicht benutzen. Auch am letzten Samstag hatte sie die Daten von Hand notiert.

Die Besprechung im Konferenzraum ging zu Ende. «Anna, kommst du bitte mit? Ich hab dir noch was zu sagen», bat Takamäki.

Joutsamo folgte ihm in das stickig heiße Dienstzimmer.

Auf seine Beschwerde über die unzulängliche Klimaanlage hatte Takamäki die Auskunft erhalten, die Reparatur werde noch einige Wochen dauern. Wahrscheinlich genauso lang wie die Hitzeperiode. Er hatte das Fenster geöffnet, doch das half auch nicht viel.

«Na, was ist los mit dir?», fragte der Kommissar, als Joutsamo ihm gegenüber Platz genommen hatte.

«Wieso?»

«Eine verkohlte Leiche und ein Mord», wiederholte er ihre flapsige Bemerkung von vorhin. «Warum?»

«Na, stimmt doch, oder?»

Takamäki schüttelte den Kopf. «Natürlich. Aber meine leitende Ermittlerin darf bei einer so wichtigen Besprechung keinen Pessimismus ausstrahlen.»

«Pessimismus ausstrahlen?»

«Genau. Die anderen sehen zu dir auf. Du bist Kriminalhauptmeisterin und künftige Kommissarin. Egal wie mies du dich fühlst, du darfst es die anderen nicht merken lassen. Du bist ein Vorbild, im Guten wie im Schlechten. Dieser Fall, jeder beliebige Fall, bleibt ungeklärt, wenn wir – du und ich – nicht daran glauben, dass er aufzuklären ist. So einfach ist das. Wir müssen an den Erfolg glauben und unsere Überzeugung auch den anderen vermitteln, die ja immerhin die meiste Arbeit tun», schloss Takamäki seine kleine Predigt. «Also ... was ist los?»

«Was los ist?» Joutsamo zögerte. «Nichts. Wir werden es schon schaffen.»

Takamäki sah sie schweigend an.

«Nichts ist los», wiederholte Joutsamo.

«Okay», nickte der Kommissar. Er war überzeugt, dass sie irgendetwas bedrückte, aber wenn sie nicht darüber reden wollte, würde er sie nicht drängen. «Wenn etwas sein sollte, bin ich jederzeit zu sprechen.»

«Gut zu wissen», sagte Joutsamo und ging.

Takamäkis Telefon klingelte. Der Anruf kam von der Fernsehreporterin Sanna Römpötti.

«Na, was gibt's Neues?», fragte sie.

Takamäki hatte oft genug mit Reportern zu tun gehabt, er kannte ihre Tricks. Die Frage, ob es etwas Neues gab, sollte den Gesprächspartner verunsichern. Man wusste etwas oder tat jedenfalls so, überließ aber dem anderen die Initiative, in der Hoffnung, dass er versehentlich etwas verriet. «Was soll's denn geben?», fragte Takamäki zurück. Damit war der Ball wieder bei der Reporterin.

«Ich hab zuerst gefragt», sagte Römpötti.

Irgendetwas in ihrer Stimme machte Takamäki stutzig. Sanna Römpötti war eine der hartnäckigsten Kriminalreporterinnen Finnlands. «Meinst du den Lkw-Brand?», versuchte er noch einmal, ihr den Ball zuzuspielen.

Sie schnaubte verächtlich. «Lkw-Brand? Nach dem, was ich gehört habe, ist es ein Lkw-Mord.»

Ein Schmetterball ins Feld der Polizei. «Wo hast du das denn gehört?»

«Ivo Martinsoni, estnischer Lkw-Fahrer, in seinem Fahrzeug verbrannt, die Polizei ermittelt wegen Mordes», sagte Römpötti kühl.

Takamäki hätte am liebsten laut geflucht. Woher hatte die Reporterin ihre Informationen? Als wäre der Fall nicht auch ohne unkontrollierbare Publizität schon kompliziert genug. In seiner Überraschung hatte er sekundenlang geschwiegen. Natürlich kannte Römpötti die Prinzipien des Verhörs, wobei sie ihre Vernehmungen freilich als Interviews bezeichnete. Wer auf eine überraschende Information nicht sofort reagierte, konnte sie nicht mehr glaubhaft dementieren. Also verwarf Takamäki diese Alternative. Die vernünftigste Regel im Umgang mit Reportern war, sie nicht zu belügen. Andernfalls geriet man in ähnliche Schwierigkeiten wie ein Verdächtiger gegenüber der Polizei. Nach dem Informanten zu fragen war überflüssig, solche Fragen beantworteten Journalisten grundsätzlich nicht. Also sagte Takamäki nur: «Du bist gut informiert. Machst du eine Reportage darüber?»

«Für die Abendnachrichten.»

«Und was wirst du berichten?»

«Guck dir die Sendung an, dann erfährst du es. Vorausgesetzt, du willst keinen Kommentar zu dem Fall abgeben, egal ob mit oder ohne Kamera.»

Römpötti spielte ein hartes Spiel. Ganz offensichtlich hatte sie die wichtigsten Fakten bereits zusammengetragen und wollte Takamäki ein paar Extras abluchsen. «Ich glaube, ich kann zu diesem Fall keinen Kommentar abgeben. Noch nicht.»

«Okay. Das dachte ich mir schon. Jedenfalls sollst du wissen, dass wir ein Video von dem Feuer und ein paar Kommentare von der Brandstelle haben, dazu einige Informationen über die Firma des Opfers und über seine Kontakte.»

«Was für Informationen?», fragte Takamäki und wusste, dass er damit verriet, wie wenig die Polizei bisher ermittelt hatte. «Und was für ein Video?»

Römpötti schwieg sekundenlang. «Tappt ihr im Dunkeln?»

«So ungefähr», gab Takamäki zu.

«Verdammt! Warum hast du das nicht gleich gesagt?»

«Na ja …»

«Hör mal, Kari», sagte Römpötti, «wir stecken im Sommerloch, folglich kann ich ein halbes Dutzend Reporter in ganz Finnland und unseren Korrespondenten in Tallinn auf den Fall ansetzen. Unsere Lokalredaktion in Tampere hat verdammt interessante Fakten über diesen Martinsoni ausgegraben. Wie viel ich davon heute Abend schon publik mache, weiß ich noch nicht, aber es wird auf jeden Fall die Hauptstory. Mord an einem Brummifahrer im nächtlichen Helsinki, Verbindungen zur Unterwelt ... Die Sache wird tagelang durch die Medien gehen. Darauf solltest du dich gefasst machen, mein Lieber.»

Takamäki beschloss, schwereres Geschütz aufzufahren, soweit man das gegenüber den Medien wagen konnte. Bisher hatte er die Reporterin immer mit dem Nachnamen angeredet, doch nun änderte er seine Taktik. «Hör zu, Sanna, ruf mich heute Nachmittag um vier nochmal an. Du hast recht, wir tappen im Dunkeln, aber einiges an diesem Fall ist sehr, sehr merkwürdig. Wenn du es einrichten kannst, ruf mich an, sonst melde ich mich bei dir ... Und gib bis dahin nichts auf eure Internetseiten oder an die Rundfunkredaktion. Heute Nachmittag sehen wir weiter, okay?»

«In Ordnung», sagte Römpötti.

Ihre Stimme klang ein wenig unsicher, fand Takamäki. Vielleicht hatte die Verwendung des Vornamens den gewünschten Effekt gehabt, oder sie war erschüttert über die Ratlosigkeit der Polizei.

«Gut, bis dann also», beendete Takamäki das Gespräch und überlegte bereits, was in Tampere ans Licht gekommen war. Er hätte die Reporterin danach fragen können, aber das wäre taktisch falsch gewesen. Wenn er in den nächsten Stunden nichts herausfand, würde er die Sache bei seinem Treffen mit Römpötti zur Sprache bringen. Denn so viel stand fest: Beim nächsten Mal würde er sich von Angesicht zu Angesicht mit ihr unterhalten.

12. Kapitel

Dienstag, 13.20 Uhr
Jachthafen des Helsinkier Segelklubs, Lauttasaari

Na, wie geht's, Riku?», lächelte Suhonen.

Riku Harju lächelte unsicher zurück. Er wusste, dass der Seeräubertyp Polizist war, und mit der Polizei wollte er nichts zu tun haben.

Der schmalgesichtige Kellner stand wie angewurzelt auf der Seeterrasse des Segelvereins, obwohl er am liebsten davongelaufen wäre. Der dunkelhaarige Polizist war aus einer Welt aufgetaucht, die Riku Harju hinter sich gelassen hatte.

Das Restaurant im asphaltierten Stadthafen am östlichen Ufer des Vororts Lauttasaari hatte neben dem eigentlichen Lokal einige Dutzend Plätze unter freiem Himmel, von denen nur wenige besetzt waren. Alle halbwegs vernünftigen Bootsbesitzer waren auf dem Meer. Einige Segelboote legten gerade ab.

In dreieinhalb Jahren Haft hatte Harju eins gelernt: Wenn ein Vertreter der Staatsgewalt etwas befahl, war es ratsam zu gehorchen. Harju war im März aus der Haftanstalt Sörkka entlassen worden. Er war für versuchten Polizistenmord zu sechs Jahren verurteilt worden, von denen zweieinhalb zur Bewährung ausgesetzt wurden. Harju hatte die Polizeibeamten, die eine Wohnung stürmten, die er gerade filzte, für konkurrierende Einbrecher gehalten und trotz Zuruf geschossen. Kriminalhauptmeister Nykänen war von einer Kugel in den Hals getroffen worden, hatte jedoch überlebt.

Suhonen musterte den ehemaligen Junkie. Er sah bedeutend besser aus als damals. Vielleicht brachte eine Haftstrafe manche doch auf den rechten Weg. Sicher war Suhonen sich allerdings nicht. Gut möglich, dass der Mann Subutex nahm, das im Gesicht weniger harte Spuren hinterließ als Heroin. Oder er war tatsächlich vom Stoff losgekommen.

«Ich hab's geschafft», sagte Harju. «Ich hab einen richtigen Job.»

«Setz dich!», befahl Suhonen, und Harju gehorchte. «Das ist verdammt gut, und ich bin stolz auf jedes der fünfunddreißig Projekte, die die Haftanstalt für dich organisiert hat. Die ganze Mühe hat sich gelohnt, wenn du wirklich clean bist und ein ordentliches Leben führst.»

«Tu ich.»

«Trotzdem wirst du immer derjenige bleiben, der auf einen Polizisten geschossen hat.»

Harju sah sich hilfesuchend um. Vor dem Lokal fand ein Kindersegelkurs statt, und an der Bar saßen ein paar kleine Grüppchen, die sich nicht im Geringsten für die beiden Männer interessierten. «Ja, sicher. Aber ich …»

Suhonen hielt ihm das Foto von Ivo Martinsoni hin. «Wer ist das?»

Harju lachte auf. «Was?»

«Wer ist das?»

«Das ist alles, was du von mir willst? Warum machst du es dann so dramatisch, verd… ach nee, fluchen tu ich ja auch nicht mehr.» Harju betrachtete das Bild. «Mir ist, als hätte ich den Typen schon mal gesehen, irgendwann in meinem früheren Leben. In Tallinn war das, hatte was mit Speed zu tun. Weißt du, Gesichter bleiben mir im Kopf wie Fotos, auch wenn ich mich nicht an Namen oder so was erinnere …»

Suhonen nickte. Genau dasselbe hatte Harju vor zwei Jahren gesagt, als er ihn im Zusammenhang mit einem anderen Fall im Gefängnis besucht und ihm ein paar Aufnahmen gezeigt hatte. Damals hatten sich seine Beobachtungen als zutreffend erwiesen. «Eine Speedgeschichte in Tallinn?»

«So hab ich's im Gefühl, aber einen Namen kann ich dir nicht sagen.»

«Das ist alles?»

«Ja. Und es hilft auch nichts, wenn du mir irgendeinen Namen hinwirfst. Bei mir läuft alles über Gesichter. Ist übrigens praktisch beim Kellnern.»

«Der Name Ivo Martinsoni sagt dir nichts?»

Riku Harju überlegte eine Weile. «Nein.»

Suhonen schlug einen schärferen Ton an: «Weißt du was, Riku? Ich glaube, du lügst.»

«Nein, ich lüge nicht», stammelte der Mann.

«Verdammt nochmal, Harju, du bringst dich in Schwierigkeiten!»

«Aber ich will keine Probleme! Ich bin im Frühjahr freigekommen. Ich bin nicht mehr süchtig, ich hab eine Wohnung und einen Job. Warum willst du mir Schwierigkeiten machen?»

«Weil du nicht die Wahrheit sagst.»

«Aber ich sag doch die Wahrheit! Ich sag dir alles, was ich weiß, ehrlich! Heute und morgen und übermorgen. Bitte, mach mir mein Leben nicht kaputt.»

Suhonen schwieg eine Weile, dann sagte er leise drohend: «Ich hab dir dein Leben nicht kaputt gemacht. Du selbst hast dich mit Speed vollgedröhnt und meinen Kollegen in den Hals geschossen. Gib nicht mir die Schuld.»

Harju schüttelte entsetzt den Kopf. «Nein, nein … Ich bereue es ja auch, und wenn ich gewusst hätte, dass er Polizist ist, hätte ich es nie getan. Mann, lass mir doch ein bisschen Luft …»

«Mach ich, wenn du mir die Wahrheit sagst. Andernfalls

geh ich zu deinem Chef, zeig ihm meinen Polizeiausweis und erzähle ihm von dem Drogenhandel, den du hier treibst.»

«Nein, bitte nicht», stieß Riku Harju hervor. Ihm liefen Tränen über das Gesicht. «Sei so lieb, tu das nicht. Ich mach wirklich keine krummen Sachen.»

«Warum hast du mich dann angelogen?»

Verwundert wischte sich Harju die Tränen ab. «Ich hab nicht gelogen.»

Suhonen sah ihm starr in die feuchten Augen. Er musste das grausame Spiel weiterspielen. «Dieser Ivo Martinsoni hat letzten Winter in derselben Abteilung gesessen wie du. In der Nachbarzelle.»

«Hat er nicht!»

«Du willst es also nicht zugeben?»

«Darum geht's doch gar nicht. Wenn ich den Typen überhaupt jemals gesehen habe, dann in Tallinn, nirgendwo sonst.»

Suhonen funkelte ihn wütend an. «Du gibst es nicht zu?»

Der Mann, der in diesem Moment auf die Terrasse kam, schien der Oberkellner zu sein. Er sah sofort, dass sein Kellner bei einem Gast am Tisch saß. Suhonen winkte ihn heran und hielt Harju fest, der versucht hatte, aufzustehen.

«Du willst mich verscheißern», zischte er.

«Nein!»

«Dein jetziges Leben ist in fünf Sekunden vorbei, wenn du den Typen nicht identifizierst.»

«Er war nicht mit mir im Gefängnis», flüsterte Harju und wischte sich die Tränen ab.

Der Oberkellner trat an ihren Tisch und erkundigte sich, ob es Probleme gebe.

Suhonen sah Harju noch einmal fest in die Augen. Sein

Blick wirkte ehrlich, aber er war schon von zahllosen Junkies mit aufrichtigem Blick angelogen worden. Harju hatte entweder glänzend gespielt oder die Wahrheit gesagt – so oder so, sein Auftritt musste belohnt werden. «Schön, dass Sie da sind. Es liegt mir viel daran, Ihren Kellner in Anwesenheit seines Vorgesetzten zu belobigen», sagte Suhonen feierlich.

Achselzuckend sah Harju seinen Chef an.

«Ich habe vor einiger Zeit hier bei Ihnen eine Zusammenkunft organisiert, und alle Eingeladenen waren sehr zufrieden mit dem Service. Dieses Lob wollte ich an Ihren Kellner weitergeben, und ich finde, auch Sie als sein Chef sollten davon wissen.»

Der Oberkellner lächelte. «Tja, besten Dank, der Herr. Harju müsste jetzt allerdings die Runde machen. Vielleicht möchte an den anderen Tischen noch jemand ein Bier.»

«Natürlich, klar», sagte Suhonen und steckte Harju unauffällig einen zerknautschten Fünfziger zu. Es war ihm nicht einmal zuwider, einem Mann Geld zu geben, der auf einen Polizisten geschossen hatte. Immerhin hatte der Bursche seine Strafe verbüßt. Außerdem war seine Aussage wichtig: Martinsoni hatte nur auf dem Papier im Gefängnis gesessen.

Tiina Wallin befand sich noch an ihrem Arbeitsplatz, als ihr Handy die Melodie «We are the champions» von Queen spielte. Das Display meldete einen unbekannten Anrufer. Es war 13.21 Uhr. Tiina hatte gefunden, was sie gesucht hatte, und war gerade dabei, ihren Computer abzuschalten, nachdem sie zur Tarnung noch einige dienstliche E-Mails beantwortet hatte.

«Hallo», meldete sie sich.

«Ich bin's», sagte eine Männerstimme.

Mikke Kahma. «Auch schon wach?», gurrte Tiina.

«Ey, Baby, warum bist du verschwunden? Ich dachte, du würdest am Morgen noch neben mir liegen.»

«Hab ich ja … heute Morgen.»

«Bist du in der Innenstadt? Ich hab was zu bereden.»

«Geht das nicht am Telefon?»

«Du bist bestimmt irgendwo im Zentrum. Komm her, ich sitz auf der Terrasse vor dem Iguana.»

«Na schön.»

«Du hast doch deinen Pass dabei?»

«Immer.»

Zehn Minuten später saßen Mikke und Tiina sich an einem Tisch vor dem Iguana gegenüber. Auf der Mannerheimintie herrschte immer Verkehr, im Moment schienen allerdings mehr Fahrräder als Autos unterwegs zu sein. Mikke hatte sein Bierglas bereits zur Hälfte geleert, während Tiina noch in ihrem Milchkaffee rührte.

«Na?», fragte sie. «Worüber konntest du am Telefon nicht sprechen?»

«Eine Kleinigkeit. Ich hab dir einen Platz in dem Hubschrauber gebucht, der um zwei nach Tallinn fliegt. Dort gehst du ins Hotel Viru, holst in der Bar ein Päckchen ab und bringst es mir.»

«Was für ein Päckchen?»

«Das, was der Mann in der Bar dir gibt. Er trägt ein schwarzes T-Shirt und fragt, ob du chinesischen Tee möchtest.»

Tiina schwieg einen Moment und trank von ihrem Kaffee. «He, stell dich nicht so blöd! Ich will wissen, ob ich dafür zwei, vier oder sieben Jahre Gefängnis riskiere.»

Mikke wunderte sich. Bisher hatte die Frau ihm nie widersprochen.

«Quatsch!», sagte er. «Wenn du genau das tust, was ich dir sage, kommst du nicht in den Knast.»

«Okay. Und wohin soll ich es bringen?»

«Was?»

Tiina holte tief Luft. «Willst du mich veräppeln, oder was? Wenn du es ernst meinst, flieg ich nach Tallinn, aber dann ziehen wir die Sache auch richtig durch. Ich steh nicht mit dem Päckchen in der Hand am Hubschrauberterminal und warte auf den Scheißbus! Ist das klar?»

«Du brauchst nicht auf den Bus zu warten. Entweder holt dich jemand ab, oder du nimmst ein Taxi.»

«Und das ist kein Beschiss?»

«Nee.»

«Du hast das Ticket auf meinen Namen gebucht?»

«Ja. Ging ja nicht anders, oder hast du einen falschen Pass? Ich hab telefonisch für dich gebucht. Wenn ich mitkomme, stecken mir nämlich die Typen vom Zoll den Finger in den Arsch, und die Zollweiber machen sich über deine Muschi her. Von den Weibern würd ich mir das ja noch gefallen lassen, aber so ...»

Tiina trank ihren Kaffee und sah den Mann prüfend an. «Okay, ich mach's.»

Sie unterhielten sich noch eine Weile, bis Mikke sein Bier ausgetrunken hatte. Nachdem er gegangen war, holte Tiina ihr Handy hervor. Das Gespräch dauerte knapp drei Minuten und gab ihr die Gewissheit, dass sie unbehelligt durch den Zoll gelangen würde. Der Gesprächspartner hatte versprochen, sich darum zu kümmern, und Tiina vertraute ihm.

Kohonen saß in Takamäkis Dienstzimmer. «Soll ich nun nach Tallinn fliegen oder das Ticket stornieren?»

Takamäki zuckte die Achseln. «Haben die Esten uns ausreichende Informationen geliefert?»

«Nur das, was ich bei der Besprechung erwähnt habe.»

Der Kommissar überlegte. «Suhonen hat gerade angerufen. Er hat mit einem Mann gesprochen, der zur gleichen Zeit in Sörkka war wie unser Ivo. In der Nachbarzelle.»

«Und?»

«Der Mann schwört Stein und Bein, dass Martinsoni nicht dort war.»

«Er hat seine Strafe also nicht abgesessen», meinte Kohonen. «Bestechung in der Gefängnisverwaltung?»

Takamäki nickte. «Daran habe ich auch gedacht.»

«Das Gericht verhängt eine Strafe, die aber nur auf dem Papier abgesessen wird. Irgendwer quittiert sie auf dem Computer als verbüßt.»

«Im Prinzip könnte es so gelaufen sein, aber der Prozess ist ja gar nicht registriert. Außerdem hätte so ein Brummifahrer kaum genug Geld, um sich freizukaufen.»

«Vielleicht hat jemand anders gezahlt.»

«Haben die Esten Martinsonis Foto geschickt?»

«Ja. Es ist derselbe Mann wie auf unserem Bild, falls du darauf hinauswolltest.»

Takamäki sah durch das Fenster auf den sonnenbeschienenen Hügel. «Flieg nach Tallinn. Sag den Kollegen, sie sollen auch in ihren anderen Registern nach Martinsoni suchen, und frag sie nach den Verbindungen zu dem erschossenen Mittelsmann. Im persönlichen Gespräch erfährt man mehr als am Telefon. Guck dir auch das Büro der FF-Transport an.»

«Okay. Ich ruf aber vorher nochmal bei den Tallinner Kollegen an. Sie sollen schon mit den Registern anfangen, damit ich nicht dort übernachten muss. Spart uns auch ein bisschen Geld.»

«In Ordnung», nickte Takamäki und griff ebenfalls zum Hörer. Er dachte an die Bemerkung der Fernsehreporterin über Martinsonis Verbindungen nach Tampere und rief den Chef der dortigen Zollkontrolle an, der alles über den Lkw-Verkehr wusste. Das hoffte Takamäki jedenfalls.

Joutsamo saß am Computer und legte eine CD-ROM mit den Verbindungsdaten ein, die die Telefongesellschaften endlich geliefert hatten. Es gab zwar Unmengen von Mobiltelefonanbietern, doch nur zwei eigentliche Netze. Daher reichten die Daten von Teliasonera und Elisa, deren Netze auch alle anderen Firmen benutzten.

Joutsamo fühlte sich besser. Die Arbeit blockte unangenehme Gedanken ab. Außerdem freute sie sich auf die Hochzeit ihrer Kusine Jenny, die im August in Piikkiö gefeiert werden sollte. Sie hatte gerade per E-Mail bestätigt, dass sie kommen würde, und sich fest vorgenommen, sich durch keinen noch so dringenden Fall davon abhalten zu lassen. Es war erfreulich, dass es auf der Welt auch ein paar glückliche Menschen gab.

Das Amtsgericht hatte die Freigabe der Verbindungsdaten für alle Funkmasten in der Nähe des Westhafens angeordnet, und Joutsamo hatte den Telefongesellschaften mitgeteilt, dass sie die Daten unverzüglich brauchte. Da es um die Ermittlungen in einem Kapitalverbrechen gehe, werde sie keinerlei Verzögerungen in Kauf nehmen. Überraschenderweise hatten beide Firmen sich bereiterklärt, die Daten sofort zu liefern.

Joutsamo hatte die CD-ROMs persönlich abgeholt. Per E-Mail schickten die Firmen solche Dateien nicht, und auch die Polizei hätte diesen Weg nicht akzeptiert. Der Datenschutz einer E-Mail war von gleicher Güte wie bei einer Postkarte.

Sicherheitshalber ließ Joutsamo die CDs zuerst durch das Virenschutzprogramm laufen. Wie erwartet, waren beide sauber. Auf der CD-ROM von Elisa waren zwei

Excel-Dateien gespeichert, «pasila» und «hafen». Joutsamo kopierte sie auf die Festplatte ihres Computers, setzte aber jeweils «elisa» vor die Dateinamen. Mit den Originalen wollte sie nicht arbeiten, um sie nicht versehentlich zu beschädigen. Dann folgte dieselbe Prozedur mit den Dateien von Teliasonera.

Als Erstes öffnete Joutsamo die Datei «elisapasila». Jeder Anruf, der am Sonntagabend zwischen 20.00 Uhr und 01.20 Uhr im Bereich des Funkmastes bei der Hartwall-Arena getätigt worden war, war in der Tabelle in chronologischer Ordnung aufgeführt. Die einzelnen Spalten enthielten sechs verschiedene Informationen: Zeitpunkt des Anrufs, Nummer des Anrufers und des Empfängers, Funkmast des Empfängers und Gesprächsdauer sowie in der sechsten Spalte die Anzahl der Zeichen bei Kurzmitteilungen.

Der erste Anruf war für 20.00.04 Uhr registriert. Er führte von einem Mobiltelefon zu einem Festanschluss, den Joutsamo anhand der ersten Ziffern der staatlichen Fernsehanstalt zuordnen konnte. Mit dem Fall hatte der Anruf höchstwahrscheinlich nichts zu tun. Eine Blankoerlaubnis wäre ein praktisches Instrument bei der Untersuchung der illegalen Weitergabe von Informationen an die Medien, dachte Joutsamo. Doch sie konnte laut Gesetz nur erteilt werden, wenn es um die Aufklärung schwerer Verbrechen ging.

Die Ermittlerin scrollte ans Ende der Tabelle und seufzte. Insgesamt 1576 Gespräche oder SMS, durchschnittlich also sechs bis sieben pro Minute. Auch die drei anderen Tabellen sah sie sich kurz an. Teliasonera hatte in Pasila fast 2000 Anrufe verzeichnet. Die entsprechenden Zahlen vom Hafen zwischen 17 und 21 Uhr waren bei Elisa 2450 und bei Teliasonera 3007. Martinsonis Lkw war zwar erst um 18.45 Uhr eingetroffen, aber die Datenfreigabe war für einen längeren Zeitraum beantragt worden, weil die Möglichkeit bestand, dass der Este am Hafen erwartet wurde.

Die Aufgabe war simpel: Es ging darum, eine Telefonnummer zu finden, die möglicherweise Martinsoni gehörte. Joutsamo brauchte also nur zu vergleichen, ob sich in den Listen vom Hafen und aus Pasila identische Nummern fanden, wobei man davon ausging, dass Martinsoni sein Handy im Bereich beider Funkmasten benutzt hatte.

Manuell hätte diese Arbeit tagelang gedauert, doch Joutsamo hatte ein praktisches Instrument zur Hand: eine Software namens Access, die den Vergleich in wenigen Minuten durchführte. Die Ermittlerin legte eine neue Datei an, in die sie die Excel-Tabellen kopierte. Dann startete sie eine Suchanfrage nach identischen Anrufernummern in zwei der vier Tabellen. Dieses Suchkriterium genügte, da sich Teliasonera-Anschlüsse natürlich nicht auf der Elisa-Liste fanden.

Weitere fünf Minuten brauchte Joutsamo, um verschiedene Gruppen von Telefonaten auszugrenzen, beispielsweise Anrufe bei der Taxizentrale.

Am Ende hatte sie zwei Listen: eine mit identischen Anrufern und eine mit identischen Empfängern. Sie sah sich die erste Liste genauer an: zweiundfünfzig Telefonate, aber nur vier Anschlüsse. Besonders auffällig war ein Anschluss, von dem vierzig Gespräche geführt worden waren, größtenteils mit demselben Empfänger.

Joutsamo rief die Internetseite der Telefonauskunft auf und gab Benutzerkennzeichen und Passwort ein. Dann startete sie die Suche nach dem eifrigen Anrufer. Die Antwort kam sofort: Taxiservice Juhani Kekki.

Als Nächstes gab sie die so häufig angerufene Nummer ein, obwohl sie das Ergebnis bereits ahnte. Tatsächlich handelte es sich um eine Frau, dem Melderegister zufolge neunzehn Jahre alt und im Strafregister nicht verzeichnet. Offensichtlich hatte der Taxifahrer den ganzen Abend lang mit seinem Schätzchen telefoniert, was nicht weiter verdächtig war. Allenfalls sein Arbeitgeber konnte etwas dagegen haben.

Damit schrumpfte die erste Liste auf drei Anrufer und zwölf Telefonate zusammen. Auch von der zweiten Liste strich Joutsamo die Anrufe des Taxifahrers, sodass sechs Telefonate und zwei Empfänger übrig blieben.

Als Nächstes nahm sie sich die zweite Nummer auf der Anruferliste vor. Von diesem Anschluss war um 18.50 Uhr im Westhafen und um 23.04 in Pasila telefoniert worden. Laut Telefonauskunft gehörte der Anschluss der Helsinkier Polizei; genauere Angaben fehlten. Daher rief Joutsamo bei der Telefonzentrale der Polizei an.

«Hallo, hier ist Anna Joutsamo vom Gewaltdezernat.»

«Hallo», antwortete eine freundliche Frauenstimme.

«Ich habe eine Handynummer der Polizei und möchte gern wissen, wem sie gehört.»

Die Vermittlung fragte nach der Nummer. «Ach, das ist eine von denen», sagte sie dann.

«Was heißt eine von denen?»

«Na ja, der Anschluss gehört keinem, ich meine, keiner Person. Das Handy befindet sich immer in einem bestimmten Polizeifahrzeug, und zwar im Fahrzeug 152. Das erkennt man an den letzten Ziffern.»

«Gut, danke schön», sagte Joutsamo enttäuscht. Natürlich würde sie bei Gelegenheit überprüfen, welche Beamten im Streifenwagen 152 gesessen und ob sie möglicherweise etwas beobachtet hatten, doch davon erwartete sie sich nicht viel.

Es blieben noch zwei Nummern. Die erste gehörte ebenfalls einer Taxifirma, doch die zweite war interessant. Die Telefonauskunft kannte sie nicht, es handelte sich auch nicht um eine Geheimnummer, sondern um einen Prepaid-Anschluss. Anhand der Nummer ließ sich der Besitzer also nicht feststellen.

Von diesem Anschluss war um 19.07 Uhr im Westhafen und um 22.45 Uhr in Pasila dieselbe Nummer angerufen worden, ebenfalls ein Prepaid-Anschluss. Der Empfänger hatte sich im Bereich des Funkmastes im Stadtteil Etu-Töölö befunden.

Interessant, dachte Joutsamo. Sie hatte nicht erwartet, einen Anschluss zu finden, der auf Ivo Martinsoni registriert war, zumal sie unter dem Namen natürlich sofort bei der Auskunft gesucht hatte. Aber die Prepaid-Anschlüsse – falls einer davon tatsächlich Martinsoni gehört hatte – brachten die Ermittlungen voran. Zumindest hatte man jetzt eine Nummer, der man nachspüren konnte.

Joutsamo ging auch die zweite Liste durch und überprüfte in den ursprünglichen Dateien, ob die Person, die mutmaßlich Anrufe von Martinsoni erhalten hatte, ihrerseits jemanden angerufen hatte, fand jedoch nichts. Als Nächstes füllte sie zwei Anträge auf Telefonüberwachung aus, einen für den vermutlich Martinsoni gehörenden Anschluss und einen für die angerufene Nummer.

Sie überlegte, ob eine Abhöraktion in Frage kam. Eventuell musste dazu das Gesetz ein wenig gedehnt werden. Die Abhörerlaubnis konnte nämlich nur erteilt werden, wenn die Polizei den begründeten Verdacht hatte, dass der Besitzer des Anschlusses Martinsoni ermordet hatte und dass die durch das Abhören gewonnenen Informationen von wesentlicher Bedeutung für die Ermittlungen waren.

Die Voraussetzung des begründeten Verdachts war gegeben, denn im gegenwärtigen Stadium konnte derjenige, mit dem Martinsoni telefoniert hatte, als Mordverdächtiger gelten. Auch die Informationen waren von Bedeutung für die Ermittlungen und konnten gegebenenfalls den Verdacht gegen den Abgehörten entkräften. Eine ziemlich fadenscheinige Argumentation, dachte Joutsamo. Sie würde Takamäki die Entscheidung überlassen.

13. Kapitel

Dienstag, 13.55 Uhr
Hubschrauberterminal, Hernesaari

Kohonen rannte in die niedrige Abfertigungshalle. Sie hatte von unterwegs angerufen und gesagt, sie sei spät dran, doch die Angestellte hatte gemeint, fünf vor zwei sei noch früh genug. Jetzt war es fünf vor zwei.

«Tag, schaffe ich es noch zur Zwei-Uhr-Masch… äh, zum Hubschrauber? Ich hab vor zwanzig Minuten angerufen», sagte sie und lächelte entschuldigend. Mäki hatte sie nach Hernesaari kutschiert. Sie waren bereits auf halbem Weg gewesen, am Parlamentsgebäude, als ihr aufging, dass ihr Pass zu Hause lag. Estland gehörte zwar zur EU, aber nicht zu den Schengen-Staaten. Also hatten sie einen Abstecher nach Kallio machen müssen.

«Ja», sagte die lockige, etwas rundliche Frau. «Das schaffen Sie noch. Frau Kohonen, nicht wahr?»

Die Polizistin nickte.

«Ich habe schon alles ausgefüllt», sagte die Angestellte und reichte ihr die Bordkarte. «Durch die Passkontrolle in den Wartesaal. Einstieg in fünf Minuten.»

«Danke.»

Die Abflughalle war vor ein paar Jahren billig hochgezogen worden, weil noch nicht abzusehen war, ob sich der Hubschrauberverkehr lohnen würde. Dass das Gebäude stillos und hässlich war, störte allerdings kaum jemanden. Die Hauptsache war, dass man mit dem Hubschrauber schnell nach Tallinn und wieder zurück kam.

Kohonen reichte dem gelangweilten Beamten wortlos

ihren Pass. Der Mann überprüfte am Computer, ob sie auf der Fahndungsliste stand, und winkte sie durch. Auch die Sicherheitskontrolle war rasch erledigt. Die Dienstwaffe hatte Kohonen natürlich im Präsidium gelassen.

Als Polizistin registrierte sie automatisch alle, die sich im Wartesaal aufhielten – unauffällig, aber mit geübter Präzision. Außer ihr befanden sich sechs Personen in dem Raum. Ein etwa fünfzigjähriges Paar, beide leger gekleidet und offenbar auf Urlaubsreise; sie sprachen englisch miteinander. Zwei etwa dreißigjährige Männer im korrekten Anzug unterhielten sich leise in einer Ecke, ein dritter holte am Automaten Kaffee. Die sechste war eine Frau, zwischen zwanzig und dreißig, in einem geblümten Kleid. Kohonen merkte, dass die andere sie ebenfalls scheinbar gleichgültig, aber intensiv musterte. Auch eine Polizistin?, fragte sie sich. Das Gesicht war ihr allerdings fremd.

Sie holte sich ihr Mittagessen – ein Brötchen und eine Flasche Mineralwasser – sowie Ohrenstöpsel. Das Essen gab es gratis. Sie hatte jedoch gerade erst die Verpackung aufgerissen, als ein Mann an der Tür erschien und die Passagiere an Bord bat.

Muss ich eben auf dem Flug essen, dachte Kohonen.

«Ja», meldete sich Suhonen am Handy. Er war gerade in den Kaffeeraum der Mordkommission gekommen, um sich eine Tasse zu holen. Der Anruf war am grauen Handy eingegangen, das einen Prepaid-Anschluss hatte. Sein zweites Handy, das blaue, wurde ganz offiziell von der Polizei bezahlt.

Der Anrufer war Salmela.

«Na, was gibt's?»

«Nichts Weltbewegendes, aber ich dachte, vielleicht interessiert es dich, weil es was mit Lastern zu tun hat.»

«Ja?»

«Ich weiß nicht, ob es deinen Fall betrifft, aber ...»

«Es kann wichtig sein», ermutigte Suhonen seinen Freund.

Salmela zögerte immer noch. «Na ja, ich hab gehört, dass jemand einen Lkw-Fahrer sucht.»

«Und an die offizielle Fahrerzentrale will er sich nicht wenden?»

«Nein. Eilig ist es obendrein. In den nächsten Tagen steht eine Fahrt an.»

«Und wer sucht?»

«Weiß ich nicht.»

Suhonen schwieg einen Moment. «Dann hilft mir der Tipp nicht viel.»

«Für fünfzig Eier könnte ich die Telefonnummer kriegen.»

«Okay, besorg sie», sagte Suhonen und fragte sich, wie viel von dem Schmiergeld Salmela in die eigene Tasche steckte.

Er widmete sich wieder dem Kaffee. Das getrocknete Salz juckte auf der Haut, und er überlegte, ob er duschen sollte. Krafttraining wäre auch nicht schlecht, dachte er, doch da meldete sich das verletzte Bein mit einem kurzen, stechenden Schmerz. An sich schmeckte ihm die Arbeit nach der langen Pause durchaus wieder. An der Wand hing eine Liste mit Wetten auf die Medaillenchancen der Finnen bei der Leichtathletik-WM im August. Suhonen hätte auf null getippt, wenn ihm das Ganze nicht zu albern gewesen wäre.

Joutsamo kam herein, machte ihr Kreuzchen auf der Strichliste an der Wand, goss sich Kaffee ein und setzte sich Suhonen gegenüber. Er sah sie prüfend an.

«Was liegt dir auf dem Herzen?»

«Gar nichts.»

Suhonen hätte beinahe aufgelacht, hielt sich aber zurück. Seine Kollegin trank immer Tee, doch jetzt hatte sie Kaffee genommen. Irgendetwas stimmte nicht. «Du bist eine schlechte Lügnerin.»

Sie lächelte. «Stimmt.»

«Also?»

«Ausgerechnet dir soll ich mein Herz ausschütten?»

«Du musst nicht, aber ich kann gut zuhören. Im Moment hab ich nichts Besseres vor.»

«Du riechst nach Salz.»

Suhonen trank einen Schluck Kaffee. «Ja. Ich war schwimmen.»

«Auch eine Art, den Arbeitstag rumzukriegen.»

«Ich war dienstlich schwimmen.»

«Sicher.» Joutsamo nippte am Kaffee. Er schien ihr nicht zu schmecken. «Einmal im Jahr sollte man Kaffee trinken, damit man nicht vergisst, wie beschissen er schmeckt.»

«Was bedrückt dich?»

«Ich weiß nicht, irgendwie kommt alles zusammen. Nichts Bestimmtes, aber …»

«Aber irgendwas ist los?»

Sie sah ihm in die Augen. «Hast du je daran gedacht, eine Familie zu gründen?»

Willst du etwa ein Kind von mir?, hätte Suhonen beinahe gesagt, doch er verbiss sich die flapsige Bemerkung und dachte ernsthaft über die Frage nach. Sicher hätte er gern Kinder gehabt, doch es schien ihm unmöglich, Familienpflichten mit seinem Beruf zu vereinbaren. Außerdem war er noch keiner Frau begegnet, die seine Arbeit akzeptiert hätte. «Gedacht schon, aber es war nie aktuell. Ich mag es, tun und lassen zu können, was ich will. Ungebunden zu sein.»

«Sehnst du dich nie danach, dass zu Hause jemand auf dich wartet, wenn du von der Arbeit kommst?»

«Früh um drei nach einer Beschattungsaktion? Nein», erwiderte Suhonen entschieden. Natürlich gab es Frauen, die er gelegentlich anrief und die gern mit ihm ausgingen oder ihn für ein paar Stunden besuchten.

«Hast du Angst, eine Familie würde deine Arbeit beeinträchtigen? Irgendein Gangster könnte Druck auf dich ausüben, indem er deine Frau oder deine Kinder bedroht?»

«So hab ich das noch nie gesehen», sagte Suhonen, musste sich aber eingestehen, dass der Gedanke nicht abwegig war. «Leicht wäre es sicher nicht. Hast du Probleme in der Richtung?»

Joutsamo schüttelte den Kopf. «Nein. Ich hab keine feste Beziehung, also brauch ich mir in der Hinsicht keine Sorgen zu machen. Aber die ... wie soll ich es nennen», sie überlegte eine Weile, «dieses Totale an unserem Beruf gibt mir zu denken. Kann ich je eine Beziehung anknüpfen, die hält?»

Suhonen betrachtete sie nachdenklich. Sekundenlang überlegte er ernsthaft, wie er und Joutsamo miteinander auskämen. Könnten sie zusammen eine Familie gründen? Er verwarf den Gedanken sofort. Das würde nicht gutgehen. Außerdem hatte er das Gefühl, dass die Familienfrage nicht das Einzige war, was seiner Kollegin auf der Seele lag. «Bedrückt dich sonst noch was?»

Joutsamo zuckte zusammen. «Sieht man mir das an?»

«Nein, aber vom Grübeln über Familiengründung würdest du nicht dermaßen depressiv werden, denn darüber denkst du bestimmt schon nach, seit du bei der Kripo angefangen hast. Unser Job frisst die Hälfte der Seele auf, da lernt man einfach, sich nicht mit fruchtlosen Überlegungen zu blockieren.»

Joutsamo schwieg eine Weile und trank wieder einen

Schluck Kaffee. Und gleich noch einen. «Weißt du, was mich in Wahrheit so deprimiert?»

«Nein», sagte Suhonen unnötigerweise.

«Diese ganze Hoffnungslosigkeit! Was tun wir denn schon Gutes? Erklär mir bitte nicht, das Gute wäre, dass wir Verbrecher ins Gefängnis bringen; davon wird nichts besser. Natürlich wird dadurch vielleicht irgendein Verbrechen verhindert, aber was spielt das für eine Rolle? Verdammt nochmal! Warum können wir nichts tun, was wirklich jemandem hilft?»

«Was ist passiert?», fragte Suhonen behutsam.

Sie schwieg, und er wollte sie nicht drängen. Nach einer Weile brach es aus ihr heraus. «Ich dachte, ich könnte helfen. Letzten Winter haben wir gegen einen Siebzehnjährigen aus dem Erziehungsheim, Joel hieß er, wegen schwerer Körperverletzung ermittelt. Ich hab bei den Vernehmungen lange mit ihm geredet. Er war an sich ganz okay, aber irgendwann auf die schiefe Bahn gekommen und süchtig geworden. Die übliche Geschichte: kaputte Familie, gewalttätiger Vater, kleine Delikte, Drogen und dann unter Speed dieser tätliche Angriff. Der war eigentlich ein Grenzfall, darüber hab ich mit dem Staatsanwalt geredet. Ich dachte, hier könnte ich mal was tun, sozusagen dem System was zurückgeben, und der Staatsanwalt war auch bereit, Joels Fall als einfache Körperverletzung zu behandeln, wenn der Junge auf den rechten Weg zurückfindet. Das hat Joel versprochen, und ich hab ihm an der Warteliste vorbei einen Platz im Entzug verschafft.»

Nachdenklich betrachtete Suhonen seine Kollegin, deren Augen mittlerweile feucht geworden waren.

«Alles lief prächtig. Als er kurz vor Mittsommer aus der Klinik kam, haben wir zusammen Kaffee getrunken. Er hat eine Sozialwohnung bekommen, und ich hatte ihm zusammen mit den Jungs von der Kriminalfürsorge einen Job auf der Baustelle verschafft. Bloß als Hilfsarbeiter, aber immerhin. Joel war wirklich clean. Ich hab ihn vorletzten Freitag nochmal getroffen, vor gut einer Woche. Da wirkte er ganz fröhlich.»

«Und …»

«Heute Morgen hab ich in den Berichten von letzter Nacht gelesen, dass …» Ihre Stimme brach. «Joel hat sich gestern in Espoo ertränkt. Am Strand wurden Kleider gefunden, und später hat man seine Leiche bei Mellsten aus dem Wasser gefischt … Selbstmord.»

«Hat er einen Abschiedsbrief hinterlassen?»

«Ja. Ich hab natürlich gleich meinen Bekannten bei der Espooer Kripo angerufen. In Joels Wohnung lag ein Zettel: ‹Sorry, Anna, ich pack's nicht. Ich hab gestern gefixt und will dich nicht noch mehr enttäuschen.› Das war alles.»

Suhonen nickte. «Tut mir leid.»

Joutsamo wischte sich die Tränen ab. «Ich versteh nicht, wieso er es nicht geschafft hat. Und enttäuscht hat er mich auch nicht.»

«Du darfst dich jedenfalls nicht weiter zerfleischen. Es war seine Entscheidung. Du hast getan, was du konntest.»

«Wenn ich einfach zugelassen hätte, dass er ins Gefängnis kommt, wäre er noch am Leben.»

«Meinst du wirklich, ein selbstzerstörerischer Typ wie er hätte sich im Knast gebessert? Er hatte seine Chance, und er hat sie nicht genutzt. Trotzdem war es gut, dass du sie ihm gegeben hast. Eine schlimme Geschichte», sagte Suhonen mitfühlend und legte eine Hand auf die Schulter seiner Kollegin.

«Ja.»

Er wollte die Hand wegziehen, aber Joutsamo hielt sie fest. «Lass sie da, das tut mir gut.»

Beide standen auf, und Suhonen nahm sie fest in die Arme. Da klingelte ein Handy.

Es war das graue.

«Sorry», sagte Suhonen und ließ Joutsamo los, die verloren vor ihm stand.

«Was ist?», meldete er sich. Der Anruf kam von derselben Nummer wie beim letzten Mal.

«Stör ich?», fragte Salmela.

«Nee. Sprich.»

«Es kostet hundert Euro.»

Klar, dachte Suhonen gereizt, hatte seine Stimme aber unter Kontrolle. «Fünfzig garantiert, hundert, wenn die Information wichtig ist.»

«In Ordnung», sagte Salmela und nannte eine Nummer. Suhonen notierte sie auf einem Zettel, den er in der Tasche gefunden hatte.

«Ich melde mich später», sagte er dann, beendete das Gespräch und verstaute das graue Handy wieder in der Hosentasche.

«Von wem hast du die Nummer?», fragte Joutsamo aufgeregt.

«Wieso?»

«Von wem?»

Suhonen sah sie erstaunt an. «Das darf ich dir nicht sagen.»

Fünfzehn Minuten später begann die Besprechung. In der Zwischenzeit hatte Joutsamo den Antrag auf Abhörerlaubnis geschrieben und dem Amtsgericht mitgeteilt, dass bei der Zwangsmittelverhandlung am Nachmittag ein weiterer Beschluss zu fassen war.

Sechs Kriminalbeamte saßen in dem schmucklosen Raum. Außer Takamäki, Joutsamo und Suhonen waren

Mäki, Strand und Nurmi anwesend. Vom Kerntrupp fehlte nur Kohonen, die nach Tallinn geflogen war. In der Kochnische tropfte der Kaffee durch.

Takamäki sah Joutsamo auffordernd an.

«Okay, vielleicht ist das der Durchbruch. Wir haben die Verbindungsdaten vom Tatort und vom Hafen bekommen. Ich habe sie über Kreuz verglichen und eine Nummer gefunden, die Martinsoni gehört haben könnte. Sicher ist das natürlich nicht, aber ziemlich wahrscheinlich. Vor allem, wenn man Suhonens Informationen einbezieht», sagte Joutsamo und sah Suhonen an, da sie nicht wusste, ob er diesen Teil des Berichts selbst übernehmen wollte.

«Mach nur weiter», brummte er und kratzte sich die Rippen.

«Also, Suhonens Informant hat ihm erzählt, dass jemand einen Lkw-Fahrer sucht, und zwar nicht über die offiziellen Kanäle. Die Nummer dieses unbekannten Auftraggebers ist dieselbe, die von dem vermutlich Martinsoni gehörenden Handy angerufen wurde.»

«Klingt gut», sagte Takamäki.

«Noch was zu den Telefonaten. Das erste wurde kurz nach sieben vom Westhafen aus geführt, das zweite um Viertel vor elf von Pasila aus. Gesprächsdauer eine Minute, dann zwei Minuten. Der Angerufene befand sich in Etu-Töölö.»

«Und die Nummer ist natürlich …», warf Strand ein.

«Hab ich das nicht gesagt? ’tschuldigung. Ja, Prepaid», ergänzte Joutsamo und zeigte auf ein Papier, das vor ihr auf dem Tisch lag. «Der Antrag auf Abhörerlaubnis ist fertig.»

«Gut», sagte Takamäki und überlegte. «Wir sollten uns Gedanken über die Taktik machen.»

Suhonen stand auf und fragte: «Möchte jemand Trimethylxanthin?»

Die anderen sahen ihn verwundert an.

«Ein weißes, geruchloses, bitter schmeckendes Pulver aus Kolumbien.»

«Hä?», machte Strand.

«Ein starkes Stimulans, wirkt auf das Zentralnervensystem. Hilft auch gegen Zellulitis», erklärte Suhonen.

Joutsamo lächelte, obwohl sie, zumindest nach Meinung der anderen, keine Gewichtsprobleme hatte.

«Koffein, Leute! Kaffee. Wer will?»

Die anderen schwiegen, nur Mäki sagte: «Ich könnte eine Tasse vertragen.»

«Für mich nicht», winkte Joutsamo ab.

Suhonen holte den Kaffee. Es störte ihn nicht, dass er gerade erst eine Tasse getrunken hatte, denn die Zeitverschiebung machte sich immer noch bemerkbar. In Australien war es jetzt Nacht.

«Es dürfte klar sein, dass wir diese anonyme Person nach ihren Kenntnissen über den Mord an Martinsoni befragen müssen», nahm Nurmi den Faden wieder auf.

«Ja, aber da der Unbekannte einen Fahrer sucht, ist anzunehmen, dass Martinsoni für ihn gearbeitet hat. Jetzt braucht er Ersatz für den nächsten Transport», überlegte Joutsamo laut. «Immerhin, wenn wir herausfinden, wer den Fahrer angeheuert hat, sind wir einen Schritt weiter.»

Nun schaltete sich Takamäki ein. «Ja, das ist ein wichtiger Punkt. Aber die erste Frage ist, wie wir den Mann finden. Wir hören seine Gespräche ab, vielleicht sollten wir es auch mit einer Ortung versuchen … Aber was dann? Wird der Bursche auspacken, wenn wir ihn haben?»

«Wahrscheinlich nicht, selbst wenn er mit dem Mord nichts zu tun haben sollte», meinte Suhonen. Der Kaffee war stark genug, er hatte ihn ja selbst gekocht. Eigentlich hätte man die Tasse mit einer Gesundheitswarnung versehen müssen, denn nach seiner Berechnung enthielt sie weit über zweihundert Milligramm Trimethylxanthin.

«Eben», sagte Takamäki. «Wäre der Einsatz außergewöhnlicher Mittel vertretbar?»

«Zum Beispiel?», wollte Nurmi wissen.

«Ein eigener Lkw-Fahrer …», spann Joutsamo den Gedanken ihres Chefs weiter.

«Das könnte was bringen», nickte Takamäki. «Allerdings denke ich nicht an eine massive Undercover-Operation, die wir vom Polizeipräsidenten absegnen lassen müssten, sondern an eine kleine Infiltrierung. Wir rufen bei der Nummer an, melden einen Fahrer, vereinbaren ein Treffen und warten ab, was sich daraus ergibt.»

«Wir brauchen also jemanden mit Lkw-Führerschein», stellte Joutsamo fest und sah Suhonen an.

«Ich würde es ja gern machen, aber einen Laster habe ich nie gefahren. Ich weiß auch nicht, warum.»

Takamäki schaute in die Runde. Strand und Nurmi schüttelten den Kopf. Joutsamo sah Mäki an.

«Ja, also …», begann die Leihgabe aus Malmi zögernd, «ich hab schon Lkws gefahren.»

Takamäki blickte zu Suhonen, der die Achseln zuckte, was bedeutete, dass er für seinen Teil keine Einwände hatte. «Okay, setz dich mit Suhonen zusammen, er wird dir die Spielregeln erklären. Wir sind bei dem Treffen ganz in deiner Nähe, kein Grund zur Sorge.»

Mäki führte seine Kaffeetasse mit beiden Händen an den Mund, um das leise Zittern zu verbergen. Eigentlich tat es ihm bereits leid, dass er nicht den Mund gehalten hatte. Der Brummi-Schlager ging ihm im Kopf herum: *«Guten Morgen, Finnland, hast du gut geschlafen? Ich bin die ganze Nacht für dich gefahr'n …»*

14. Kapitel

Dienstag, 15.30 Uhr finnischer Zeit
Polizeipräsidium, Tallinn

Das Dienstzimmer des Kommissars Jan Voidek war asketischer als das seines finnischen Kollegen Takamäki. Es war ein wenig größer und höher, aber die Betonwände, von denen der graue Anstrich abblätterte, ließen es ungemütlich erscheinen. Es war heiß im Zimmer, fast dreißig Grad, obwohl das Fenster weit aufstand. Die hellgrünen Vorhänge ließen die Sonnenhitze ungehindert durch.

«Kein EU-Geld für uns», sagte Voidek mit estnischem Akzent. «Minister gibt alles an Zentralkripo.»

Der Dreißigjährige im grauen T-Shirt und schwarzer Levi's hatte eine Bürstenfrisur und trug eine Waffe im Achselhalfter aus hellbraunem Leder. Kohonen fühlte sich an Hollywood-Stars erinnert, es kam ihr vor, als hätte man «Miami Vice» ins 21. Jahrhundert versetzt. Mit dem Unterschied natürlich, dass Voidek tatsächlich bei der Polizei arbeitete. Ob er sich in seiner Kleidung bewusst an den Filmfiguren orientierte, konnte sie noch nicht beurteilen.

«In Helsinki ist es genauso», antwortete sie. «Die lokale Ebene steht bei der Verteilung von Geldern hintenan.»

Der zwanzigminütige Flug zu der größenwahnsinnigen Betonkonstruktion Linnahall am Hafen von Tallinn war planmäßig verlaufen, und Kohonen hatte in aller Ruhe ihr Schinkenbrötchen verzehren können. Der Blick auf den fast windstillen Finnischen Meerbusen war atemberaubend gewesen, allerdings waren auch einige Blaualgenfelder zu sehen gewesen. Trotzdem hätte Kohonen lieber auf einem Segelboot die Sonne genossen.

«Also, wie kann ich helfen?», erkundigte sich Voidek.

«Ivo Martinsoni. Wir brauchen alle Registereinträge, einfach alles, was ihr über den Mann habt. Und über den Fall Tams.»

«Befehl vom Großen Bruder?», fragte Voidek leicht pikiert.

Kohonen lächelte. «Eine Bitte von der kleinen Schwester.»

Voidek lachte und griff zum Telefon. Er sprach estnisch, in hartem Ton, und knallte nach einigen Sätzen den Hörer auf die Gabel. «Ich habe Fall an Zentralkripo gemeldet und er wird dahin überschoben. Glaube ich mindestens.»

«Du glaubst? Es gibt also noch keinen Beschluss?»

«Nein.» Voidek strich sich über die kurzen Haare. «Sie haben mir noch nicht zurücktelefoniert. Immer eilig da, alles durcheinander. Sie haben ihre eigene Prozedur.»

«Die zentrale Frage ist doch, welche Verbindung zwischen Tams und Martinsoni besteht. Gibt es einen Zusammenhang zwischen den beiden Morden? Welche Rolle spielt das Transportgeschäft?»

«Genau», sagte Voidek, um sich anschließend in Schweigen zu hüllen.

Kohonen musterte ihn. «Interessiert euch dieser Fall überhaupt?»

«Ja, ja. Trotzdem glaube ich, die Welt ist besser ohne Tams und Martinsoni. Wer trauert ihnen nach, außer ein paar Verwandten? Wenn ich raten darf, es ist ein Konflikt in der Unterwelt von Tallinn. Wir haben hier acht Banden, die für Spaß töten. Nicht grundlos, aber der Grund kann ganz klein sein. Meine Wette ist, Tams und Martinsoni haben einen Drogenmann betrogen und dafür Rache bekommen.

Wir kommen mit dem Tams-Mord nicht weiter, weil keine Augenzeugen gibt. Und wenn doch gibt, weiß keiner Kennzeichen vom Auto. Und zu unsere Spitzel sagt keiner ein Wort. Kann sein, wir hören, welche Bande es gemacht hat, aber Gerichtsprozess … unmöglich, wenn nicht der Zufall hilft.»

Kohonen fragte sich, ob der Polizist auf der Gehaltsliste einer der kriminellen Banden stand. «Ein ziemlich pessimistischer Ausgangspunkt für die Ermittlungen.»

«Noch was. Der Mord von Martinsoni, das waren dieselben Leute. Wenn ich raten sollte, der Täter ist in St. Petersburg oder hier in Tallinn. Wenn Helsinki keine DNA oder Fingerabdrücke hat, bleibt der Fall dunkel.»

«So stellst du dir das also vor», sagte Kohonen, schärfer als beabsichtigt.

«Ich weiß, dass so kommt. Ich bin kein Pessimist, aber man muss auf das Wichtige konzentrieren», erklärte Voidek, nahm einige Tatortfotos von einem Papierstapel und reichte sie Kohonen. «Eine Mutter und ein kleines Mädchen. Vier Jahre. Beide letzte Nacht erschossen. Die Oma hat sie heute gefunden. Jetzt ist sie in der Nervenklinik … Was glaubst du, nach wem unsere paar Polizisten suchen? Nach Gangster-Killer oder Mutter-Kind-Mörder?»

Die Bilder waren furchtbar, doch sie konnten Kohonen nicht schockieren. Sie hatte Ähnliches in natura gesehen und den süßlich-scharfen Blutgeruch wahrgenommen, der auf den Fotos fehlte. Dennoch, der zerschmetterte Kopf des vierjährigen Kindes sah schlimm aus, sehr schlimm. «In so einem Fall sucht man wohl als Erstes nach dem Vater. Geschieden?»

«Nicht geschieden, und das zweite Grund für unser Interesse ist, dass der Vater ist Polizist», sagte Voidek ernst. «Unsere Ermittlung geht jetzt über diesen Mord, aber du bekommst deine Informationen, wenn du eine Weile wartest. Die Registersuche und das Kopiemachen von dem Tams-Fall dauert eine Stunde, kann sein zwei, aber du bekommst sie.»

Kohonen nickte.

«Hast du gegessen?», fragte Voidek.

«Nein.»

«Hunger?»

«Hast du es nicht eilig mit eurem Fall?»

Voidek lächelte. «Viel Eile, aber man muss essen. Ohne Essen kann Gehirn nicht arbeiten … Ich weiß gutes Lokal in der Nähe.»

Kohonen willigte ein. Ins Büro der FF-Transport konnte sie später gehen.

15. Kapitel

Dienstag, 17.15 Uhr
Polizeigebäude, Pasila

Ab sofort wird abgehört», sagte Joutsamo, als sie Takamäkis Dienstzimmer betrat. Außer dem Kommissar selbst war auch Suhonen dort, er hatte sich den kühlsten Platz gleich neben dem Fenster ausgesucht. «Nurmi hat die erste Schicht übernommen.»

«Gut», sagte Takamäki. «Kohonen hat gerade angerufen. Sie kommt heute Abend mit dem Hubschrauber zurück und bringt einen Haufen Papiere mit, aber ansonsten ist von der Tallinner Polizei nicht viel zu erwarten. Sie haben einen Doppelmord am Hals, Mutter und Kind. Da bleiben ihnen kaum noch Leute, um den Mord an einem zwielichtigen Transportunternehmer zu untersuchen oder uns Amtshilfe zu leisten.»

«Na, vielleicht können wir den Fall Tams für sie lösen, wenn er tatsächlich mit unserem Brummi-Mord zusammenhängt», meinte Joutsamo.

«Die Verbindungsdaten von Martinsonis Gesprächspartner haben wir noch nicht, oder?»

«Nein. Das Gericht hat natürlich die Freigabe verfügt, aber wir bekommen sie frühestens heute Abend oder morgen früh.»

Joutsamo stand immer noch an der Tür. «Setz dich», forderte Takamäki sie auf. «Sehen wir uns mal die Taktik an. Suhonen und ich haben schon darüber gesprochen.»

Die Ermittlerin setzte sich hin. «Hatte die Reporterin irgendwas für uns?»

«Die Römpötti? Sie hat nur die wichtigsten Fakten, nichts Überraschendes. Sie hatte über das Kennzeichen des Lkws Martinsonis Namen ausfindig gemacht und herausgefunden, dass seine Firma vor einem Jahr irgendeine Fracht nach Tampere transportiert hat. Die Zollstelle in Tampere überprüft die Namen, aber besonders wichtig scheint mir das nicht.»

«Was hast du ihr erzählt?»

Takamäki lächelte. «So gut wie nichts. Ich habe bestätigt, dass es sich um ein Kapitalverbrechen handelt, und versprochen, sie auf dem Laufenden zu halten. Sie ruft nochmal an, bevor ihre Reportage in den Nachrichten kommt.»

«Kommen wir jetzt zu dem Treffen», mischte sich Suhonen ein. «Ich hab ein Mikrophon für Mäki. Das kleben wir ihm an und hören das Gespräch mit.»

Joutsamo wirkte nachdenklich. «Ist das nicht eine verdeckte Operation? Brauchen wir da Genehmigung von oben?»

Takamäki schüttelte den Kopf. «Mäki tritt nicht unter falschem Namen auf. Er verschweigt lediglich, dass er Polizist ist. Das ist normale kriminalpolizeiliche Tätigkeit, dafür brauchen wir keine Extraerlaubnis.»

«Das Gesetz über verdeckte Operationen ist sowieso ein Witz», ereiferte sich Suhonen. «Eine komplette Fehlkonstruktion. So was kann nur einem Beamtengehirn entspringen! Eine absurde Idee, Genehmigungen für einzelne Fälle zu verlangen. Als wäre es ein Klacks, V-Männer einzuschleusen. Das Gesetz müsste von Grund auf geändert werden, damit die Polizei langfristig falsche Identitäten aufbauen kann, die dann bei den Operationen nach Bedarf zum Einsatz kommen. So herum wird ein Schuh draus.»

«Bis das Innenministerium das begreift, sind wir alt und grau», unterbrach ihn Takamäki lächelnd. «Kehren wir zu unserem Fall zurück. Gibt es etwas Neues über den Treffpunkt?»

«Es handelt sich um den Parkplatz bei der Eishalle an der Nordenskiöldinkatu?», vergewisserte sich Joutsamo.

Takamäki nickte. «Nicht unproblematisch. Ein offener Platz und keine Gebäude in der Nähe, wo wir jemanden postieren können.»

«Wir stellen einen Kleintransporter mit Abhöranlage hin, aber wir sollten uns überlegen, wie schlau die Leute sind, mit denen wir es zu tun haben. Schlau genug, um so ein Fahrzeug zu erkennen?»

«Gehen wir mal aus der Sicht der Gangster an die Sache ran», schlug Joutsamo vor. «Wenn unsere Hypothese zutrifft, geht es darum, dass sie einen Ersatz für den ermordeten Fahrer brauchen. Also haben sie es eilig. Sie wollen einen Schwarzarbeiter, der keine Fragen stellt und nach dem keiner fragt. Der Mann, mit dem Mäki telefoniert hat, hat sich ja ausdrücklich nach seinem Pass und nach früheren Jobs erkundigt.»

Suhonen kratzte sich nachdenklich am Kopf. «Letzten Endes hängt alles davon ab, wie Mäki mit der Situation fertigwird.»

«Du hast ihn uns doch selbst empfohlen», feixte Joutsamo.

«Glaubst du, wir haben ein Arbeitsschutzproblem?», hakte Takamäki nach. «Vielleicht sollten wir es doch so machen, dass du zu dem Treffen gehst. Wenn es sein muss, lernst du das Lasterfahren doch im Handumdrehen.»

«Sicher könnte ich hingehen, aber wer sich in der Lkw-Branche auch nur ein bisschen auskennt, merkt sofort, dass ich kein Berufsfahrer bin. Und wenn der Transport gleich nach dem Treffen losgehen soll, haben wir keine Gelegenheit mehr, einen anderen für mich einzuschleusen.»

Joutsamo mischte sich ein. «Mäki ist okay. Er hat es ja nicht zum ersten Mal mit Kriminellen zu tun. Nein, von der Seite ist alles in Ordnung. Mich beschäftigt eine andere Frage: Falls doch etwas schiefläuft …»

«Was tun wir dann?», ergänzte Suhonen.

«Sollten wir die Scharfschützen vom Karhu-Team um Rückendeckung bitten?», überlegte Takamäki. «Das müssen wir jetzt gleich entscheiden, es sind nur noch knapp zwei Stunden bis zu dem Treffen.»

«Es würde mich nicht wundern, wenn Zeit und Ort noch geändert werden», meinte Suhonen. «Wenn die Leute ihr Geschäft verstehen, tun sie das. Vor allem, nachdem in den letzten achtundvierzig Stunden zwei ihrer Männer umgebracht wurden. Aber vielleicht sind sie ja selbst die Täter. Oder die Sache hat gar nichts mit dem Mordfall zu tun. Woher sollen wir das wissen, Kreuzdonnerwetter!»

Kohonen ging auf der Viru valjak Richtung Osten. Das Hotel Viru lag ein paar Hundert Meter hinter ihr. An einer Eisbude hatte sie sich ein Hörnchen Mangosorbet gekauft, das in der Wärme zu schmelzen drohte. Bei einem Auslandsauftrag musste man sich schließlich etwas gönnen. Sie hatte den Rückflug für halb acht reserviert. Der vorherige Flug war ausgebucht, und noch früher wollte sie nicht fliegen, da sie noch auf das Material wartete, das Voidek ihr versprochen hatte.

Das Mittagessen mit ihm war ganz angenehm gewesen. Voidek hatte ihr interessante Geschichten über seine Arbeit erzählt, und sie hatte sich mit entsprechenden Storys revanchiert. Da die versprochenen Papiere immer noch auf sich warten ließen, hatte sie beschlossen, sich das Büro der FF-Transport anzusehen. Am Hubschrauberterminal musste sie erst in zwei Stunden sein.

Kohonen verglich die Hausnummer mit der offiziell registrierten Adresse. Es war die richtige. Das zehnstöckige Gebäude, vor dem sie stand, verriet den Einfluss der Sowjetarchitektur, es war ein nach außen massiger Koloss aus dunklem Stein. Von der Straße führten einige Stufen zur Haustür. Kohonen fragte sich, ob um diese Zeit noch jemand im Büro sein mochte.

Sie ging die Treppe hinauf und rüttelte an der Tür. Sie war verschlossen. An keiner der Klingeln am Eingang stand FF-Transport. Kohonen überlegte, ob sie doch an der falschen Adresse war. Im selben Moment kam ein bulliger Mann im grünen Anzug aus dem Haus, und sie schlüpfte hinein.

Die Eingangshalle war schlicht und verhältnismäßig klein. Vermutlich hatte das Gebäude ursprünglich als Wohnhaus gedient und war erst in jüngster Zeit zum Büro-Center umfunktioniert worden. Die Wände waren frisch gestrichen. An einer Seite befand sich ein Informationsschalter, der offenbar auch als Pförtnerloge diente.

Ein fast zwei Meter großer Muskelprotz kam aus der Loge und sagte etwas, das Kohonen mit ihren dürftigen Estnischkenntnissen nicht verstand.

Sie zuckte ratlos mit den Schultern. Der Riese lächelte sie an. «Aus Finnland?»

«Ja.»

«Wie kann ich helfen?»

«FF-Transport.»

Der Mann bat sie, einen Moment zu warten, und verschwand in seiner Loge. Nach knapp einer Minute war er wieder da. «Kommen Sie», sagte er und hielt ihr die Tür zu einem Raum auf, der Kohonen an die Helsinkier Hauptpost erinnerte: Er enthielt Hunderte von Postfächern.

Der Pförtner führte sie in eine Ecke und zeigte auf eins

der Fächer. Es trug die Nummer 95 und die Aufschrift FF-Transport. Kohonen tat, als suche sie nach einem Schlüssel. «Oje, ich habe den Schlüssel vergessen», sagte sie. «Ich komme später wieder. Ach was, ich guck mal rasch, ob …» Sie hob den Briefschlitz und versuchte in das Postfach zu spähen, konnte aber nichts erkennen. «Ist in den letzten Tagen Post für uns gekommen?»

Der Kraftprotz zuckte die Achseln. «Keine Ahnung, aber wir sind immer geöffnet.»

«Gut», lächelte sie und ging. Die Firma FF-Transport hatte also gar kein eigenes Büro. Es handelte sich um eine Briefkastenfirma, deren Besitzer lediglich eine respektable Adresse gemietet hatte. Fraglos wurden eventuelle Anrufe von der Telefonzentrale des Büro-Centers auf Martinsonis Handy umgeleitet.

16. Kapitel

Dienstag, 19.30 Uhr
Parkplatz an der Eishalle, Helsinki

Polizeimeister Jarmo Eronen von der Spezialeinheit Karhu lag im Wäldchen neben dem Parkplatz der Eishalle. Er trug einen Tarnanzug. Zehn Meter hinter ihm verlief ein Joggingpfad, doch von dort aus war der Scharfschütze nicht zu sehen. Das geschwärzte Gesicht und die Tannenzweige, unter denen er lag, verwischten die Umrisse. Auch der Gewehrlauf verschmolz mit der Umgebung.

Der siebenundzwanzigjährige Eronen gehörte der Spezialeinheit seit rund drei Jahren an. Er hatte sich um die Aufnahme beworben, um seinem großen Bruder Ehre zu erweisen, der 1996 bei einer Polizeioperation auf einer Insel vor Helsinki ums Leben gekommen war. Noch am selben Tag hatte Jarmo Eronen beschlossen, Polizist zu werden. Er war damals achtzehn Jahre alt gewesen.

Von seinem Versteck aus überblickte Eronen den gesamten Parkplatz. Hinter der asphaltierten Fläche von der Größe eines Fußballfeldes erhob sich die Eishalle, rechts lag das Olympiastadion und links, hinter einer Hecke, die Nordenskiöldinkatu. Bis in die hinterste Ecke der Parkfläche waren es nur hundertfünfzig Meter. Die Distanz war kein Problem. Auf diese Entfernung hätte Eronen eine Fliege sterilisieren können, selbst wenn es sich um ein weibliches Exemplar gehandelt hätte. Hell genug war es auch.

Ganz in der Nähe befand sich eines der unbekanntesten Denkmäler der Stadt. Die albtraumhaft düstere, abstrakte Bronzeskulptur mit dem Titel «Crescendo» war 1970 zu

Ehren der sozialistischen Opfer des Bürgerkriegs errichtet worden. Aus ihren wellenartigen Falten ragten grausig verzerrte Gesichter hervor, und auf der Rückseite stand: *Wenn alle Wege enden, muss man denken.*

Eronen war in Wartestellung. Er hatte Zeit zu denken, doch die in den Gefangenenlagern getöteten Roten kamen ihm nicht in den Sinn. Er entspannte sich, denn volle Alarmbereitschaft war noch nicht nötig. Er lag still auf dem Boden, sein Kopf ruhte auf dem trockenen Gras, als ihm eine Ameise über das Gesicht krabbelte. Er nahm die Situation als Training: Eines Tages würde er vielleicht völlig reglos sein müssen, obwohl ihm eine Schlange über das Gesicht kroch.

Die Mordkommission hatte die Sondereinheit Kar hu um Amtshilfe gebeten und zugleich betont, dass die Gruppe nicht zu groß sein durfte. Ab und zu hörte Eronen gedämpfte Schritte vom Joggingpfad. Dort trabten drei seiner Kollegen in weiten Trainingsanzügen, die die kugelsicheren Westen verbargen. Die kleinen Kopfhörer, die sie trugen, fielen heutzutage niemandem mehr auf. In ihren Rucksäcken hatten sie klappbare Maschinenpistolen verstaut.

Ganz in der Nähe von Eronens Versteck befanden sich eine Stange für Klimmzüge und ein Bock zum Bauchmuskeltraining. Die drei Männer hielten an und dehnten ihre Muskeln.

Joutsamo saß im rückwärtigen Teil eines blauen VW-Transporters an der kleinen, verdunkelten Fensterluke. Der Wagen stand in einer Ecke unmittelbar an der Wand der Eishalle, sodass man durch die Luke den Parkplatz überblicken konnte.

Es war warm, obwohl Strand, der den Wagen hergefahren hatte, ihn gnädigerweise im Schatten abgestellt hatte.

Da keinerlei Belüftung eingeschaltet werden durfte, lag die Temperatur über dreißig Grad.

Joutsamo trug Jeans, ein weißes T-Shirt und eine Schutzweste, die sie trotz der Hitze nicht ablegte; allerdings hatte sie den Reißverschluss geöffnet. Aus einer Literflasche trank sie Wasser.

Sie wusste, dass die Männer der Spezialeinheit irgendwo in dem Wäldchen waren, konnte sie aber nicht ausmachen, so genau sie auch hinschaute. Auf dem Parkplatz standen etwa zwanzig Autos. Vielleicht waren ihre Besitzer auf der Joggingbahn oder im Schwimmstadion. Oder beim Training in der Eishalle. Nein, das wohl doch nicht; im Juli machten selbst die Eishockeyspieler Urlaub.

Noch eine halbe Stunde bis zu dem vereinbarten Treffen.

«Wie ist die Lage, Anna?», meldete sich Takamäki über das Funkgerät auf dem kleinen Tisch. Der Kommissar saß in einem unmarkierten Fahrzeug auf dem Parkplatz vor McDonalds an der Ecke Mannerheimintie – Reijolankatu, knapp fünfhundert Meter von der Eishalle entfernt.

Joutsamo drückte auf den Sprechknopf. «Alles ruhig. Hier tut sich nicht viel. Ein paar Autos sind gekommen, ein paar weggefahren. Wart mal, jetzt kommt wieder eins», sagte sie und sah durch das Fernglas.

Sie las das Nummernschild ab. Strand, der im Präsidium mithörte, gab das Kennzeichen in den Computer ein und meldete sich gleich darauf.

«Ein silberfarbener Toyota Yaris.»

«Stimmt», sagte Joutsamo. Es war gängige Praxis, nur das Kennzeichen anzugeben; der Partner am Computer überprüfte es und nannte die Marke. So wurde man schnell auf gefälschte Nummernschilder aufmerksam.

«Besitzerin und Halterin Hanna Minkkinen, Helsinki, 1958 geboren.»

«Ja, da steigt eine Frau aus. Geht mit einer Tasche Richtung Schwimmstadion.»

«Die liebe Hanna hat 2001 eine Geldstrafe wegen überhöhter Geschwindigkeit gekriegt.»

«Okay», mischte sich Takamäki ein. «Scheint nicht die Person zu sein, die wir suchen.»

«Ist das Handy schon ausfindig gemacht worden?», fragte Joutsamo.

«Es ist in Töölö geortet worden, in der Nähe vom Naturhistorischen Museum. Genauer lässt sich der Standort nicht bestimmen, aber es hat sich jedenfalls den ganzen Tag nicht bewegt.»

«Okay.» In der Nähe des Museums befand sich ein großes Hotel. Vielleicht sollten wir uns die Gästeliste geben lassen, überlegte Joutsamo, falls diese Aktion hier schiefläuft. Obwohl sie versuchte, sich ganz auf den Fall Martinsoni zu konzentrieren, kam ihr immer wieder Joel in den Sinn. Seit sie mit Suhonen über den Selbstmord des Jungen gesprochen hatte, fühlte sie sich zwar nicht mehr ganz so elend, doch sie fragte sich immer noch, ob sie anders hätte handeln sollen.

Mäki war aufgeregt, als Suhonen ihm im Konferenzzimmer das Mikrophon und den Sender an der Jacke befestigte. Der Sender hatte die Größe einer Streichholzschachtel, war aber deutlich flacher. Das Mikrophon, kleiner als ein Stecknadelkopf, hing an einem dünnen, kurzen Kabel.

Mäkis Windjacke hatte Reißverschlusstaschen, und Suhonen entschied sich dafür, das Mikrophon so am Reißverschluss zu befestigen, dass es gerade noch zu sehen war. Zum Glück waren beide schwarz.

«Das ist tatsächlich wie in einer amerikanischen Fernsehserie», meinte Mäki und zog die Jacke an.

«Ja. Bloß das hier ist echt», sagte Suhonen ernst.

«Hoffentlich», seufzte Mäki und überlegte. «Und wenn die ein Gerät haben, das den Sender aufspürt?»

«Dann haben wir Pech gehabt. Aber so ein Ding ist mir in Finnland noch nicht untergekommen.»

«Es gibt für alles ein erstes Mal», entgegnete Mäki leise.

Suhonen grinste: «Wo gehobelt wird, fallen Späne.»

«Ohne Fleiß kein Preis.»

«Wenn der Kakerlak im Arsch hockt, kommt die Reue zu spät.»

Mäki sah ihn verdutzt an. «Was hat das mit der Sache zu tun?»

«Gar nichts», sagte Suhonen. «Mir ist kein anderes Sprichwort mehr eingefallen. Ich weiß nicht mal, ob das ein richtiges Sprichwort ist. Es kam mir nur gerade in den Sinn.»

«Mein lieber Herr Gesangsverein», murmelte Mäki. Dann grinste er und wiederholte: «Wenn der Kakerlak im Arsch hockt … Gar nicht schlecht!»

«Okay.» Suhonen wurde wieder ernst. Es konnte klappen. Mäki steckte voller Energie, bei aller Nervosität. «Den Polizeiausweis und die Schutzweste lässt du hier. Kann sein, dass sie dich durchsuchen. Einen Revolver kriegst du, ich geb dir einen, bei dem die Seriennummer abgefeilt ist. Den kannst du von mir aus in die Jacke stecken, aber die Tasche mit dem Mikrophon rührst du nicht an, kapiert? Wenn jemand das Ding entdeckt, sagst du, es wäre ein Ersatzteil für das Alarmsystem an deinem Laster.»

«Okay. Sieht tatsächlich fast so aus.»

«Das Codewort kennst du?»

«Ja», nickte Mäki.

«Sag's nochmal, sicherheitshalber.»

«Lord.»

«Gut.» Suhonen reichte ihm eine Zigarettenschachtel. «Wenn du das Gefühl hast, die Sache geht daneben, bietest du dem Burschen eine Zigarette an und bringst das Wort irgendwie im Satz unter. Wenn's ganz schlimm wird, schreist du einfach. Okay?»

«Ja.»

«Gehen wir alles nochmal durch.»

«Ich verwende meinen richtigen Namen.»

«Ja, falsche Papiere und einen fiktiven Lebenslauf kriegen wir so schnell nicht fertig. Aber Risto Mäki ist ein häufiger Name, da dürfte es keine Probleme geben.»

«Arbeitsloser Lkw-Fahrer, der wegen Betrugsverdacht von einer großen Spedition rausgeschmissen wurde. Keine offizielle Anzeige, aber der Chef hat die anderen Unternehmer informiert, und jetzt stellt mich keiner mehr an. Deswegen übernehm ich schwarze Fuhren.»

«Welche Firma hat dich rausgeworfen?»

«Was? Das hast du mir nicht gesagt.»

«Schön, aber was sagst du, wenn du gefragt wirst?»

«Was soll ich denn sagen?»

Suhonen war ernstlich besorgt. «Mann, ich kann dir nachher auch nicht jedes Wort ins Ohr flüstern! Wie ist es, wenn du jemanden verhörst? Was macht dich da misstrauisch? Langes Zögern vor der Antwort, Unsicherheit, bestimmte Gesten, zum Beispiel die Hand ans Kinn oder vor den Mund legen … Alles, was dir bei deinen Verdächtigen aufgefallen ist, musst du unterlassen.»

«Okay, okay, das versteh ich. Frag mich noch was.»

«Welche Route bist du zuletzt gefahren?»

Mäki machte ein böses Gesicht. «Scheiße, Mann, was geht dich das an? Glaubst du, ich find mich nicht zurecht? Ich war schon überall, Mann, ich hab in mehr Städten Weiber als … als dir Kakerlaken im Arsch hocken», prustete er.

Auch Suhonen musste lachen. «Das war nicht schlecht, aber einen Fehler hast du gemacht.»

«Wieso?»

«Du wirst nach deiner Route gefragt und prahlst damit, dass du überall Frauen hast. Kann natürlich sein, dass der Typ dich bewundert, weil du so potent bist, aber wenn er aufmerksam zuhört, hält er dich für einen, der das Maul nicht halten kann. Ich sag nur: Bettgeflüster ...»

«Okay, aber der Rest war richtig, das Fluchen und die Aggressivität?»

«Das geht in Ordnung, wenn du bereit bist, danach zu handeln. Aber übertreib es nicht, sonst wirkt es idiotisch. Wenn du den Typen anmotzt und er das nicht mag, musst du bereit sein, dich mit ihm zu schlagen. Deine Polizeimarke kannst du in der Situation nicht ziehen.»

«Tu ich garantiert nicht. Hauptsächlich, weil sie hier liegt ... Eins ist mir noch unklar.»

«Und das wäre?»

«Wie weit ziehen wir das durch? Soll ich tatsächlich eine Fuhre übernehmen?»

«Gute Frage», sagte Suhonen. «Vielleicht, ich weiß es noch nicht. Deshalb hast du das Mikrophon, damit wir die Situation einschätzen können. Die erste Alternative: Wir schnappen uns den Handymann gleich auf dem Parkplatz. Die zweite: Wir hängen uns an ihn dran. Und die dritte: Wir ziehen die Sache weiter durch. Dann wird's allerdings verdammt kompliziert. Darüber brauchst du dir aber nicht den Kopf zu zerbrechen, denn du spielst die ganze Zeit nach Plan drei, es sei denn, du bist in Gefahr. Dann steckst du dir die Lord an.»

Mäki nickte.

«Und dann noch der Peilsender», sagte Suhonen und hielt Mäki eine Zwanzig-Cent-Münze hin. «Der ist vierundzwanzig Stunden aktiv.»

«Noch so ein amerikanisches Wunderding?»

«Ein deutsches», korrigierte Suhonen und zeigte auf das Brandenburger Tor auf der Rückseite. «Hab ich von Kannas. Falls ihr in den Wagen von diesem Typen steigt, legst du das Ding bei der ersten Gelegenheit auf den Fußboden – nein, steck es lieber zwischen Sitz und Lehne.»

«Okay.»

«Das Ding ist irre teuer. Verlier es nicht. Einen Spielautomaten solltest du auch nicht damit füttern.»

«Gut beraten ist halb geholfen.»

«Schön. Ich kenn auch noch eins: Eines Mannes wegen bleibt kein Pflug stehen», sagte Suhonen und lachte.

Mäki lachte mit, obwohl er nicht recht wusste, warum. Es tat ihm einfach gut.

Der Hubschrauber AAQ163, der um halb acht in Tallinn gestartet war, landete um zehn vor acht in Helsinki. Zehn der Passagiere waren amerikanische Pensionäre, die von einem Tagesausflug zurückkehrten.

Mit einigen von ihnen hatte sich Kohonen im Terminal in Tallinn unterhalten. Die kleine Reisegruppe kam aus Boston, fünf ehemalige Anwälte und ihre Ehefrauen auf Europatournee. Vor zwei Tagen waren sie mit dem Schiff von Stockholm nach Finnland gekommen. Einen Tag lang hatten sie Helsinki besichtigt, nun war Tallinn an der Reihe gewesen, und am nächsten Tag wollten sie zu einer zweitägigen Kreuzfahrt nach St. Petersburg aufbrechen. Danach stand ein zweiter Helsinki-Tag auf dem Programm, anschließend sollte es mit dem Flugzeug nach Kopenhagen gehen.

Kohonen fand das Tempo furchtbar, doch die Frau, mit der sie sich darüber unterhalten hatte, war der Meinung gewesen, solche Tagestrips seien genau das Richtige, denn es würde nie langweilig.

Während sie sich mit den Amerikanern unterhielt, hatte Kohonen bemerkt, dass die blonde Frau, die mittags mit ihr nach Tallinn geflogen war, ebenfalls mit demselben Hubschrauber zurückkehrte.

Die Amerikaner stiegen zuerst aus, sammelten sich jedoch im Warteraum, sodass Kohonen und die Blondine als Erste zur Passkontrolle kamen.

Der Grenzschützer kontrollierte die Pässe und winkte die beiden Frauen durch. Zollbeamte waren nicht zu sehen, und so verließen beide hintereinander das Gebäude. Drogenschmuggel wäre hier ein Kinderspiel, dachte Kohonen.

Die Blondine war schneller als sie und erwischte das einzige Taxi.

Kohonen wartete auf das nächste. Takamäki hatte ihr am Telefon von der geplanten Operation berichtet und gesagt, dass keiner der Kollegen sie abholen könne.

Die Amerikaner kamen ebenfalls aus der Abflughalle. Sie wurden von einem Minibus erwartet. Kohonen kramte gerade ihr Handy aus der Tasche, als eine der Frauen ihr zurief: «Wollen Sie mit uns ins Zentrum fahren? Hier draußen bekommen Sie doch kein Taxi, und für eine junge Frau ist die Gegend sicher gefährlich.»

Kohonen bedankte sich und stieg ein. Natürlich hätte sie ein Taxi bekommen, aber nicht ohne Wartezeit. Und vom Zentrum aus war sie mit dem Vorortzug schnell in Pasila. Es störte sie nicht einmal, dass die Amerikaner sie kurzerhand zur Reiseführerin erkoren und sich die Sehenswürdigkeiten von Südhelsinki erklären ließen. Als sie ihnen die Kreuzung zeigte, an der vor einigen Jahren zwei Polizisten erschossen worden waren, staunten die Touristen allerdings.

«Mir scheint, Polizistenmorde sind in Finnland nicht alltäglich», meinte einer.

Mäki tippte die Nummer ein. Er stand auf dem Parkplatz an der Eishalle neben seinem Wagen und wirkte unbekümmert – oder versuchte es zumindest. Zu dumm, dass er Nichtraucher war. Eine Zigarette hätte irgendwie dazugehört.

Fünfmal ertönte das Freizeichen, bevor sich eine barsche Männerstimme meldete: «Ja, was ist?»

«Wir sind verabredet.»

«Ich bin gleich da, hab mich ein paar Minuten verspätet. Bist du schon dort?»

«Ja», antwortete Mäki ruhig.

«Okay. Was für eine Karre hast du?»

«Einen blauen Ford. Focus. Der mit den meisten Beulen auf dem ganzen Parkplatz.»

Der Mann lachte. «Ich bin gleich da.»

Mäki sah auf die Uhr am Handy: 20.02.

In der Abhörzentrale des Polizeigebäudes trank Nurmi rasch einen Schluck Cola und meldete dann aufgeregt über Funk: «Die Ortung ergibt immer noch Töölö, aber das angepeilte Handy ist eine Schaltstelle. Der Anruf wird auf einen Drittanschluss umgeleitet. Offenbar auch Prepaid, das check ich gleich mal ab.»

Nurmi hörte jedes Gespräch des freigegebenen Anschlusses mit und erhielt zudem die Nummern aller Angerufenen und Anrufer.

Takamäki quittierte die Meldung und rief Alarmbereitschaft aus. Mäki war der Einzige, den er nicht über Funk erreichen konnte. Die Ortung war nach Nurmis Meldung überflüssig, denn das Handy konnte irgendwo an einem Ladegerät hängen oder, wenn es nur einige Tage gebraucht wurde, praktisch überall versteckt sein.

In Gedanken verfluchte der Kommissar die Bürokratie,

die ihn daran hinderte, die neue Nummer sofort abhören zu lassen und die Verbindungsdaten zu bekommen. Möglicherweise war auch dieser Anschluss Teil einer längeren Kette von Rufumleitungen. Jede neue Nummer verschaffte den Gangstern einen halben oder ganzen Tag Vorsprung, während die Polizei sich mit dem Amtsgericht und den Telefonanbietern auseinandersetzte.

Bei großen Operationen wurde die Verzögerung minimiert, indem man den eventuellen Informationsbedarf im Voraus bei den Telefongesellschaften anmeldete. Allerdings schrieben die Firmen für diese Alarmbereitschaft saftige Rechnungen.

Takamäki war ans andere Ende des Stadions gefahren und parkte am Denkmal für Paavo Nurmi. Er hatte den Motor abgestellt und beide Fenster geöffnet, sodass der laue Abendwind durchziehen konnte. Es war einer jener wenigen Abende, an denen ein Cabriolet die reinste Freude gewesen wäre.

Falls etwas passierte, konnte er in drei bis vier Minuten am Treffpunkt sein. Action war allerdings nicht seine Sache. Dafür waren die Männer der Spezialeinheit zuständig, die vier im Wäldchen sowie einige weitere, die in Zivilfahrzeugen durch die Straßen des Viertels kreuzten.

Takamäki betrachtete das Olympiastadion, wo in einem Monat die Weltmeisterschaft ausgetragen werden sollte. Wieder ein Riesenzirkus für die Polizei. Die Sicherheitsvorkehrungen verschlangen eine Million Euro pro Tag. So viel kostete es, massenhaft Polizisten aus der Provinz für gut eine Woche nach Helsinki zu bringen und für die Bombensuche irrsinnig teure Geräte anzuschaffen, die nach der WM nutzlos herumstanden. Aber man konnte eben nie wissen. Womöglich halfen sie einen Anschlag zu verhindern. Das war das ewige Problem aller Sicherheitsvorkehrungen –

und auch der Operation, die an diesem Abend ablief: Ob sie notwendig waren, wusste niemand im Voraus.

Während der WM würde Takamäki arbeiten müssen, wie alle Polizeikräfte. Vielleicht konnte er mit seinen Söhnen an einem Vormittag ins Stadion gehen und sie die Atmosphäre schnuppern lassen oder sogar Eintrittskarten für einen Abendwettkampf kaufen. Die waren allerdings verdammt teuer.

Takamäkis Handy piepste. Eine SMS von seiner Frau: «Wie steht's? Bier auf Dachterrasse im Palace. Tolles Wetter. Bald Essen. Kannst du kommen? Kaarina». Takamäki lächelte: Seine Frau war eine der wenigen, die bei Kurzmitteilungen korrekt Großbuchstaben verwendeten. Er freute sich über ihre Nachricht, ärgerte sich aber auch. Natürlich hätte er jetzt gern bei einem Bier über den Dächern von Helsinki gesessen. Das Leben war manchmal ungerecht.

Rasch tippte er eine Antwort: «arbeit. guten appetit. komme später dazu?»

Er schaffte es noch, die SMS abzuschicken, bevor der Scharfschütze, Codename ‹Wald 1›, sich meldete. Der Mann nahm seine Rolle ernst: Er flüsterte. Ein gutes Zeichen, fand Takamäki.

«Hier Wald 1. Mutmaßliches Objekt biegt auf die Stadionstraße ein.»

Suhonen saß mit Kannas, dem technischen Ermittler, im Laderaum eines Chevy-Kleintransporters auf dem Parkplatz am Reitstadion. Kannas hatte den Wagen beim kriminaltechnischen Zentrum ausgeliehen und auf den Parkplatz gebracht, während Suhonen mit dem Motorrad gekommen und erst an Ort und Stelle zugestiegen war. Der Wagen war auf einen Botendienst registriert und hatte die entsprechenden Aufkleber an den Türen.

Der Laderaum war mit einem weinroten Plüschsofa, einem kleinen Tisch und einigen weiteren Sitzgelegenheiten möbliert. Auf dem Tisch standen zwei Funkgeräte und ein Laptop. Offenbar hatte der Wagen früher als fahrbares Bordell gedient und war von der Polizei beschlagnahmt worden. Von außen hatte man ihn zwar neu lackiert, aber die Innenausstattung hatten die Männer vom kriminaltechnischen Zentrum fast unverändert übernommen. Die mit ihrem schrägen Humor, dachte Suhonen. Nur gut, dass es kein Bett gab. Warum eigentlich nicht? Im Liegen zu arbeiten wäre gar nicht schlecht.

«Was gibt's zu grinsen?», fragte Kannas.

«Och, nichts», feixte Suhonen und sah sich noch einmal um.

«Ja, ich weiß, das Ding ist nicht komplett möbliert, aber was Besseres war auf die Schnelle nicht aufzutreiben. Oder würdest du lieber auf einer Plastikbank im Einsatzwagen hocken?»

«Nee, das Sofa ist mir schon recht.»

Die Stimme aus dem Funkgerät unterbrach ihr Geplänkel: «Hier Wald 1. Mutmaßliches Objekt biegt auf die Stadionstraße ein.»

«Ist das Nummernschild zu sehen?», war Strands ungeduldige Stimme zu hören.

«Noch nicht», flüsterte Wald 1.

«Warte mal», mischte sich eine Frauenstimme ein. Joutsamo. «Er fährt gerade auf den Parkplatz. Jetzt hab ich's.» Sie gab das Kennzeichen durch.

Fünf Sekunden später meldete sich Strand wieder: «Ein Leasing-Wagen. Mazda. Kein Halter eingetragen.»

«Okay, denkt daran, morgen bei der Leasing-Firma nachzufragen, wer den Wagen übernommen hat», sagte Joutsamo. Dann wurde es still.

Über Mäkis Mikrophon war leises Windrauschen zu hören. Kannas hatte den Empfänger so eingestellt, dass er bei Bedarf das ganze Team zuschalten konnte. Der gesamte Funkverkehr wurde außerdem auf der Festplatte des Laptops gespeichert.

«Er nähert sich Mäkis Auto», meldete Joutsamo.

Kannas drückte den Sprechknopf und sagte: «Ich schalte jetzt Mäkis Mikrophon zu. Zur Erinnerung: Das Codewort lautet ‹Lord›.»

Takamäki mahnte: «In puncto Gewaltanwendung Normalsituation. Geschossen wird nur in Notwehr!»

«Wald 1 quittiert. Der Mazda hält jetzt neben Mäkis Auto. Ein Mann steigt aus», berichtete der Scharfschütze, der die Situation offenbar durch sein Zielfernrohr beobachtete. Suhonen und Kannas hörten gespannt zu. «Der Verdächtige ist um die fünfzig, leichter Bauchansatz, circa eins achtzig groß, Jeans und graues T-Shirt. Kurze dunkle Haare, Scheitelglatze, keine Brille, kein Bart.»

«Hab ihn fotografiert», meldete Joutsamo hastig und verstummte.

Der Mann sah nicht so aus, als ob er mit sich spaßen ließe, dachte Mäki. Zum Glück war er wenigstens allein gekommen.

«Abend», sagte Mäki, als der Mann ausstieg.

«Du bist Mäki?»

«Ja. Du hast Arbeit, hab ich gehört.»

Der Mann sah sich um, entdeckte jedoch nichts Auffälliges.

«Rauta», sagte er.

Mäki begriff nicht gleich. «Was?»

«Mein Name. Rauta.»

«Ach so. Okay.» Die angebotene Hand übersah der

Mann. Mäki überlegte, ob es ein Fehler gewesen war, sie auszustrecken, beschloss aber, sich darüber nicht den Kopf zu zerbrechen. Er spielte einen normalen finnischen Brummifahrer, und Händeschütteln war normales Benehmen. Wenn dem Ganoven das nicht gefiel, dann eben nicht.

«Bist du taub?», blaffte der Mann.

«Was?»

«Steig ein, hab ich gesagt. Wir reden in meinem Wagen weiter.»

«Na gut», sagte Mäki, ging um den Mazda herum und schob dabei die schweißfeuchte Münze von der linken in die rechte Hand. Am unauffälligsten war es, sie beim Hinsetzen oder Aufstehen zwischen die Polster zu schieben, je eher, desto besser.

Rauta ließ sich auf den Fahrersitz fallen und schlug die Tür zu. Mäki stützte sich beim Hinsetzen scheinbar schwerfällig mit der rechten Hand ab und schob das Brandenburger Tor zwischen Sitz und Rücklehne, tief genug, wie er meinte. Er überlegte, ob er eine Erklärung für seine Schwerfälligkeit liefern sollte, kam aber zu dem Schluss, dass er damit nur unnötige Aufmerksamkeit auf sich ziehen würde.

Rauta zog einen kurzläufigen Revolver unter dem Sitz hervor. «Hast du Angst vor dem Ding?»

«Nee, wenn du nicht auf mich zielst. Bei Russlandtouren hab ich auch immer 'ne Knarre dabeigehabt. Hab aber nie schießen müssen.»

«Okay», sagte Rauta und legte die Waffe weg. «Ich hab eine Fahrt für dich, nach St. Petersburg. Du fährst hin, holst die Ware ab und kommst zurück. Wie hört sich das an?»

«Ganz normal. Da bin ich oft hingefahren. Was für Ware?»

«Maschinenteile.»

«Normales Zeug? Wieso nimmst du dann keinen offiziellen Fahrer?»

«Weil ich Schulden hab. Die Spediteure nehmen keinen Auftrag von mir an, und wenn sie hören, dass ich eine Fuhre hab, melden sie mich beim Zoll.»

«Alles klar. Einen Wagen hast du?»

«Ja, das ist nicht das Problem.»

«Dann hab ich nur noch zwei Fragen: Wie viel krieg ich, und wann soll's losgehen?»

Rauta sah sich wieder um. «Du bist zwei Tage unterwegs, dafür zahl ich dir zweitausend, und ...»

«Fünf», unterbrach ihn Mäki mit fester Stimme.

«Was?», fuhr der Mann auf.

«Fünf Riesen, das ist mein Preis.»

«Dafür kann ich Kimi Räikkönen kriegen.»

«Dann nimm ihn. Für fünf mach ich's, drunter nicht.»

Rauta holte den Revolver hervor. «Fünf, soso», knurrte er und ließ ihn um den Finger kreisen.

Mäki blickte auf die Waffe. Sein Puls beschleunigte sich, aber jetzt musste er den harten Mann spielen. Er war selbst überrascht, wie ruhig er sprach. «Tausend im Voraus. Und leg die Knarre weg. Lohnt sich nicht, sie rauszuholen, wenn du nicht vorhast zu schießen.»

Blitzschnell hob Rauta den Revolver und presste den Lauf an Mäkis Schläfe.

Eronen sprach leise, aber hastig. «Der Mann hält Mäki die Waffe an den Kopf. Objekt im Visier. Anweisung?»

Takamäki überlegte eine Sekunde lang. «Noch nicht schießen.»

Für diese Entscheidung gab es zwei Gründe: Mäki hatte das Codewort nicht gesagt, und einen Toten konnte man nicht vernehmen.

Drei Sekunden herrschte Schweigen. Dann war Rautas Stimme wieder zu vernehmen. «Okay, fünftausend.»

«Tausend jetzt gleich auf die Hand, damit wir beide wissen, dass wir es ernst meinen.»

«Meinetwegen.»

Man hörte ein Rascheln. Takamäki überlegte, ob Mäki sich bewegte oder ob das Mikrophon tatsächlich das Rascheln von Banknoten übertrug. Wahrscheinlich rieb es nur gegen die Jacke.

«Hier ist das Geld», sagte Rauta. «Lass dein Handy eingeschaltet. Wahrscheinlich geht's morgen los. Wann und wo, erfährst du später. Falls die Sache doch noch flachfällt, will ich fünfhundert zurück.»

«In Ordnung.»

Takamäki wog die Alternativen ab. Am nächsten Tag sollte der Transport stattfinden – wahrscheinlich. Es war zweifellos das Klügste, Rauta unbehelligt abfahren zu lassen. Dennoch gab er über Funk durch: «Bereithalten zur Festnahme, aber nur auf ausdrücklichen Befehl.»

Die in der Umgebung parkenden Männer der Spezialeinheit meldeten sich parat.

«Nötigenfalls dem Fahrzeug folgen», sagte Takamäki. Bisher wusste niemand, ob es Mäki gelungen war, die Wanze zu platzieren. Wenn ja, genügte es, Rauta zu verfolgen. Andernfalls musste er gestoppt werden.

Mäki verabschiedete sich: «Okay. Ruf mich an.»

Wieder hörte man ein Rascheln, offenbar stieg er aus.

«Hier Wald 1. Mäki ausgestiegen … Mazda fährt an. Stoppen?», fragte Eronen.

Takamäki wusste, dass die Ampel am Parkplatz, über die man von der Stadionzufahrt auf die Nordenskiöldinkatu gelangte, die günstigste Stelle war. Dort gab es kaum Verkehr, das Risiko, Unbeteiligte zu gefährden, war minimal.

«Wald 1 fragt: Stoppen? Ampel noch fünfzehn Sekunden rot. Wagen in Position», meldete Eronen. Das bedeutete, dass zwei Wagen der Spezialeinheit in Ampelnähe auf der Nordenskiöldinkatu waren, einer von Osten, einer von Westen kommend. Die Operation war simpel: Die beiden Wagen würden sich vor und hinter den Mazda setzen, und die Männer würden herausstürmen. Der Scharfschütze gab ihnen Rückendeckung.

«Warten», sagte Takamäki.

«Zehn Sekunden», meldete Wald 1.

Takamäki fluchte leise. Warum zum Teufel teilte Mäki nicht mit, ob er die Wanze platziert hatte. Offenbar hatte er es nicht geschafft, da er nichts sagte.

«Sieben Sekunden. Fünf», kam es über Funk.

«Puh, liebe Kinder!» Die Erleichterung war Mäki anzuhören. «Jetzt brauch ich ein Bier. Das Geld rinnt mir durch die Finger, obwohl die Brieftasche zu ist.»

«Wanze am Platz», rief Suhonen.

«Nicht stoppen. Verfolgen», sagte Takamäki rasch. «Anna, lass Mäki sofort bestätigen, dass die Wanze sitzt.»

«Verstanden», quittierte Joutsamo.

«Wagen eins setzt sich dran. Der Funkwagen fährt wohl auch los?»

Kannas startete, während er sprach. «Jawohl. Schon in Bewegung. Suhonen ist aufs Motorrad umgestiegen. Ich folge der Wanze. Sendebereich zwei Kilometer, weiter dürft ihr nicht zurückfallen.»

«Wagen eins meldet: Das Objekt fährt auf der Nordenskiöldinkatu Richtung Tiergarten. Kommt gleich am Sportplatz vorbei.»

Die Münze war kein GPRS-Peilsender, sondern eine neue Version des traditionellen, Radiosignale ausstrahlenden Geräts. Auf dem Computerbildschirm waren nur die

Richtung und die ungefähre Entfernung zu sehen. Selbst wenn die Verfolger das Objekt aus den Augen verloren, würden sie es wiederfinden – vorausgesetzt, der Empfänger war nicht weiter als zwei Kilometer entfernt.

«Okay», meldete sich Takamäki. «Ich bin auch dran. Komme von rechts über die Helsinginkatu.»

In der Stadt war es nicht leicht, einen Wagen zu verfolgen. Einerseits konnte man ihn aus den Augen verlieren, andererseits bei ungeschicktem Vorgehen noch Schlimmeres anrichten, nämlich das Objekt merken lassen, dass es beschattet wurde.

Über Funk kamen immer neue Meldungen. Das Objekt fuhr nach Ost-Pasila und von dort weiter, am Messezentrum vorbei. Die Grundregel bei einer solchen Operation war denkbar einfach: Jedes Fahrzeug durfte maximal über drei Kreuzungen hinter dem Objekt bleiben, jede längere Verfolgung war zu auffällig. Die einzige Ausnahme bildeten die großen Ausfallstraßen. Dort benötigte man mehrere Verfolgungsfahrzeuge, die sich im Wechsel an den zu beschattenden Wagen hängten.

Der Chef der Spezialeinheit koordinierte die Verfolgung. Er forderte Standortmeldungen an und gab Anweisungen. «Wo ist Takamäki?», fragte er.

«Auf der Mäkelänkatu, Höhe Schwimmbad.»

«Gut. Fahr ein bisschen langsamer. Objekt auf der Ratapihantie, biegt offenbar in östlicher Richtung auf die Hakamäentie ab. Du übernimmst ab Kreuzung Koskelantie – Mäkelänkatu. Wir biegen ab.»

«Verstanden», meldete Takamäki. Er musste sich also darauf einstellen, dass Rauta entweder auf die Mäkelänkatu abbog und in nördlicher Richtung weiterfuhr oder auf der Koskelantie blieb, die nach Osten führte.

Beschatten war teuflisch schwierig. Takamäki erinnerte

sich an eine besonders heikle Operation, die bereits einige Jahre zurücklag. Damals war es um eine russische Schmugglerbande gegangen, die einen Stuhl vor das Rückfenster ihres Kleintransporters gestellt und dort einen Ausguck postiert hatte, der den nachfolgenden Verkehr im Auge behielt.

Wenn man an einer solchen Aktion teilnahm, patzte man besser nicht, andernfalls wurde man im Präsidium monatelang damit aufgezogen. Dank der Wanze hing der Erfolg allerdings nicht allein von Takamäki ab.

Als hätte er Takamäkis Gedanken gelesen, meldete sich der Chef der Spezialeinheit: «Denkt daran, wir haben einen Sender im Objekt. Wenn er Haken schlägt, fahrt ihr geradeaus weiter. Entdeckt werden ist schlimmer als den Kontakt zu verlieren. Der Wagen scheint auf die Mäkelänkatu abzubiegen. Wir fahren geradeaus weiter und schlagen einen Bogen. Die Streckenführung ist logisch, scheint zur Tuusulantie zu führen. Standortmeldungen?»

Takamäki antwortete als Erster: «An der Kreuzung. Kann bei Grün folgen.»

«Ich bin auf der Hakamäentie, knapp zwei Minuten zurück», meldete Kannas.

Der zweite Wagen der Spezialeinheit war weisungsgemäß in westlicher Richtung zur Kreuzung Metsäläntie gefahren. Von dort war sowohl die Tuusulantie als auch die Autobahn nach Hämeenlinna leicht zu erreichen.

Suhonen konnte keine Standortmeldung durchgeben, da er an seinem Motorradhelm kein Mikrophon hatte. Er hörte jedoch die Meldungen der anderen und richtete seine Route danach aus. Notfalls konnte auch er sich über Funk melden, doch dazu musste er anhalten.

Takamäki holte das Objekt an der nächsten Ampel ein. Er kannte die Gegend gut, im Philateliegeschäft an der

Kreuzung hatte er mehrmals Briefmarken für seinen jüngeren Sohn gekauft.

Der metallicblaue Mazda stand als Zweiter auf der linken Spur, Takamäki als Vierter auf der rechten. Sein Wagen hätte eine Wäsche nötig gehabt, war aber nicht so schmutzig, dass er deshalb aufgefallen wäre. Takamäki sah den Mann am Steuer des Mazda von schräg hinten. Er schien zu telefonieren, ein klarer Verstoß gegen die Verkehrsordnung. Doch das interessierte Takamäki weniger als die Frage, mit wem er sprach. Er prägte sich die Uhrzeit ein: 20.24. Vielleicht konnte er die Verbindungsdaten für den nächsten Funkmast beantragen.

Als die Ampel umsprang, fuhr der Mazda zügig an, während Takamäki hinter einem grünen Nissan herzockelte, der es gar nicht eilig hatte. Als Takamäki endlich auf die linke Spur wechseln konnte, lag er schon fast zweihundert Meter zurück.

«Auf der Tuusulantie. Fährt ziemlich schnell», meldete er und trat aufs Gaspedal. Die zulässige Höchstgeschwindigkeit auf der zweispurigen Schnellstraße war achtzig Stundenkilometer, aber alle fuhren an die hundert. Der Mazda hatte allerdings mindestens hundertzwanzig auf dem Tacho. Er war bereits dreihundert Meter entfernt, obwohl Takamäki auf der Überholspur fuhr und das Tempo erhöhte.

«Scheint weiter geradeaus zu fahren.»

«Okay», sagte der Einsatzleiter. «Wagen zwei übernimmt an der nächsten Zufahrt. Takamäki, halte die momentane Distanz. Wir wechseln bald. Wo ist Kannas?»

«Am Anfang der Schnellstraße, an der Ampel. Entfernung im Grenzbereich.»

«Dann musst du dich sputen.»

«Verstanden», quittierte Kannas.

«Alle zwei Kilometer gibt's eine Ausfahrt, also haltet die Augen offen!»

Takamäki bretterte mit hundertzwanzig über die nächste Kreuzung. Hoffentlich gibt es hier keine Radarfalle, dachte er. Gleich darauf sah er das Blinklicht im Rückspiegel.

Ein unmarkierter Ford Mondeo mit ausgefahrener Radarantenne hatte sich an ihn gehängt.

Takamäki gab über Funk durch: «Tut mir leid, ich werde von einer Zivilstreife gestoppt.»

«Was?», rief Kannas.

«Zu schnell gefahren.»

«Das darf doch nicht wahr sein!»

«Ist es aber.»

«Okay», schaltete sich der Einsatzleiter ein. «Takamäki fällt aus.»

Der Kommissar bremste und hielt auf der Standspur. Der Mondeo stoppte hinter ihm. Der Fahrer stieg langsam aus. Amerikanischer Stil, dachte Takamäki. Der junge Mann hat wahrscheinlich zu viel Reality-TV geguckt. Der zweite Beamte kam von der anderen Seite heran. Beide trugen Zivilkleidung.

Takamäki überlegte kurz und beschloss dann, im Wagen sitzen zu bleiben. Er öffnete das Seitenfenster. Warme Luft schwappte herein.

«Überhöhte Geschwindigkeit», sagte der junge Polizist.

«Stimmt», bestätigte Takamäki und hielt ihm den Polizeiausweis hin.

«Der hilft Ihnen nichts, außerdem haben Sie am Handy gesprochen.»

«Ich habe nicht am Handy gesprochen, sondern ins Funkgerät», erklärte Takamäki ruhig. Er sah Kannas im Chevy vorbeifahren.

«Aha. Führerschein und KFZ-Brief bitte, und dann einmal pusten», sagte der Mann und hielt ihm das Röhrchen hin.

«Wir stecken hier in einer Operation, und …»

Der junge Mann legte bereits die Hand an die Waffe. «Ganz ruhig, bitte. Erklärungen nützen nichts. Zu schnell ist zu schnell.»

Takamäki kochte innerlich. Über Funk kam die Mitteilung, das Objekt sei offenbar auf dem Weg zum Autobahnring.

Der Verkehrspolizist schob Takamäki das Röhrchen in den Mund. Im selben Moment piepste das Funkgerät an seinem Gürtel. «Eins-sechs-sechs hört», sagte er.

Die Stimme des Diensthabenden war streng. «Eins-sechs-sechs macht jetzt eine Viertelstunde Pause.»

«Geht nicht. Wir haben gerade eine 62.»

«Nicht mehr. Ihr lasst den Kommissar jetzt weiterfahren.»

«Warum?»

«Weil ich es sage, Blödmann.»

«Wenn das ein Nachspiel hat, übernimmst du die Verantwortung.»

«Du kannst dir den Streifendienst an den Hut stecken, wenn du nicht sofort aufhörst.»

«Verstanden», sagte der Polizist kopfschüttelnd und steckte das Funkgerät in die Gürteltasche. Dann wandte er sich an Takamäki, der den Wortwechsel mit angehört hatte. «Diesmal belassen wir es bei einer Verwarnung. Halten Sie sich an das Tempolimit und telefonieren Sie nicht während der Fahrt!»

«In Ordnung», sagte Takamäki und ließ den Motor an. «Eine Frage noch: Wie heißen Sie?»

«Was hat das mit der Sache zu tun?»

«Ein Polizist muss seinen Namen nennen, wenn er gefragt wird. Steht im Gesetz.»

«Nieminen», sagte der Mann unsicher. «Esa Nieminen.»

Suhonen hatte den Wagen der Spezialeinheit, der das Objekt verfolgte, auf dem Autobahnring überholt. Die Männer hatten den Motorradfahrer erkannt und sich zurückfallen lassen.

Suhonen folgte dem Mazda über die Kielotie durch den Vantaaer Ortsteil Tikkurila. Auf der rechten Straßenseite sah er die Shell-Tankstelle, die vor vier Jahren beim Doping-Skandal eine traurige Rolle gespielt hatte. Hier hatten die Funktionäre des Skisportverbandes eine Tasche mit verbotenen Mittelchen vergessen. Seitdem war die Tankstelle ein bleibendes Symbol jener Dummheit, die den ganzen Vorfall kennzeichnete.

Suhonen war nahezu sicher, dass das Objekt seine Verfolger nicht bemerkt hatte. Der Fahrer schien auch nicht besonders vorsichtig zu sein, denn er hatte keinen einzigen Schlenker gemacht, sondern hielt allem Anschein nach direkt auf sein Ziel zu.

An der nächsten Ampel bog der Mazda nach rechts auf die Tikkurilantie ab. Im Seitenspiegel sah Suhonen, dass der Wagen des Karhu-Teams wieder aufgeschlossen hatte.

Das Objekt fuhr am Hotel Vantaa vorbei, passierte das Wissenschaftsmuseum Heureka und den Keravajoki, ein winziges Flüsschen, und fuhr durch den Tunnel auf die andere Seite der Bahnstrecke.

Als das Objekt sich der Jokiniementie näherte, ahnte Suhonen Schlimmes. Er hoffte, der Mazda werde geradeaus weiterfahren, doch er blinkte rechts.

Suhonen setzte die Verfolgung fort, doch als das Objekt an der nächsten Kreuzung nach links in die Jokiniemenkuja bog, fluchte er lauthals. Er hielt an und sah den Mazda durch ein massives Tor auf ein festungsähnliches Gebäude zufahren. In der Jokiniemenkuja 4 residierte das staatliche Kriminalamt, kurz die Zentralkripo.

Suhonen griff nach dem Funkgerät und meldete kurz: «Verfolgung beendet. Objekt stationär. Ich bin am Ort. Ich wiederhole: Operation beendet. Takamäki, ruf mich am Handy an.»

Fünf Sekunden war alles still. Dann sagte der Einsatzleiter: «Ihr habt es gehört. Zurück nach Pasila.»

Zehn Sekunden später klingelte Suhonens Handy.

17. Kapitel

Dienstag, 21.10 Uhr
Polizeigebäude, Pasila

Suhonen marschierte über den Flur der Mordkommission. Er hatte den Reißverschluss der Lederjacke geöffnet. Der Motorradhelm, den er jetzt in der Hand hielt, hatte ihm die Haare platt gedrückt.

«Schöne Scheiße», sagte er, als er das Konferenzzimmer betrat, wo Takamäki, Joutsamo, Mäki und Kohonen bereits auf ihn warteten. Joutsamo legte das Foto, das sie auf dem Parkplatz gemacht und am Computer ausgedruckt hatte, auf den Tisch. «Kennst du ihn?», fragte sie.

Suhonen setzte sich, sah das Bild an und nickte. «Hannu Järn. Kommissar bei der Zentralkripo. Ich hab mal bei einem Fall mit ihm zusammengearbeitet, vor Jahren, als er noch in Forssa beim Rauschgiftdezernat war. Um die Jahrtausendwende hat er sich zur Zentralkripo versetzen lassen. Ich weiß nicht genau, was er da macht, aber allem Anschein nach wird er jetzt wieder operativ eingesetzt.»

«Järn?», meinte Joutsamo. «Das ist doch die schwedische Form von Rauta. Na, wenn die Zentralkripo sich für ihren Kommissar kein besseres Pseudonym ausdenkt, handelt es sich bestimmt nicht um eine Megaoperation. Wofür brauchen die eigentlich einen Lkw-Fahrer?»

«Wer weiß, vielleicht geht es um irgendeinen kleinen Nebenaspekt in einem größeren Fall», erklärte Suhonen. «Dafür spricht jedenfalls, dass Järn von der Eishalle geradewegs ins Hauptquartier gefahren ist, ohne sich abzusichern. Wenn die Jungs von der Zentralkripo in vollem Einsatz gewesen wären, hätten wir schon auf dem Parkplatz Zoff mit ihnen gekriegt.»

«Und was machen wir jetzt?», fragte Kohonen.

«Nachdenken», erwiderte Takamäki.

Joutsamo trank ihren Tee aus. «Wenn das tatsächlich keine Operation der Zentralkripo war, dann ist Järn womöglich eine Art Maulwurf. Macht er außerdienstlich krumme Geschäfte?»

«Dann hätten wir es mit einem Amtsverbrechen zu tun und müssten den Staatsanwalt einschalten», überlegte Takamäki. «Im jetzigen Stadium wäre mir das gar nicht recht, denn damit hätten wir automatisch zwei Ermittlungsleiter und jede Menge Bürokratie. Ich finde die Hypothese sowieso ziemlich weit hergeholt.»

«Na ja, es gibt eben nur zwei Möglichkeiten», gab Suhonen zu bedenken. «Entweder zieht Järn eigene Geschäfte durch, oder wir sind in eine Operation der Zentralkripo gestolpert. Am klügsten wäre es, mit den Leuten dort zu reden.»

Kohonen sah ihn durchdringend an. «Wobei sich natürlich das Problem stellt, dass wir Järn auf keinen Fall direkt fragen können.»

«Wir müssen ihn unter die Lupe nehmen», sagte Takamäki. «Ich will alles über ihn wissen, angefangen bei der Schuhgröße. Wir haben also einen neuen Ermittlungsstrang und beginnen mit den Registern. Ich erkundige mich bei der Zentralkripo, ihr anderen zapft eure eigenen Kanäle an. Aber wir halten uns bedeckt. Rein technisch gesprochen untersuchen wir, ob hinreichender Verdacht auf ein Amtsverbrechen besteht.»

Der Kommissar stand auf und sah in die Runde. «Morgen früh um zehn setzen wir uns wieder zusammen und schauen uns an, was wir haben. Noch was?»

Keiner meldete sich.

«Ach ja, eins noch», fügte Takamäki hinzu. «Mäki hat sich heute verdammt gut gehalten. Tadellos.»

«Danke», lächelte Mäki. «Übrigens, was soll ich tun, wenn Rauta-Järn mich heute Nacht anruft und ein zweites Treffen vorschlägt oder mich mit der Fuhre losschicken will?»

Takamäki sah ihn eindringlich an. «Allein unternimmst du überhaupt nichts, hörst du? Du musst mindestens die gleiche Rückendeckung haben wie heute Abend, und die zu organisieren braucht Zeit.»

«Aber wenn Rauta-Järn sagt, jetzt geht's los?»

«Dann behauptest du, du hättest Durchfall», riet Suhonen. «Dafür hat jeder Verständnis, und du verschaffst uns damit eine Stunde Handlungszeit. Wenn er sich damit nicht zufriedengibt, lassen wir es ganz sein. Sicherheit geht vor, wir lassen dich nicht allein losziehen.»

Der helle, warme Sommerabend hatte viele Helsinkier in die Gartenlokale gelockt. Die Ehepaare Takamäki und Rautakivi saßen vor dem Restaurant Kanavaranta beim Präsidentenpalais. Hinter ihnen ragte die Uspenski-Kathedrale auf, die in den Hungerjahren nach 1860 errichtet worden war.

Die Sonne war gerade eben, um kurz vor elf, untergegangen, doch der Himmel war noch hell. Die anderen tranken Bier, nur Takamäki, der vor einer Viertelstunde dazugestoßen war, begnügte sich mit Mineralwasser. Er hatte sich im Präsidium noch Römpöttis Reportage angesehen, die wiederum einige Zeitungsredaktionen veranlasst hatte, ihn anzurufen. Takamäki hatte bestätigt, dass die Polizei tatsächlich von einem Mord ausging und dass der Tote ein Este war. Weitere Informationen hatte er nicht gegeben, denn dazu bestand kein Anlass.

«Herrlich, dieser Meergeruch», sagte Takamäkis Frau.

Takamäki lächelte. «Tja. Ich erinnere mich noch, wie wir einmal eine Wasserleiche da aus dem Kanal gefischt haben. Das ist fast zehn Jahre her. War eine fürchterliche Plackerei, weil die Kanalmauern so hoch sind.»

«Wir mussten bei uns in Turku mal eine Leiche aus dem Fluss holen, die hatte so lange im Wasser gelegen, dass sie in alle Einzelteile zerfiel», erzählte Olli Rautakivi und trank einen Schluck Bier. «Ach ja, die Geschichte kennst du noch nicht: Wir haben im Frühjahr einen Neuen bekommen, aus Lappland, und der hat erzählt, wie sie in der Tundra nach der Leiche eines Wanderers gesucht haben, der einen Herzinfarkt gehabt hatte. Sein Handy war an irgendeinem See geortet worden, zu dem sie dann mit einem Wasserflugzeug hin sind, weil es keine Wege gab. Aber der Pilot weigerte sich, die Leiche im Cockpit zu transportieren, weil er den Gestank nicht ertrug. Rate mal, was sie gemacht haben?»

«Na?»

«Es blieb ihnen nicht anderes übrig, als die Leiche auf den Schwimmer des Flugzeugs zu binden. Stell dir den Anblick vor!»

Takamäki lachte. «Ist das ehrlich wahr?»

«Ja, ja. Sie haben reichlich Seil benutzt, damit die Leiche keinem auf den Kopf fällt.»

«Habt ihr keine besseren Gesprächsthemen?», protestierte Rautakivis Frau Tuula.

«Nur noch *eine* dienstliche Sache», sagte Takamäki.

Tuula Rautakivi stand auf. «Na, dann geh ich inzwischen zur Toilette.»

«Ich komm mit», erklärte Kaarina.

«Also?», fragte Olli Rautakivi. Die blonden Haare des untersetzten Vierzigjährigen wurden an den Schläfen bereits schütter.

«Kennst du einen Hannu Järn, Kommissar bei der Zentralkripo? Er hat früher in Turku gearbeitet.»

Rautakivi nickte. «Flüchtig. Wieso?»

«Erzähl mir von ihm», bat Takamäki, ohne die Frage zu beantworten.

«Etwas älter als wir. Ich glaube, er ist aus Oulu zur Turkuer Filiale der Zentralkripo gekommen, davor war er wohl in Forssa. In Turku hat er alles zu bearbeiten gehabt, was bei der Zentralkripo anfiel. Bei Kapitalverbrechen in der Stadt ermitteln wir ja selbst, aber wenn auf einem Schiff etwas passiert, geben wir den Fall an die Zentralkripo ab. Gelegentlich führen wir auch in ihrem Auftrag Untersuchungen durch, eben die übliche Zusammenarbeit, du kennst das ja.»

«Was ist er für ein Mensch?»

«Ein Mann der Tat. Insofern hat er einen guten Eindruck gemacht. Klotzt ordentlich ran, wenn's nötig ist. Ich erinnere mich an einen Fall, den er aufgeklärt hat. Ein junger Norweger war in der Nacht auf der Fähre aus Schweden erstochen worden. Järn hat als Erstes alle Passagiere fotografieren und ihre Personalien aufnehmen lassen. Dann hat er sich die passenden Kandidaten rausgesucht und ihnen so lange zugesetzt, bis er den Täter hatte. Ein scharfer Hund war er, ist er sicher immer noch.»

«Hatte er auch mit Berufs- und Gewohnheitskriminalität zu tun?»

«Drogenfälle hatte er gelegentlich, aber darüber weiß ich nichts Genaues. Unser Rauschgiftdezernat könnte dir sicher mehr erzählen.»

«Und das Privatleben?»

«Ich meine, er war geschieden. Er hatte damals eine Zweizimmerwohnung in der Innenstadt gemietet.»

«Hat er getrunken?»

Rautakivi sah ihn nachdenklich an. «Warum fragst du?»

«Wir sind bei einem unserer Fälle auf ihn gestoßen, und ich kenne ihn überhaupt nicht», wand sich Takamäki heraus.

«Getrunken hat er schon, aber wie viel, kann ich nicht sagen. Es hat jedenfalls keine bösen Gerüchte gegeben. Wenn ich mich recht entsinne, ist er so ungefähr vor einem Jahr in die Zentrale versetzt worden. Da ist er für irgendwelche internationalen Sachen zuständig, glaube ich.»

«Internationale?»

«Ja», sagte Rautakivi und trank sein Bier.

«Genaueres weißt du nicht?»

«Nein, aber wenn du willst, kann ich mich erkundigen.»

«Nicht nötig», sagte Takamäki. Die beiden Frauen kamen zurück. «Wahrscheinlich treffe ich ihn morgen, dann kann ich mir selbst ein Bild von ihm machen.»

Mittwoch

18. Kapitel

Mittwoch, 9.30 Uhr
Hauptquartier der Zentralkripo, Vantaa

Takamäki und Joutsamo betraten die Festung der Zentralkripo durch den Haupteingang. Die hohe Eingangshalle wirkte kühl – genau diese Wirkung hatte der Architekt vermutlich erzielen wollen. Die Klimaanlage sorgte ebenfalls für Kühlung. Trotz der anhaltenden Hitzewelle hatte Takamäki eine Krawatte umgebunden und ein graues Jackett angezogen. In der rechten Hand hielt er eine schwarze Aktentasche.

Die Pförtnerloge war links vom Eingang. Daneben befanden sich die Aufzüge und weiter hinten ein Schalter. Mitten in der Halle führte eine Treppe zu den oberen Etagen. Auf der rechten Seite standen einige Stühle, durch eine Tür an der rechten Wand gelangte man zu den Vernehmungsräumen.

Takamäki ging zu dem kahlköpfigen Pförtner, der vor einer ganzen Batterie von Monitoren saß, und legte seinen Polizeiausweis vor. «Guten Tag, wir möchten Hannu Järn sprechen.»

Der auf die sechzig zugehende Pförtner prüfte den Ausweis. «Haben Sie einen Termin vereinbart?»

«Nein», antwortete Takamäki. Er hatte die Taktik im Präsidium mit Joutsamo besprochen, und sie waren sich einig gewesen, dass sie persönlich mit Järn sprechen mussten, um zu sehen, wie er reagierte. Die Alternative, heimlich nach dem Grund für Järns Operation zu forschen, hatten sie verworfen. Takamäki hatte bis spät in der Nacht darüber gegrübelt und war zu dem Ergebnis gekommen, dass sie aller Wahrscheinlichkeit nach zufällig in eine Geheimoperation der Zentralkripo geraten waren und es nicht mit einem kriminellen Polizisten zu tun hatten. Was Rautakivi über den Mann berichtet hatte, bestärkte Takamäki in seiner Auffassung. Folglich war es sinnvoll, mit der Zentralkripo zusammenzuarbeiten.

Der Pförtner bat Takamäki und Joutsamo zu warten, während er Järn anrief. Die Klimaanlage summte.

In der Nacht waren die Ermittlungen kaum vorangekommen. Über den Esten war in der Stadt nichts zu erfahren, zumindest nicht von den üblichen Informanten. Strand hatte die Videos von den Überwachungskameras in der Umgebung der Brandstelle angesehen. Die Kameras der Tankstelle hatten die Ankunft von Martinsonis Lkw um 22.01 Uhr aufgezeichnet. Kurz danach hatte Martinsoni an der Tankstelle einen Kaffee getrunken und war um 22.20 Uhr zu seinem Fahrzeug zurückgegangen. Allerdings war die Brandstelle selbst von keiner Kamera erfasst worden. Auf dem Video vom Rangierbahnhof sah man den Lkw im Hintergrund, konnte jedoch nicht erkennen, ob sich jemand an dem Wagen zu schaffen machte. Die explosionsartig hochschießenden Flammen waren natürlich zu sehen. In der kriminaltechnischen Abteilung wollte Kannas versuchen, die Bildqualität der Videos durch Computertricks zu verbessern. Große Hoffnungen hatte er der Mordkommission jedoch nicht gemacht.

Der Pförtner legte den Hörer auf und erklärte: «Järn kommt runter.»

Takamäki bedankte sich und trat zu Joutsamo.

«Stell dir vor, es ist gar nicht der von gestern Abend, dann stehen wir dumm da», flüsterte sie.

Zwei Minuten später klingelte die Aufzugglocke, und ein fünfzigjähriger Mann mit leichtem Bauchansatz kam auf sie zu. Er hatte dunkle, kurze Haare und eine Stirnglatze. Statt Jeans und T-Shirt trug er einen braunen Anzug, ein weißes Hemd und eine blau-grau gestreifte Krawatte, doch er war unzweifelhaft derjenige, der sich am Vorabend als Rauta ausgegeben hatte.

«Guten Tag», sagte er.

Takamäki reichte ihm die Hand und stellte sich vor. Järns Händedruck war fest.

«Was gibt's?», fragte Järn, nachdem sich auch Joutsamo bekannt gemacht hatte.

«Müssen wir das hier besprechen?», fragte Takamäki. «Es geht um eine ziemlich heikle Sache.»

«Ich finde es hier ziemlich ruhig.»

Takamäki zuckte die Achseln. Aha, so läuft das also, dachte er und änderte spontan seine Taktik. Statt zu einer Erklärung anzusetzen, holte er zwei Fotos aus seiner Aktentasche. Auf dem ersten stand Järn neben seinem Wagen auf dem Parkplatz an der Eishalle. Das zweite war ein wenig unscharf, doch deutlich genug: Järn hielt Mäki den Revolver an die Schläfe. Wortlos reichte Takamäki seinem Kollegen die Bilder.

Järn betrachtete sie schweigend. Takamäki und Joutsamo ließen ihn nicht aus den Augen. Er hatte sich gut unter Kontrolle, doch einen leichten Schrecken konnte er nicht ganz verbergen.

«Was soll das?», knurrte er.

«Das würden wir gern von Ihnen erfahren», erwiderte Takamäki ruhig.

«Was zum Teufel!» Järn wurde laut. «Zum Donnerwetter, was erlaubt ihr euch eigentlich?»

Der Pförtner beobachtete die Szene aufmerksam.

Takamäki blieb verbindlich. «Wir sind nicht zum Spaß hier. Wir untersuchen den Lkw-Mord in Pasila, und Sie haben versucht, einen unserer Männer als Lkw-Fahrer anzuheuern. Wir haben Grund zu der Annahme, dass hier eine Verbindung besteht.»

«Was für eine Verbindung denn?», fragte Järn zögernd und gab die Fotos zurück.

«Ich weiß nicht, woran Sie gerade arbeiten, aber es erscheint mir sinnvoll, unsere Ermittlungen zu koordinieren und uns deswegen etwas ausführlicher zu unterhalten. Und zwar nicht hier in der Eingangshalle.»

«Woher wussten Sie, dass ich einen Fahrer suche?»

«Darüber kann ich leider keine Auskunft geben.»

Joutsamo mischte sich ein. «Vielleicht können wir oben bei Ihnen weiterreden.»

Wütend funkelte Järn sie an. «Woher haben Sie die Information?»

Sie schüttelte nur den Kopf.

«Wenn das so ist, haben wir nichts miteinander zu bereden», giftete Järn.

«Das sehe ich anders», sagte Takamäki mit unerschütterlicher Ruhe.

«Sie haben keine Ahnung, was Sie mir da unter Umständen vermasseln!»

«Eben deshalb sollten wir miteinander reden.»

«Ach, schert euch doch zum Teufel!», rief Järn und stapfte zum Aufzug.

Takamäki und Joutsamo sahen ihm verwundert nach.

«Leckt mich am Arsch!», brüllte Järn noch, dann schloss sich die Aufzugtür.

Joutsamo sah Takamäki an, der entgeistert den Kopf schüttelte. «Besonders kooperativ war er nicht», stellte sie fest.

Takamäki steckte die Fotos ein und wandte sich zum Ausgang. «Nee, wirklich nicht.»

«Ein komischer Kerl», fuhr Joutsamo fort. «Die Fotos waren ein Schock für ihn, und bei der einen Frage wurde er unsicher. Wir hatten doch bisher nie Probleme mit der Zentralkripo.»

«Nein. Das macht die Sache umso merkwürdiger», meinte Takamäki und hielt Joutsamo die Tür auf. «Aber wir geben nicht klein bei. Wenn der direkte Kontakt nicht funktioniert, nehmen wir eben den offiziellen Weg. Vorher will ich aber meine Bekannten bei der Zentralkripo nach diesem Järn aushorchen.»

Der Kommissar fragte sich allerdings, ob er gerade nicht doch einen Riesenfehler gemacht hatte, denn falls Järn kriminell war, wusste er nun, dass man ihm auf der Spur war. Folglich mussten sie mit voller Kraft weitermachen. Ohne Rücksicht auf Verluste. Der Lkw schien enorm wichtig zu sein, und nun hatten sie die Chance verspielt, ihren eigenen Mann als Fahrer einzuschleusen. Deswegen war Takamäki stinksauer, wollte es sich jedoch vor Joutsamo nicht anmerken lassen.

Die Frage war, ob die Järn-Sache überhaupt etwas mit dem Lkw-Mord zu tun hatte?

Kohonen saß am Computer und sah das Einsatzbuch durch. Sie suchte nach Autodiebstählen und ähnlichen Delikten, die mit dem Lkw-Mord in Verbindung stehen konnten. Im Umkreis eines Kapitalverbrechens fand sich fast immer irgendetwas: ein gestohlener Wagen, ein Straßenraub, ein tätlicher Angriff. Zumindest bei spontanen Taten. Der Fall Martinsoni wirkte allerdings sorgfältig geplant.

Das Klingeln des Telefons riss sie aus ihren Gedanken. Sie nahm den Hörer ab und meldete sich: «Kohonen.»

«Kirsi Kohonen?», fragte eine Männerstimme, die sie am estnischen Akzent erkannte.

«Ja.»

«Gut. Hier Jan Voidek aus Tallinn.»

«Hallo. Und nochmals besten Dank für das Mittagessen.»

«Nicht zu danken. Wiederholen wir einmal, dort oder hier in Tallinn.»

«Gern», sagte Kohonen.

«Wie geht es mit dem Fall in Helsinki?»

«Schlecht. Wir kommen nicht weiter.»

«Na, bei uns geht prächtig.»

«Wieso?»

«Wir haben keinen Fall mehr. Er ist heute Morgen von Tallinner Polizei weggenommen und jetzt bei estnischer Zentralkripo.»

«Das hattest du ja gestern schon vermutet …»

Voidek machte eine kurze Pause. «Hör mal, Kirsi …», sagte er dann, und seine Stimme klang gepresst.

«Ja?»

«Also, wie ich sage. Es ist nicht mehr unser Fall. Die Sache geht mich nicht mehr an, aber ich … also …»

Kohonen spitzte die Ohren. Offenbar wusste Voidek etwas, was er nicht recht zu sagen wagte. Oder er wollte ihr ein Rendezvous vorschlagen – auch das war nicht ausgeschlossen, so wie er herumdruckste. Damit hatte sie Erfahrung. «Du meinst, es ist nicht gut?»

«Was?»

«Dass der Fall an die Zentralkripo gegangen ist.»

«Egal, aber da ist eine Sache, was ihr wissen solltet», gab er sich einen Ruck.

Okay, gut, dachte Kohonen. Jetzt hat er beschlossen zu reden.

Voidek fügte hinzu: «Ich hab es heute erfahren, also ich hab dir nicht verheimlicht.»

«Natürlich nicht», ermutigte sie ihn. «Das habe ich auch gar nicht angenommen.»

Er lachte auf: «Gleich nimmst du es doch an.»

Allmählich ging ihr sein Zaudern auf die Nerven. Aber zu energisch wollte sie ihn nicht drängen, sonst legte er womöglich auf. Also schwieg sie einfach.

«Ja, also, eure Leiche. Ist kein Lkw-Fahrer. Heißt nicht Ivo Martinsoni, der richtige Name ist ganz anders. Name ist Anders Tammerk, Kriminalhauptmeister bei estnische Kriminalpolizei.»

«Was?!»

«Verdeckte Operation. Martinsonis Personaldaten ist gefälscht.»

«Und Tammerk? Das war doch …»

«Genau», sagte Voidek. «Die Frau und das Kind waren Tammerks Familie. Alle getötet in zwölf Stunden.»

Kohonen stieß einen lauten Fluch aus.

Tiina erwachte um zehn Uhr morgens in Mikkes Wohnung in der Urheilukatu. Sie stand auf, während Mikke weiterschnarchte, zog T-Shirt und Shorts über und holte das Handy aus der Handtasche. Dann nahm sie den Schlüssel vom Garderobentisch, verließ die Wohnung und ging auf den Balkon im Treppenhaus, auf dem man seine Teppiche ausklopfen konnte. Dort gab sie eine Nummer ein, die sie auswendig gelernt hatte, um sie nicht speichern zu müssen.

Während des Gesprächs steckte sie sich eine Zigarette an – die erste seit einem halben Jahr. Das Telefonat bescherte ihr ein unerwartetes Problem. Bisher hatte ihre Aufgabe sich darauf beschränkt, die Ereignisse zu beobachten, doch nun gab Lindholm ihr einen Auftrag zum Handeln. Und zwar keinen leichten. Ihre Rolle würde sich verändern.

Während sie die Zigarette aufrauchte, überlegte sie, wie sie die Sache anpacken sollte, kam jedoch zu keinem Ergebnis. Dass sie den Auftrag erledigen musste, stand fest. Wenn Lindholm etwas forderte, sagte man nicht nein.

Tiina rauchte noch eine zweite Zigarette und überlegte. Sollte sie Järn anrufen und ihn informieren? Ein verlockender Gedanke. Järn wusste immer einen Ausweg, doch Tiina war klar, dass sie gründlich nachdenken musste, bevor sie ihre Entscheidung traf. Und dazu war sie im Moment zu aufgeregt.

Sie drückte die Kippe am Balkongeländer aus und löschte die Anrufdaten auf ihrem Handy. Falls jemand an dem Ding herumspielte, sollte er nicht feststellen können, wen sie angerufen hatte.

Nervös ging sie zurück ins Treppenhaus, wo ihr zum Glück niemand begegnete. Nicht, dass es etwas ausgemacht hätte, aber sie war nicht in der Stimmung, irgendwelche Unbekannten zu grüßen.

Leise öffnete sie die Tür. Mikke schnarchte immer noch. Gut so, dann brauchte sie nicht zu erklären, wo sie gewesen war. Dass sie zum Rauchen auf den Balkon gegangen war, würde Mikke ihr nicht abnehmen, denn er qualmte in der Wohnung. Notfalls hätte sie behauptet, den Müll weggebracht zu haben, doch auch das war nicht unproblematisch, denn sie hatte vergessen, den Müllbeutel mitzunehmen. In Zukunft musste sie besser aufpassen, sonst flog sie auf.

Während sie Wasser in die Kaffeemaschine füllte, legte sie sich ihre Taktik zurecht. Sie musste Mikke den Job so präsentieren, dass er keinen Verdacht schöpfte. Knastbrüder waren immer so verdammt misstrauisch. Nur gut, dass sie den Auftrag in Tallinn erledigt hatte, dadurch hatte sie vielleicht einen Pluspunkt. Mikke hatte jedenfalls zufrieden genickt, als sie mit den Drogen aus der estnischen Hauptstadt zurückgekommen war.

Auf dem Tisch lag ein Paket Schwarzbrot, im Kühlschrank war fettarmer Aufschnitt, denn Tiina hatte am Abend noch eingekauft. Während sie frühstückte, blätterte sie wieder in den Motorradzeitschriften, betrachtete die großbusigen, schlanken Frauen, die sich verführerisch auf den Motorrädern räkelten, und dachte, wie leicht Männer doch zu verführen waren. Für so ein Foto könnte sie auch posieren. Sie würde Mikke und Jyrkkä den Job schon schmackhaft machen. Geld war genug da.

Tiina goss sich Kaffee ein und lächelte. Für Sex und Geld taten die Männer alles.

«He, hast du Kaffee fertig? Sonst mach gleich welchen», rief Mikke aus dem Schlafzimmer.

19. Kapitel

Mittwoch, 12.05 Uhr
Polizeigebäude, Pasila

Takamäki biss herzhaft in ein Schinkenbrötchen. Er hatte in der Kantine ein Dutzend belegte Brötchen und einen Kasten Limonade und Mineralwasser geholt.

Joutsamo kam ins Konferenzzimmer und inspizierte die Brötchen.

«Käse und Schinken», sagte Takamäki kauend.

«Okay. Auf Kosten des Hauses?»

«Ja», schwindelte der Kommissar. Er hatte alles aus eigener Tasche bezahlt, weil er wusste, wie beflügelnd ein kostenloser Imbiss auf seine Mitarbeiter wirkte.

«Kirsi hat angerufen», berichtete Joutsamo, während sie ein Brötchen aus der Plastikfolie schälte. «Der Hubschrauber ist vor zehn Minuten gelandet. Mäki holt sie ab, die beiden sind spätestens in einer Viertelstunde hier.»

Takamäki trank einen Schluck Mineralwasser und biss noch einmal in sein Brötchen. Die Information, die vor zwei Stunden aus Estland gekommen war, hatte dem Fall eine ganz neue Wendung gegeben. Kohonen hatte berichtet, der estnische Polizist wisse selbst nicht viel, habe aber einige Dokumente entdeckt, die bewiesen, dass Martinsoni in Wahrheit Tammerk war. Da Voidek die Papiere weder mailen noch faxen wollte, war Kohonen erneut nach Tallinn geflogen.

«Was ist mit der Zentralkripo?», erkundigte sich Joutsamo.

«Wir erledigen die Sache auf dem Dienstweg, dann wird Järn nichts anderes übrig bleiben, als die Karten auf den Tisch zu legen. Karila und ich haben um zwei einen Termin beim Vizedirektor. Seltsamer Typ, dieser Järn. Meine Bekannten bei der Zentralkripo wissen nur, dass er in der internationalen Abteilung arbeitet, aber was er tut, scheint keiner genau zu wissen. Wenn du willst, kannst du mitkommen.»

«Na ja, wenn nichts Wichtiges dazwischenkommt», sagte Joutsamo und hoffte, dass sie zu beschäftigt sein würde, um Takamäki und Karila zu begleiten. Für halb eins war eine Besprechung der Mordkommission angesetzt, um die Unterlagen, die Kohonen geholt hatte, zu sichten und das weitere Vorgehen zu planen.

«Jedenfalls werden wir der Zentralkripo Dampf machen. Wir wollen alle Informationen, und zwar sofort.»

«Damit du guten Gewissens in den Süden fliegen kannst», stichelte Joutsamo.

«Klar, nur deshalb …»

Joutsamo hoffte, dass die estnischen Dokumente die Hintergründe des Geschehens ans Licht bringen würden, oder wenigstens, worum es bei dieser verdeckten Operation ging, bei der mit ganz harten Bandagen gekämpft wurde, da irgendwer gleich eine gesamte Familie ausgelöscht hatte. Ob man Tammerk-Martinsoni gesagt hatte, dass seine Frau und seine Tochter ermordet worden waren, bevor man ihm die tödliche Heroinspritze verabreicht hatte? Wie war bei der Tat vorgegangen worden? Hatte man das Opfer gefesselt? Oder einfach festgehalten? Das würde bedeuten, dass mindestens zwei Personen beteiligt gewesen waren. Da am Schädel keine Verletzungen festgestellt werden konnten, war der Este wahrscheinlich bei Bewusstsein gewesen. Joutsamo vermutete, dass man ihm vom Schicksal seiner Familie berichtet hatte. Genaugenommen war sie so gut wie sicher, dass man ihm die Tat sogar in allen Einzelheiten geschildert hatte.

Kohonen hatte ein halbes Dutzend Dokumente auf dem Tisch des Konferenzzimmers ausgebreitet. Inzwischen waren auch Suhonen, Mäki, Strand und Nurmi sowie Karila, der wortkarge Chef des Gewaltdezernats, hinzugekommen.

«Voideks Angaben erscheinen mir zuverlässig», sagte Kohonen und zeigte das erste Papier: ein Auszug aus dem Passregister mit einem Foto von Anders Tammerk.

«Derselbe Mann», stellte Joutsamo fest.

«Voidek hat auch die Eingabedaten überprüft. Demnach wurden die Personalangaben zu Ivo Martinsoni vor rund zwei Jahren eingegeben, während Tammerks Eintragungen deutlich älter sind», sagte Kohonen und hielt einige zusammengeheftete Bögen hoch. «Das hier ist ein Auszug aus Tammerks Personalakte. Er ist 1993 in den Polizeidienst eingetreten und kurz darauf zur Drogenfahndung nach Tallinn versetzt worden. 1996 kam er zur Kapo, also zur estnischen Sicherheitspolizei, und 2000 zur Aufklärungsabteilung der Zentralkripo.»

«Demnach hat er sich mit Berufs- und Gewohnheitskriminalität befasst», stellte Suhonen fest.

«Ich habe unser Grenzschutzregister nach Tammerk durchforstet», meldete sich Joutsamo zu Wort. «Er ist in den letzten Jahren rund zwanzigmal eingereist, sowohl über verschiedene Häfen als auch per Flugzeug. In unserem Polizeiregister steht er nicht.»

«Hast du bei der Sicherheitspolizei nachgefragt?», erkundigte sich Takamäki. Die staatliche Sicherheitspolizei hatte Zugriff auf die Datenbanken der Kripo, doch in umgekehrter Richtung galt das Transparenzprinzip nicht.

Joutsamo schüttelte den Kopf. «Natürlich nicht, ich habe ja gerade erst von Tammerks Verbindung zur Kapo erfahren.»

«Okay. Über den Aspekt reden wir später. Die Sicherheitspolizei hat bestimmt etwas über den Mann. War in Voideks Unterlagen sonst noch was?»

«Eigentlich nicht. Nur ein paar Fotos und Berichte über die Erschießung von Tammerks Frau und Kind. Da hatte ja anfangs die Tallinner Kripo ermittelt, aber inzwischen liegt der Fall bei der estnischen Zentralkripo», antwortete Kohonen und reichte weitere Papiere herum.

«Also nichts über eine verdeckte Operation?», hakte Joutsamo nach.

Diesmal war Kohonen an der Reihe, den Kopf zu schütteln. «Voidek weiß nichts darüber.»

Als Nächstes berichtete Takamäki über die Begegnung mit Järn und über die Auskünfte seiner Bekannten bei der Zentralkripo, denen zufolge selbst Järns Kollegen nichts über seine Aufgaben wussten. «Järns Reaktion und jetzt natürlich auch die Informationen aus Tallinn lassen jedenfalls darauf schließen, dass eine Operation im Gange ist.»

«Die allerdings gewaltig schiefgelaufen ist», ergänzte Suhonen.

«Hört sich nach Rache an», meinte Joutsamo. «Frau und Kind zu töten …»

«Oder es sollte eine Warnung sein», überlegte Kohonen. «An die Polizei. Aber weshalb?»

«Könnte es der Versuch sein, eine übernationale Untersuchung zu sabotieren?», warf Mäki ein.

Takamäki nickte. «Alles ist möglich, aber warten wir erst mal ab, was wir bei der Zentralkripo erfahren. Kirsi, setz dich mit der estnischen Zentralkripo in Verbindung und frag nach dem Fall. Anna kann sich inzwischen bei der Sicherheitspolizei nach Tammerk erkundigen.»

«Steht Järn unter Verdacht? Ich meine, müssen wir den Staatsanwalt einschalten?», fragte Joutsamo.

«Nein. Weshalb sollten wir Järn verdächtigen? Mir scheint eher, dass die Zentralkripo irgendeinen Fehler gemacht hat. Die Verbindung zu einer Polizeioperation macht den Fall natürlich noch brisanter, zumal die Killer offensichtlich wussten, dass Tammerk-Martinsoni Polizist war.»

«Mich würde interessieren, woher», sagte Suhonen nachdenklich.

Das Gebäude der Zentralkripo wirkte kühl und steril, die Neonröhren sonderten kaltes Licht ab, wie in einer Klinik. Eine Sekretärin im dunkelblauen Kostüm führte Takamäki und Karila durch einen langen Flur, in dem sich eine Tür an die andere reihte. Am Ende des Korridors blieb sie stehen und klopfte an. Takamäki wurde aus dem Brummen, das hinter der Tür erklang, nicht schlau, doch die Sekretärin schien die Sprache des Vizedirektors zu verstehen, denn sie öffnete die Tür.

«Die Herren von der Kriminalpolizei», meldete sie.

«Ja», knurrte der Vizedirektor. «Setzen Sie sich da drüben hin.»

Das geräumige Eckzimmer – größer als das Dienstzimmer des Leiters der Polizeiabteilung im Innenministerium – war in dezentem Blau gehalten. Außer einem großen Schreibtisch enthielt es einen viereckigen Konferenztisch, an den Vizedirektor Elo nun seine Besucher dirigierte.

Elo hatte seinen derzeitigen Posten erst kürzlich angetreten, nachdem sein Vorgänger ins Innenministerium versetzt worden war. Vorher war er als Staatsanwalt für Wirtschaftsverbrechen zuständig gewesen. Er galt als wenig konziliant, was er in seinem Amt allerdings auch nicht zu sein brauchte. Takamäki hatte nur einmal bei einer Fortbildungsveranstaltung kurz mit ihm gesprochen.

Järn saß bereits am Tisch, und Elo nahm neben ihm

Platz. Damit waren die Fronten geklärt: Takamäki und Karila setzten sich auf die Gegenseite. Dass Järn dabei war, gefiel Takamäki nicht, doch er konnte nichts dagegen tun.

«Sie wollten etwas besprechen», begann Elo barsch. Er schien bewusst alle üblichen Umgangsformen zu vernachlässigen; es gab keine Begrüßung, keine gegenseitige Vorstellung, keinen Kaffee.

«Ja», antwortete Takamäki einsilbig. Er hatte mit Karila vereinbart, dass er den Hauptteil des Gesprächs übernehmen würde, weil er am besten mit dem Fall vertraut war. Karila würde ihn bei Bedarf unterstützen.

«Und was?», fragte Elo.

«Ich erwarte, dass Sie mir von Kommissar Järns Fall berichten.»

Elo warf einen Blick auf Järn, dessen Miene undurchdringlich blieb. «Vielleicht berichten Sie uns erst einmal über Ihre Ermittlungen.»

Takamäki nickte, er hatte es nicht anders erwartet. Die Männer von der Zentralkripo wollten wissen, was die Mordkommission bereits in Erfahrung gebracht hatte, bevor sie irgendetwas preisgaben. Ihm konnte das recht sein, denn die Kripo hatte in diesem Fall so gut wie nichts zu verbergen. Nur Suhonens Informanten mussten geheim bleiben, doch Takamäki hätte sie ohnehin nicht nennen können, da er sie selbst nicht kannte. Er hatte sich seine Taktik entsprechend zurechtgelegt. Auf jeden Fall wollte er die Ermittlungen weiterführen, wenn das Duo von der Zentralkripo ihm keine ausreichenden Gegengründe lieferte.

«Wir untersuchen einen Mord, der sich in der Nacht von Sonntag auf Montag in Helsinki ereignet hat. Nach unseren ersten Erkenntnissen wurde der Este Ivo Martinsoni in seinem Lkw ermordet, der anschließend in Brand gesetzt wurde. Bei den Ermittlungen stießen wir auf eine

Verbindung zu Kommissar Järn, und es ergab sich der Verdacht, dass er in irgendeiner Weise mit dem Fall zu tun hat. Die Informationen, die wir heute früh bekommen haben, erhärten diesen Verdacht», erklärte Takamäki.

«Was für Informationen?», fragte Järn hastig.

«Ivo Martinsoni war ein Deckname. Tatsächlich handelt es sich bei dem Ermordeten um einen estnischen Polizisten namens Anders Tammerk.»

Järn war sichtlich erschrocken.

Elo dagegen verzog keine Miene. «An dieser Stelle frage ich Sie, ob es möglich wäre, alle Ermittlungen zu diesem Fall für eine Woche einzustellen.»

«Warum?», fragte Takamäki.

«Weil wir es wünschen», gab Elo zurück.

«Nein. Es dürfte Ihnen bekannt sein, dass bei Kapitalverbrechen gerade in den ersten Tagen intensiv ermittelt werden muss, andernfalls ist die Aufklärung so gut wie unmöglich.»

«Ach, hör doch auf, Takamäki», schnaubte Järn. «Du weißt genau, dass der Killer aus Estland oder Russland gekommen und längst wieder verschwunden ist. Den Fall werdet ihr nie aufklären.»

«Davon darf man doch nicht von vornherein ausgehen!»

Karila mischte sich ein, bevor es zum offenen Streit kam. «Wir haben keineswegs die Absicht, Ihre Operation zu torpedieren, aber verschiedene Aspekte bei diesem Fall machen es erforderlich, die Ermittlungen intensiv voranzutreiben. Meines Erachtens würden wir durch Zusammenarbeit bessere Erfolgschancen haben. Aus diesem Grund sind wir hier.»

«Wir sind natürlich der gleichen Ansicht», lenkte auch Elo ein. «Zumindest im Prinzip. Ein Teil unserer Informationen unterliegt strikter Geheimhaltung. Wir können Ihnen aber sagen, dass es um eine internationale verdeckte Operation geht, an der auch die finnische und die estnische Polizei beteiligt sind. Leider ist nicht alles nach Plan gelaufen, und bedauerlicherweise hat das zum Tod von Tammerk geführt. Die eigentliche Operation darf dadurch jedoch nicht gefährdet werden.»

Takamäki räusperte sich. «Und worum geht es bei dieser Operation?»

«Darüber können wir nicht sprechen. Mehr als das, was ich gerade gesagt habe, darf ich Ihnen nicht verraten.»

Takamäki hatte allmählich genug. «Dann schützen Sie also Tammerks Mörder?»

«Wir schützen eine internationale Operation und dürfen kein Risiko eingehen», beharrte Elo. «In einer Woche ...»

«Na gut», sagte Takamäki und stand auf. Karila folgte seinem Beispiel. Aus ihrer Sicht war die Besprechung beendet.

«Hör gut zu, Takamäki», donnerte Järn, als die beiden Männer bereits an der Tür standen. «Halt dich da raus, verdammt nochmal!»

«Hör gut zu, Järn», gab Takamäki im gleichen Ton zurück. «Wir haben euch Zusammenarbeit angeboten. Die habt ihr abgelehnt. So funktioniert das nicht.»

«Es geht um internationale Geheimhaltungsabkommen», rief Järn ihnen nach.

Takamäki und Karila gingen zum Aufzug. Sie sahen sich nicht um, obwohl sie hofften, dass Järn und Elo sie zurückrufen würden. Doch nichts geschah.

«Was ist denn in die gefahren? Bisher hab ich die Leute von der Zentralkripo immer für vernünftig gehalten», sagte Takamäki.

«Dito. Die beiden kenne ich allerdings kaum. Soviel

ich weiß, sind sie ziemlich neu hier. Allzu weitreichende Schlüsse sollten wir also nicht ziehen.»

«Tu ich ja gar nicht. Natürlich nicht.»

Die Sekretärin, die ihnen nachgeeilt war, hielt ihre Magnetkarte an das Lesegerät, um den Aufzug zu rufen. Takamäki fragte sie: «Herrschen in diesem Haus neue Sitten?»

Die Frau lächelte: «Neuerdings geht es dermaßen international zu, dass unsere Chefs sich kaum noch blicken lassen. Ständig müssen sie zu irgendwelchen Sitzungen und Projekten. Aber das ist eigentlich gar nicht so schlecht.»

Die Aufzugtür öffnete sich, und die Sekretärin benutzte erneut ihre Magnetkarte, um die Fahrt ins Erdgeschoss zu autorisieren. Dann verabschiedete sie sich. Die beiden Männer fuhren in die Eingangshalle, wo sie ihre Besucherkarten beim Pförtner abgaben.

Draußen zogen beide ihr Jackett aus. Der Parkplatz lag einige Hundert Meter entfernt. Über die Betonplatten wirbelte trockener Sand.

«Machen wir eine Woche Pause?», fragte Karila. «Wir wollen die Zentralkripo doch nicht behindern?»

«Nein. Wir machen keine Pause, und wir wollen niemanden behindern.»

«Das musst du mir erklären.»

«Na, dieser Martinsoni-Tammerk hat doch als Lkw-Fahrer gearbeitet, und gestern Abend hat die Zentralkripo Ersatz für ihn gesucht. Scheinbar wagen sie es aus irgendeinem Grund nicht, wieder einen Polizisten einzusetzen, brauchen aber einen Fahrer. Es geht also um einen Transport.»

«Um einen Durchwinker?», überlegte Karila. Das bedeutete, dass man Schmuggelware absichtlich über die Grenze ließ und ihren weiteren Weg verfolgte, in der Hoffnung, den Empfänger zu fassen.

«Wenn man keinen Peilsender einsetzen kann, ist ein eigener Fahrer die beste Alternative. Aber der springende Punkt ist doch, dass wir nicht nach den Schmugglern suchen, sondern nach den Killern. Natürlich können beide zur selben Bande gehören, vor allem wenn Tammerk deswegen umgebracht wurde, weil sein Cover aufgeflogen ist.»

«Also mit Volldampf voran?»

«Ja», sagte Takamäki. «Das heißt, mit dem Volldampf hapert es vorläufig, weil wir immer noch ziemlich im Dunkeln tappen.»

«Die Verbindung zur Zentralkripo halten wir aber offen», meinte Karila.

«Wir versuchen es wenigstens.» Takamäki verschwieg Karila, dass die Verbindung buchstäblich offen war, weil Järns Handy abgehört wurde. Vielleicht provozierte die heutige Besprechung den Mann zu irgendeinem Schritt, der die Ermittlungen voranbrachte. Die Zentralkripo verfügte ganz offensichtlich über Informationen, die der Mordkommission nützlich sein konnten.

20. Kapitel

Mittwoch, 13.05 Uhr
Hesburger, Mannerheimintie

Tiina spießte mit der Plastikgabel ein Salatblatt auf, während Mikke von seinem Hamburger abbiss und in der Boulevardzeitung blätterte. Die beiden saßen im Hesburger-Imbiss im Stadtteil Töölö an einem Vierertisch, Mikke mit dem Rücken zur Wand. Die Zeitung hatte er auf der leeren Tischhälfte ausgebreitet.

Da es in der Wohnung kaum noch Vorräte gab, hatten sie beschlossen, essen zu gehen. Das Chinarestaurant in der Nachbarschaft hatte Mikke verschmäht, ihm waren Hamburger lieber.

«Was hast du heute vor?», fragte Tiina.

Mikke las schweigend weiter.

«Steht was Interessantes drin?»

Wieder keine Antwort. Tiina las die auf dem Kopf stehende Überschrift: «Lkw-Brand entpuppt sich als Mord». Der Artikel nahm fast eine ganze Seite ein. Tiina wollte Mikke schon nach der Geschichte fragen, überlegte es sich aber anders und wandte ihre Aufmerksamkeit dem Salat zu.

Für eine Fastfood-Kette war der Salat nicht übel, knackig und frisch, im Gegensatz zu dem matschigen Hamburger. Mikke war derart in seine Lektüre vertieft, dass er nicht einmal merkte, wie ihm die Hamburgersoße auf das schwarze T-Shirt tropfte. Tiina streckte die Hand aus, um den Fleck abzuwischen, doch er schob sie brüsk beiseite.

Also ließ sie den Fleck, wo er war, trank Mineralwasser

und widmete sich wieder ihrem Salat. Draußen fuhr ein Bus nach dem anderen vorbei.

Tiina hatte lange überlegt, wie sie vorgehen sollte, war aber immer noch unschlüssig. Ach was, frisch gewagt ist halb gewonnen, redete sie sich gut zu.

«Brauchst du Geld?»

«Hast du welches übrig?», fragte Mikke, ohne aufzublicken. «Nur her damit.»

«Ich hätte einen Job für dich.»

Nun unterbrach er seine Lektüre. «Du?»

Tiina nickte. Mikke sah sie ungläubig an.

«Wie viel?»

«Fünf Riesen für zwei Tage Arbeit.»

Offenbar las er ihr am Gesicht ab, dass sie es ernst meinte. Er sah sich um. «Dann reden wir woanders darüber. Erst mal ess ich zu Ende», sagte er und widmete seine Aufmerksamkeit wieder der Zeitung und den Pommes. Die Ketchupmenge, die er darüber verteilt hatte, widerte Tiina an.

Mikke brauchte fünf Minuten, um seine Portion zu verzehren und die Zeitung durchzublättern. Auf der vorletzten Seite hielt er plötzlich inne und fragte aus heiterem Himmel: «Was für ein Sternzeichen bist du?»

«Zwilling.»

«Hör dir das an: Du bereitest dich darauf vor, jemanden zu treffen. Plane nicht alles im Voraus. Sonst fehlen im entscheidenden Moment Spannung und Gefühl.»

Tiina lachte.

«Mit wem bist du verabredet?», fragte Mikke mit gespielter Eifersucht.

Tiina spürte so etwas wie echtes Gefühl hinter seinem Theater. An welches Treffen sie in letzter Zeit gedacht hatte, würde sie ihm allerdings nicht verraten.

«Mit dir», lachte sie. «Was steht denn bei dir im Horoskop?»

«Stier: Du wirst etwas hören, worüber du beinahe lachen musst. Die Dinge sind komplizierter, als du denkst. Geradlinigkeit ist nicht Trumpf», las Mikke vor. «Was soll das nun wieder heißen?»

Das Horoskop traf ins Schwarze, fand Tiina, sagte aber: «Ich bin schwanger.»

Mikke lachte auf, doch dann wurde er schlagartig still. «Du machst Witze!»

«Ja», lächelte sie. «Aber du hast beinahe gelacht. Also stimmt das Horoskop.»

Mikke ärgerte sich, dass er ihr auf den Leim gegangen war. Wenn er ihr ein Kind gemacht hatte, konnte sie es noch gar nicht wissen, sie kannten sich ja erst seit einer Woche. Er hätte ihr beinahe eine geknallt, beherrschte sich aber. Schließlich hatte er selbst mit den bescheuerten Sternen angefangen. Die hatten überhaupt nichts zu bedeuten.

«Okay, genug Blödsinn geredet, jetzt gehen wir und sprechen über das Geschäft.» Er stand auf und nahm die Zeitung mit.

Tiina nahm ihre Handtasche und lud die Abfälle aufs Tablett. Es war besser, sie nicht einfach stehen zu lassen, sonst erregte man nur Aufsehen. Sie kippte die ganze Ladung in den Mülleimer, allerdings unsortiert. Auf so etwas achtete keiner.

Sie gingen an der Sporthalle entlang in Richtung Zentrum. Nach Tiinas Ansicht ein guter Ort für ein vertrauliches Gespräch, denn im Lärm des vorbeirollenden Busverkehrs hätte man sie selbst mit dem besten Abhörgerät nicht belauschen können. Aber sie war fest entschlossen, nicht den Anfang zu machen, und wenn sie durch die ganze Stadt laufen müsste.

Als sie am Opernhaus vorbeikamen, fragte Mikke endlich: «Wie war das mit dem Job? Fünf Mille?»

«Ja. Eine leichte Sache.»

«Wofür brauchst du mich, wenn es so leicht ist? Mach's doch selbst!»

«Würd ich ja, aber ich kann keinen Laster fahren. Du schon.»

«Einen Laster?»

Mikke schlug den Parkweg zur Töölö-Bucht ein, und Tiina folgte ihm. Schweigend gingen sie den asphaltierten Weg entlang, der links von dichtem Gebüsch gesäumt war. Plötzlich zerrte Mikke die Frau ins Gebüsch und zog gleichzeitig ein Messer aus dem Futteral, das er am Hosenbund trug. Die Klinge war breit, aber nur fünf Zentimeter lang.

Er hatte die linke Hand unter Tiinas Kinn gelegt und hielt sie im Würgegriff, während er mit der rechten die Klinge an ihren Kehlkopf drückte. Der Park war keineswegs menschenleer, doch das Gebüsch, in dem Insekten brummten, schirmte sie ab.

«Woher weißt du, dass ich Laster fahren kann? Was für ein Spielchen treibst du, eh?», flüsterte Mikke heiser.

Tiinas Herz klopfte wild. Sie hatte mit einer Reaktion gerechnet, aber nicht mit so was.

«Du hast mir ... den Füh...schein gezeigt ... mit dem ko...mischen Foto», keuchte sie.

Mikke erinnerte sich. Vor ein paar Tagen hatte er Tiina in einer Kneipe seinen Führerschein gezeigt, mit dem eingestempelten E für den Lkw-Schein, den er beim Militär gemacht hatte.

«Was für ein Scheißspiel ist das?», wiederholte er seine zweite Frage in abgewandelter Form. Er lockerte den Griff um Tiinas Hals, nahm das Messer jedoch nicht weg.

Sie hustete vorsichtig, damit die Klinge sie nicht ritzte.

«Das ist kein Spiel. Ich hab einen Job für dich und euren Vizepräsidenten. Leicht verdientes Geld …»

«Wessen Geld?»

«Fünftausend Euro.»

Mikke Kahma zögerte kurz, dann steckte er das Messer weg.

Tiina seufzte erleichtert auf.

«Los jetzt, sag mir, worum es geht.»

Sie zwang sich, ruhig zu sprechen. «Ein einfacher Job, hab ich ja schon gesagt. Ihr holt im Norden einen Lkw ab und fahrt ihn nach Hanko in den Hafen. Über die Grenze braucht ihr nicht. Kein Risiko.»

«Und trotzdem fünf Mille?»

«Ja. Vertrauensbonus. Ich weiß, dass du keinem davon erzählst.»

«Und deshalb …»

Tiina unterbrach ihn. «Denk nicht zu viel nach. Geradlinigkeit ist Trumpf.»

«Wem …?»

«Frag nicht. Ich hab auch nicht gefragt, als ich den Job für dich erledigt hab. Das Heroinpäckchen hab ich dir umsonst geholt, aus reiner Liebe. So läuft das, Honey», sagte Tiina und küsste Mikke. Sie war sicher, dass sie einen Fahrer hatte.

In der Kantine des Polizeipräsidiums saßen Kohonen vor einem Teller Lasagne und Suhonen vor einer Portion Salat. Beides war seinen Preis nicht wert. Die armen Teufel, die im Juli arbeiten mussten, wurden obendrein mit schlechtem Essen gestraft.

Sie waren nicht zusammen zum Mittagessen gegangen, aber Suhonen, der zehn Minuten später gekommen war, hatte sich zu seiner Kollegin gesetzt. Irgendwie ergab es sich immer so, dass man mit den Leuten aus der eigenen Abteilung zusammensaß. Inzwischen zogen es allerdings viele vor, Proviant mitzubringen, denn für das Essen und ganz besonders für die Salatschüsseln wurden in der Kantine horrende Preise verlangt. Suhonen konnte sich allerdings nur selten dazu aufraffen.

«Oho, du liest eine richtige Kulturzeitschrift», hatte er gegrinst, als er sich an den Tisch setzte. Kohonen, die in einer Klatschillustrierten blätterte, hatte sich damit verteidigt, dass es die Hefte im Hubschrauber umsonst gab.

Suhonen hatte behauptet, er lese nur Fakten, und nach der Boulevardzeitung gegriffen, die jemand auf dem Tisch liegen gelassen hatte. Daraufhin hatte Kohonen gelacht: «Wer Fakten will, liest Alibi.»

«Wirklich wahr», hatte Suhonen im tiefsten Bass gebrummt. Beide waren alt genug, um den unfreiwilligen Humor zu erkennen, der hinter den alten Werbesprüchen für das Revolverblatt ‹Alibi› steckte. Viele jüngere Kollegen hätten verständnislos die Achseln gezuckt.

Suhonen aß seinen Salat, der längst nicht so knackig schmeckte wie in Australien. Dabei war der Sommer doch die beste Erntezeit. Vielleicht wurde die Kantine mit Ausschussware beliefert. Oder von der Arbeit wurde sogar der Salat welk. Egal. Das Essen brauchte nicht zu schmecken, es genügte, dass die Nährwerte stimmten. Außerdem gab es im Gefängnis noch schlechteres Essen. Dort und bei der Armee, wo keiner freiwillig hinging, wurde am Essen gespart. Suhonen fand das grundverkehrt.

Er las den Artikel über den Lkw-Brand durch, entdeckte aber nichts, was eine sofortige Reaktion der Polizei erfordert hätte, wie es gelegentlich vorkam. Dass Martinsoni-Tammerk Polizist gewesen war, wurde vorläufig noch geheim gehalten. Takamäki hatte Suhonen gefragt, was er davon halte, das Foto des Mordopfers an die Presse zu geben, und Suhonen war sich nicht sicher gewesen, ob es dem Kommissar mehr darum ging, den Fall zu klären, oder, der Zentralkripo eins auszuwischen. Wie auch immer, das Foto war noch nicht publik gemacht worden.

«Hast du das gelesen?», fragte Suhonen.

«Ja», antwortete Kohonen und schob sich eine Portion Lasagne in den Mund. «Jetzt weiß der Killer, dass wir hinter ihm her sind.»

«Na ja, das wusste er wohl sowieso.»

Kohonen blätterte um, sah aber gleich wieder auf. «Sag mal, Suhonen, wie hast du dir eigentlich sechs Monate Australienurlaub leisten können?»

«Ich …»

Sie ließ ihn nicht ausreden. «Ich hab nämlich auch an so was gedacht, aber das haut finanziell einfach nicht hin.»

«So schwer ist das gar nicht. Ein Teil vom Gehalt läuft ja weiter, dazu kommt Schulungsgeld, damit kommt man schon ziemlich weit. Deine Wohnung kannst du vermieten …»

«So hab ich auch gerechnet, aber für ein halbes Jahr langt das nicht.»

«Nicht?»

«Nein. Bestimmt nicht. Es sei denn, man beantragt ein Stipendium und kriegt es auch in voller Höhe. Aber das klappt ja nie.»

«Wirklich nicht?»

«Bei dir etwa?», fragte Kohonen ungläubig.

«Nein», erwiderte Suhonen. «Aber ich hab für einen Sponsor was erledigt, deswegen hat das Geld gereicht.»

«Ein Nebenjob? Schwarzarbeit?»

Suhonen lachte. «Nee, nicht mal grau.»

«Was denn dann?»

Er schluckte mühsam seinen Salat herunter und erklärte: «Ich habe in Brisbane einen Mann aufgespürt, der von einer finnischen Versicherungsgesellschaft gesucht wurde. Adresse, Fotos und ein paar Minuten Video, mehr brauchte ich nicht zu liefern. Irgendein Versicherungsschwindler, angeblich halb lahm, dabei hat er munter gearbeitet.»

«Aber so was ist doch nicht ...»

«Legal oder erlaubt? Wahrscheinlich nicht, aber der Kerl betrügt keinen mehr.»

«In der Dienstvorschrift steht, dass ...»

«Dass man Finnen betrügen darf?», fuhr Suhonen auf. Er bereute schon, dass er seiner Kollegin überhaupt von der Sache erzählt hatte. Bisher hatte er sie immer für eine kluge Frau gehalten, die das System durchschaute.

«Nein, aber ...»

«Es war eine einfache Situation: win-win-lose. Die Versicherungsgesellschaft hat profitiert, weil sie ihre Zahlungen einstellen konnte. Ich hab profitiert, weil ich mit dem Honorar meinen Traum verwirklichen konnte. Und der Halunke hat verloren, weil seine Geldquelle versiegte. Was ist daran falsch?»

«Nichts», lächelte Kohonen. «Absolut nichts. Wenn deine Freunde bei der Versicherung mal wieder einen Detektiv brauchen, bin ich ...»

«Ich leg ein gutes Wort für dich ein, aber die Sache bleibt unter uns!»

«Natürlich. Südamerika wäre mir am liebsten.»

Suhonens Blick schweifte über den Tisch, während er ein neues Gesprächsthema suchte. In seiner Zeitung wäre höchstens das Horoskop in Frage gekommen, aber darüber wollte er sich um keinen Preis unterhalten. «Steht in deinem Revolverblatt was Interessantes?»

«Themawechsel?», fragte Kohonen.

«Genau.»

Sie lächelte und schob ihm die Illustrierte hin. «Da, lies selbst.»

Der Form halber blickte Suhonen auf die aufgeschlagene Seite, doch dann blieben seine Augen daran haften. «Hast du das gelesen?», fragte er ernst.

Kohonen wunderte sich über den veränderten Tonfall. «Nein.»

Es handelte sich um eine Fotosequenz mit Schnappschüssen von Prominenten oder Möchtegernpromis in verschiedenen Restaurants. Die Bilder waren zum Teil unscharf, vermutlich waren sie mit kleinen Digitalkameras oder Handys aufgenommen worden. Eines der Fotos zeigte eine sechsköpfige Gesellschaft in einem Trendlokal in Helsinki. Auf dem Tisch standen Champagner und Drinks in rauen Mengen. Der Hintergrund war dunkel, doch man erkannte eine Bartheke, an der ein Mann im Anzug lehnte.

Die Überschrift lautete: «So tafelt ein Millionär». Dem kurzen Begleittext war nur zu entnehmen, dass der reiche Geschäftsmann Riutta und seine Gäste in dem Restaurant ein gutes Dutzend Champagnerflaschen bestellt hatten. Offenbar war selbst das eine Nachricht wert.

«Na, dann guck dir das mal an. Siehst du, wer da am Tisch sitzt und wer da mit halb verdecktem Gesicht an der Bar steht?»

Kohonen betrachtete das Foto. «Den Riutta kenne ich aus der Zeitung. Ein halbseidener Geschäftsmann. Aber den an der Theke hab ich nie gesehen.»

«Nicht? Das ist Järn von der Zentralkripo.»

«Tatsächlich? He, guck mal. Die Frau hier. Die ist mit mir zusammen nach Tallinn geflogen.»

Suhonen überging die Bemerkung. «Und jetzt sieh dir mal an, wer neben Riutta sitzt. Der Mann da, um die vierzig.»

«Verdammt nochmal! Lindholm? 2002 aus dem Gefängnis gekommen, oder?»

«Im September 2002», bestätigte Suhonen. «Bis zu seiner Verhaftung war er Chef dieser Sommerbande, die auf Segeljachten Amphetamin und Heroin aus Tallinn eingeschmuggelt hat. Seitdem hat er sich bedeckt gehalten. Der Kerl ist knallhart.»

Suhonen drehte die Illustrierte wieder zu sich hin. Järn hatte den Fotografen offenbar bemerkt und versucht, sein Gesicht zu verbergen. Oder er hatte nur zufällig die Hand gehoben. Sie verdeckte jedenfalls nur die Wange und das Ohr. Allerdings konnte man nicht mit Sicherheit feststellen, ob Järn zu der Gesellschaft gehörte oder aus einem anderen Grund an der Bar stand. Dem Foto nach waren alle Plätze am Tisch besetzt, aber der Bildausschnitt zeigte nicht den ganzen Tisch. «Wer von den Frauen war im Hubschrauber nach Tallinn?», fragte Suhonen plötzlich.

Kohonen zeigte sie ihm.

«Name?»

«Weiß ich nicht. Ich hatte keinen Grund, sie danach zu fragen.»

Suhonen sah noch einmal auf das Foto. «Ob du's glaubst oder nicht, diese Frau war vorgestern Abend mit zwei Burschen von der Schädelbrigade im Kulma-Pub.»

«Ehrlich?»

«Wieso sitzt ein Kommissar der Zentralkripo mit diesen Gangstern in derselben Bar?»

Takamäki zeichnete ein Viereck an den linken Rand des Flipboards und schrieb untereinander die Namen *Riutta* und *Lindholm* hinein. Am Tisch des Konferenzzimmers saßen Suhonen, Kohonen, Joutsamo und Mäki.

Die Verbindung zwischen dem Millionär und dem

Gangsterboss weckte Verwunderung und Besorgnis. Was führte die beiden zusammen? Darüber konnte man vorläufig nur spekulieren. Takamäki zog einen Strich vom ersten zu einem zweiten Viereck, in das er *Frau?* schrieb.

«Und die Zentralkripo redet nicht mit uns?», erkundigte sich Suhonen.

«Nein», sagte Takamäki. «Nicht mal der Vizedirektor.»

Suhonen nickte und überlegte, wie sehr dieses Verhalten dem Kommissar gegen den Strich gehen mochte.

An die einwöchige Ermittlungspause, um die die Zentralkripo gebeten hatte, dachte keiner mehr, das Foto, das Kohonen und Suhonen in der Illustrierten entdeckt hatten, wirkte auf alle wie eine Adrenalinspritze.

Die Frau auf dem Bild kannte keiner der Ermittler. Vor zehn Minuten war eine Anfrage an den Grenzschutz gegangen, denn in den Unterlagen vom Hubschrauberterminal musste sich ihr Name finden – ob echt oder falsch, aber die Antwort ließ auf sich warten.

Von der Frau führte eine Linie zum nächsten Kasten mit der Aufschrift *Brigade: Kahma und Jyrkkä.* Als Nächstes schrieb Takamäki neben die Verbindungslinien Angaben über die jeweilige Informationsquelle. Neben der Linie, die von der Frau nach oben führte, stand nun *Katso 7/05*, denn die Verbindung zwischen den beiden Kästen gründete sich auf das Foto, das in der Julinummer der Illustrierten ‹Katso› erschienen war. Neben die nach unten führende Linie schrieb Takamäki *Suhonen/Kulma-Pub, Mo. 4. 7. ca. 22.30 Uhr.*

«Richtig so?», fragte er.

«Haargenau», nickte Kohonen.

«Jetzt noch die andere Seite», sagte Takamäki. Der schwarze Filzschreiber hatte einen Fleck auf seinem Handrücken hinterlassen, doch er störte sich nicht daran. «So …»

Er zog eine Linie von Lindholm und Riutta nach rechts, zeichnete ein weiteres Quadrat und schrieb *Järn* hinein. Die Informationsquelle war wieder die Illustrierte. Von Järn führte eine Linie nach unten zu einem Kasten, in den er *Tammerk* schrieb. Als Informationsquelle vermerkte er lediglich *Operation???*.

Der letzte Kasten fand rechts unter Tammerk Platz. Darin stand *Frau und Kind*.

«Marika und Jaanika hießen sie», merkte Kohonen an, doch Takamäki beließ es bei der unpersönlichen Eintragung.

Er ging um den Tisch herum und setzte sich. Minutenlang betrachteten die Ermittler schweigend die Schemazeichnung. Die Klimaanlage summte leise. Wenn sie lauter, dafür aber effektiver gewesen wäre, hätte niemand etwas dagegen gehabt. Bisher hatte noch niemand auf eigene Kosten einen Ventilator für das Konferenzzimmer gekauft, nur für ihren eigenen Schreibtisch hatten sich manche bereits einen angeschafft.

«Dem Staatsanwalt können wir damit nicht kommen», stellte Joutsamo fest.

Takamäki lächelte. «Da hast du recht. Will ich aber auch gar nicht.»

«Am unsichersten ist die Linie zwischen Riutta und Järn», meinte Mäki. «Es könnte doch sein, dass Järn in der Bar jemanden observiert hat.»

«Durchaus möglich. Also nur eine unterbrochene Linie», sagte Takamäki, stand auf und malte kleine Querstriche über die Linie.

«Andererseits wäre das eine ziemlich riskante Art, jemanden zu beschatten», meinte Suhonen. «Von Riutta weiß ich es nicht, aber Lindholm kennt die Hälfte aller finnischen Kriminalkommissare beim Vornamen. Und für

Beschattungen sind Kommissare im Allgemeinen sowieso nicht zuständig.»

«Mich interessiert vor allem das Motiv», fuhr Takamäki fort. «Warum musste Tammerk-Martinsoni sterben?»

Seine eigene Hypothese behielt er für sich, um sein Team nicht zu beeinflussen. Doch am Ende kamen die anderen zum selben Ergebnis.

«Vielleicht hat Riuttas Organisation Tammerk ausgeschaltet, weil sein Cover aufgeflogen war», überlegte Joutsamo laut. «Wenn ich mir das Schema anschaue ... Das ist natürlich bloß eine Vermutung.»

«Ist gestattet. Mach weiter», forderte Takamäki sie auf.

«Na ja, dem Schema nach wären die Kerle von der Schädelbrigade die Killer», sagte Joutsamo und stand auf. Sie zog eine dünne unterbrochene Linie von den Brigade-Männern zu dem estnischen Polizisten. «Lindholm wäre sicher zu der Tat fähig gewesen, wollte aber möglicherweise seine Position nicht gefährden. Was mit dieser Frau ist, weiß ich nicht, aber wenn sie mit den Motorradburschen herumhängt, könnte sie die Verbindung sein ...»

«Wie ist Tammerks Cover aufgeflogen?»

«Aber das kommt irgendwie nicht hin, weil ... Wenn Järn mit dem Abschaum da in der Bar war, würde das bedeuten, dass er es war, der den Undercover-Mann an die Organisation verraten hat. Warum zum Teufel sollte er seinen eigenen Mann auffliegen lassen? Andererseits, wenn er sich hat kaufen lassen, warum führt er die Untersuchung als Ermittlungsleiter nicht einfach in die falsche Richtung? Das kann doch nicht so schwer sein, oder?»

«Vielleicht leitet er die Operation gar nicht selbst», überlegte Kohonen. «Womöglich ist er durch die internationalen Kontakte in die Klemme geraten.»

«Schwer zu glauben, dass ein Kommissar der Zentralkripo auf der falschen Seite steht. Schließlich war bei der Besprechung mit euch auch sein Vorgesetzter dabei», wandte Mäki ein.

Sekundenlang herrschte Stille.

«Verdammte Scheiße!», donnerte Suhonen los. Die anderen sahen ihn erwartungsvoll an. «Total beschissen, wenn das wahr ist. Wegen irgendeiner internationalen Operation können wir nicht mit unseren eigenen Kollegen zusammenarbeiten! Das müsste man doch mit der Zentralkripo bereden können. Wo stehen wir, was geht vor und so weiter.»

«Wir haben es versucht», erklärte Joutsamo.

«Sag ich ja, total beschissen.»

Takamäki mischte sich ein. «Anna, wie siehst du das Ganze? Haben wir ausreichende Verdachtsmomente, um die Burschen von der Schädelbrigade zu beschatten und abzuhören?»

«Allerdings! Für mich wären schon ihre Lederwesten Grund genug, sie abzuhören. Riutta und Lindholm würde ich aber auch einbeziehen.»

«Riutta hat keinerlei Vorstrafen», warf Kohonen ein. «Seine Geschäfte sind zwar eher zwielichtig, aber offiziell ist er ein unbescholtener Mann.»

«Ach was, der hat nur zu gute Anwälte», lachte Suhonen. «Oder die Kollegen von der Wirtschaftskriminalität haben ihre Hausaufgaben nicht gemacht. Die Verbindung zu Lindholm reicht aus, um ihn unter Observation zu stellen.»

«Ich bin gespannt, was wir ausrichten können, wenn unsere Hypothese auch nur zur Hälfte stimmt», meinte Joutsamo. «Die Frau scheint eine zentrale Spielfigur zu sein. Bei der könnten wir ansetzen.»

«Das schwächste Glied?»

Takamäki nickte. Er war insgeheim zufrieden, dass Joutsamo zum selben Ergebnis gekommen war wie er selbst. «Möglich wäre natürlich, dass eine Konkurrenzorganisation Martinsoni-Tammerk liquidiert hat, ohne zu wissen, dass er Polizist war. Ein reiner Sabotageakt. Aber das halte ich für unwahrscheinlich … Jedenfalls haben wir hier einen soliden Ermittlungsstrang, dem wir mit vollem Einsatz nachgehen sollten, falls es keine begründeten Gegenvorschläge gibt.»

Er machte eine kurze Pause, doch niemand erhob Einwände. «Arbeitsteilung: Joutsamo und Mäki sammeln alle Fakten über diese Frau, von der Schuhgröße bis zum Lieblingsgetränk. Kohonen, du informierst dich über die Kontakte und Aktivitäten von Riutta und Lindholm. Suhonen beschäftigt sich mit den Männern von der Schädelbrigade. Wenn jemand sich überlastet fühlt, holt er sich Strand und Nurmi dazu. Bei Bedarf auch Leute aus Kafkas Dezernat. Auf der Wunschliste stehen Abhörung, Hausdurchsuchung und allgemeiner, aber vorläufig noch kontrollierter Aufruhr», spornte Takamäki seine Leute an. Der Fall war kompliziert, aber nicht aussichtslos. «Noch was?»

«Alles Wesentliche hast du ja schon gesagt», grinste Suhonen. Dann fluchte er plötzlich.

Die anderen sahen ihn verdutzt an.

«Zum Donnerwetter!», setzte er hinzu. «Das war seit vier Jahren unsere erste Besprechung ohne Kaffee.»

21. Kapitel

Mittwoch, 15.00 Uhr
Espoo, Stadtteil Westend

Antti Riutta schaltete den Laptop aus und nahm auch den Breitbandanschluss vom Netz. Beides wäre nicht nötig gewesen, aber die Vorstellung, jemand könnte ohne sein Wissen in seinen Dateien spionieren, war ihm unerträglich. Zwar hatte die Firma, die den Anschluss installiert hatte, ihm versichert, die Firewall reiche bis zum Mond und sei drei Meter dick, mit anderen Worten unüberwindlich, doch er hatte von Satelliten gelesen, die sehr viel weiter ins All vorgedrungen waren.

Riutta legte das Papier mit den Zugangsdaten zu seinen Bankkonten in die Schublade, schloss sie ab und trat an die Bar. Er füllte ein dickwandiges Glas sechs Zentimeter hoch mit Whisky. Es war ein Spitzenwhisky, und er trank ihn pur. Der neunundfünfzigjährige Geschäftsmann hatte Lust auf eine Zigarre, doch der Arzt hatte ihm das Rauchen verboten. Da er bei hundertachtzig Zentimetern knapp hundert Kilo auf die Waage brachte, musste er sich in Acht nehmen. Allerdings hielt er sich durch Golf einigermaßen fit. Das redete er sich jedenfalls ein.

Riutta hatte keine brisanten Informationen auf seinem Computer gespeichert. Der Computer war lediglich ein Werkzeug, das ihm an diesem stillen Sommertag die nette Summe von zweiunddreißigtausend Euro eingebracht hatte. Erfolgreiche Aktiengeschäfte an den baltischen Börsen – endlich. Vielleicht hatte er das Gespür für den Ostmarkt doch noch nicht verloren.

Während der Normalbürger fünf Euro beim Toto einsetzte, zog Riutta es vor, sich an der Börse zu beweisen. Im Grunde war das viel leichter, als auf unvorhersehbare Sporterfolge zu tippen. Billig kaufen, abwarten und teuer verkaufen. Ein einfaches Prinzip. Verluste fand er unerträglich. Doch auch die hatte es gegeben. Sogar schlimme. Sehr schlimme. Bei hohen Einsätzen waren auch die Gewinne und Verluste groß. Unter dem Strich jedenfalls. Er wollte lieber nicht daran denken, wie er die Millionen verloren hatte.

Immerhin war es sein eigenes Geld gewesen, denn Riutta hatte sich sein Vermögen selbst erarbeitet. Mit einem Studienkollegen hatte er Ende der 1970er Jahre eine Elektronikfirma gegründet, die anfangs rote Zahlen schrieb, sich dank der richtigen strategischen Entscheidungen jedoch zu einem profitablen Unternehmen entwickelte. Der Erfolg hatte zu Auseinandersetzungen zwischen den beiden Kompagnons geführt, doch Riuttas Studienkollege war 1991 ertrunken. Die Polizei hatte seinen Tod als Unfall registriert. An die näheren Umstände erinnerte Riutta sich nicht gern.

Die Entscheidung, ins Fahrwasser von Nokia zu steuern, war einer seiner besten Schachzüge gewesen. 1999 hatte Riutta seine Firma an einen amerikanischen Konzern verkauft, für einen offiziellen Verkaufspreis von neunzehn Millionen Euro. Ein Jahr später hätte er vielleicht zweiunddreißig Millionen herausschlagen können, aber zwei Jahre später nur noch neun. Darum war Riutta mit dem Handel vollauf zufrieden gewesen, zumal ein inoffizieller Bonus auf sein Schweizer Konto geflossen war.

Durch das Millionengeschäft war Riutta in die Promiriege aufgestiegen, wo er seinen Ruf durch einen protzigen Lebensstil und wilde Partys gefestigt hatte. Diesen Bereich hatte er mittlerweile auf ein Minimum beschnitten – wenigstens vorübergehend.

Dem amerikanischen Käufer war es nur darum gegangen, Know-how zu erwerben und einen Konkurrenten auszuschalten. Die besten Ingenieure waren in die USA transferiert worden, anschließend hatte der neue Besitzer das Werk in Kuopio stillgelegt. Siebzig Angestellte waren arbeitslos geworden.

Der Glenfiddich schmeckte angenehm scharf, wie immer. Dagegen hatte das Börsenspiel viel von seinem Reiz verloren. Riutta ließ den Whisky genüsslich über die Zunge rollen, bevor er ihn die Kehle herabrinnen ließ. Er sehnte sich nach einer Zigarre.

Zur dunklen Einrichtung des Wohnzimmers in dem zweistöckigen Haus am Liinasaarenväylä 3 hätte der bläuliche Zigarrenrauch gut gepasst. Riutta hatte die annähernd dreihundert Quadratmeter große Immobilie aus der Erbmasse eines Bekannten gekauft, der unter zwielichtigen Umständen ums Leben gekommen war. Er wusste durchaus, dass dieser Bekannte, Grönlund, in der Sauna im Souterrain erschossen worden war, doch das störte ihn nicht. Eine gründliche Renovierung hatte den Leichengeruch getilgt.

Ausschlaggebend war der Preis gewesen. Er hatte damals vier Millionen Finnmark betragen, die Renovierung hatte eine weitere halbe Million verschlungen, doch jetzt war das Haus mindestens anderthalb Millionen Euro wert. Der Wertzuwachs machte es ihm umso lieber.

Riutta lebte allein. Mitte der 1980er Jahre war er noch verheiratet gewesen, doch dann hatte ihn seine Frau verlassen, wegen eines mickrigen Kaufmanns, der ihr Reisen in den Süden bot, die Riutta sich zu jener Zeit noch nicht leisten konnte. Die gemeinsamen Kinder, damals Teenager, waren mit der Mutter gegangen. Eine Zeitlang hatte er sie finanziell unterstützt, doch seit mindestens fünf Jahren hatte er die beiden nicht mehr gesehen. Die Tochter, die in Kanada lebte, schickte immerhin regelmäßig eine Weihnachtskarte.

Der Sohn lebte in Finnland, trozdem hatte Riutta seit langem keinen Kontakt mehr mit ihm. Der letzte Besuch – war das 1998 oder 1999 gewesen? – hatte mit wütendem Gebrüll geendet. Der Junge war türenschlagend aus dem Haus gestürmt. Riutta hatte sich geschworen, dass er seinen Sohn nicht anflehen würde, zurückzukehren. Irgendwann würde er schon von sich aus wiederkommen. Bisher war das allerdings nicht geschehen.

Einmal hatte Riutta seine Frau und ihren neuen Mann eingeladen, doch sie hatten abgelehnt. Er hatte sich darüber geärgert, denn er hätte zu gern das Gesicht seiner Ex gesehen, wenn sie die geräumige Eingangshalle betreten und er sie zu einem Drink ins Wohnzimmer geführt hätte. Danach wäre im Esszimmer das von einem Fernsehkoch zubereitete Dinner serviert worden. Sicher hätte sie sich dann gefragt, ob es sich nicht doch gelohnt hätte, noch ein paar magere Jahre an seiner Seite zu ertragen.

Was hinderte ihn eigentlich daran, eine Zigarre zu rauchen? Sollte er sich etwa von seinem Arzt gängeln lassen? Riutta stand auf, trat an den Edelholzschreibtisch, zog die Schublade auf und nahm eine hölzerne Kiste heraus. Die Zigarre war so dick wie sein Zeigefinger und doppelt so lang. Eine einzige würde ihm sicher nicht schaden. Er bereitete die Zigarre vor und setzte sie mit schnellen, tiefen Zügen in Brand. Der anfängliche Hustenreiz wurde durch das Nikotin bald gedämpft.

Der Rauch ließ ihn an Whisky denken. Er nahm die Flasche und goss sich eine zweite Portion ein, seiner Meinung nach etwa zwei Zentimeter. Tatsächlich waren es vier. Per Fernbedienung schaltete er die erstklassige Stereoanlage ein – Bang & Olufsen natürlich. Der ‹Bolero› mit seinem langsam beschleunigenden Tempo passte perfekt zu der Stimmung nach dem erfolgreichen Geschäftsabschluss.

Antti Riutta genoss das Leben. Er schloss die Augen, rauchte seine Zigarre, trank seinen Whisky und lauschte der Musik.

Als das Stück seinen orgastischen Höhepunkt fast erreicht hatte, riss das Schrillen des Handys Riutta aus seinen Träumen. Er fluchte herzhaft, doch als er die Nummer auf dem Display sah, wurde er hellwach und stellte die Musik leise.

«Was gibt's?», fragte er in tiefstem Bass. Er hatte die Nummer erkannt, sie gehörte – wie seine eigene – zu einem Prepaid-Anschluss.

«Hab was zu besprechen. Kann ich kommen?», fragte eine Männerstimme.

«Natürlich. Jederzeit», antwortete Riutta. Er spürte förmlich, wie das Adrenalin durch seine Adern strömte. Lindholm war ein Mann der Tat. Die Bekanntschaft mit ihm hatte Riutta noch seinem Sohn zu verdanken. Er hatte dem Jungen Anfang der 1990er Jahre 100 000 Finnmark geliehen, weil der hochfliegende Firmengründungspläne hatte, aus denen natürlich nichts geworden war. Aber Lindholm, der an den Plänen des Jungen beteiligt gewesen war, hatte Riutta schon damals beeindruckt. Er hatte nur zwei Fehler: Jähzorn und eine Neigung zu unüberlegtem Handeln. Riutta wusste, dass Lindholm mit dem Gesetz in Konflikt geraten war, doch das war kein Schade – im Gegenteil. Er brauchte einen harten, zuverlässigen Helfer, hatte ihn schon seit einiger Zeit gebraucht. Lindholm war nicht billig, doch für diesen Zweck war genug Geld da.

Riutta hatte sich sofort an Lindholm gewandt, als der Deutsche sich vor einem Jahr bei ihm gemeldet hatte. Der Mann aus Hamburg hatte einen Wechsel über neun Millionen Euro gekauft, den Riutta in einer Moskauer Bank unterschrieben hatte und momentan nicht einlösen konnte. Jetzt hätte er die Summe vielleicht aufbringen können, allerdings hätte sein Lebensstandard erheblich darunter gelitten. Damals in Moskau war er gründlich hereingelegt worden. Es war eine teure Lehre gewesen, doch er hatte die Niederlage weggesteckt.

Mit dem Deutschen hatte er sich darauf geeinigt, seine Schuld durch diverse Dienstleistungen abzutragen. Für die laufenden Kosten kam der Deutsche auf.

Irgendwie hatte Riutta Gefallen daran gefunden, die Aufträge zu erledigen. Das Zusammenspiel mit dem Deutschen und mit Lindholm lieferten ihm die Spannung, die er zuvor in seinem Leben vermisst hatte. Geldgeschäfte am Computer waren letzten Endes langweilig. An der Börse hatte der Verlierer kein Gesicht, und für Riutta war es der höchste Genuss, andere zu besiegen.

Die Frau hieß Tiina Kristina Wallin. Nachdem der Grenzschutz ihren Namen geliefert hatte, hatten Joutsamo und Mäki gut eine Stunde gebraucht, um alle Informationen über sie zusammenzutragen. Sie war dreiundzwanzig, geboren in Helsinki und auch dort gemeldet, in der Mäkelänkatu. Mäki war hingefahren, hatte aber niemanden angetroffen. Auf eine Durchsuchung verzichtete die Mordkommission vorläufig; die Wohnung wurde auch nicht überwacht, da die Personalressourcen dafür nicht ausreichten.

Die Frau war nicht vorbestraft, nie angezeigt oder auch nur bei einer Geschwindigkeitsübertretung erwischt worden; auch im geheimen Register verdächtiger Personen tauchte sie nicht auf. Sie hatte keinen Waffenschein. Nur im Pass- und Führerscheinregister war sie zu finden. Auf den dort gespeicherten, fünf Jahre alten Fotos lächelte sie unschuldig in die Kamera.

Dem Register des Finanzamts war zu entnehmen, dass die Frau bei einer Telefongesellschaft arbeitete, wo sie im Jahr 2003 knapp 12 000 Euro verdient hatte. Sie war allerdings nicht das ganze Jahr angestellt gewesen. Der Grenzschutz hatte neben den Informationen über den Flug nach Tallinn eine Liste aller Auslandsreisen geliefert, die die Frau in letzter Zeit gemacht hatte. Es waren rund zehn.

Joutsamo hatte den Namen der Frau auch in die allgemeinen Suchmaschinen eingegeben, durch die man oft mehr Informationen fand als in den amtlichen Registern. Im Internet gaben viele bereitwillig persönliche Dinge preis – das galt sogar für einige Motorradgangs, die Fotos von ihren Partys ins Netz stellten. Die Polizei kopierte jedes Bild. Die Schädelbrigade hatte leider keine Homepage.

Auch die Wallin war im Internet nicht aufzufinden. Als Nächstes hatte sich Joutsamo in die Medienarchive eingeloggt. Die Benutzung war gebührenpflichtig, doch die Archive waren ihr Geld wert. So hatte Joutsamo im Handumdrehen herausgefunden, dass Tiina Wallin zur Jahrtausendwende an der Mäkelänrinne-Schule in Helsinki das Abitur gemacht und eine Zeit lang Basketball gespielt hatte. Das war aber auch alles.

Auf den ersten Blick wirkte Tiina Wallin fast unnatürlich normal.

Da offiziell noch kein Verdacht gegen sie bestand, hatte Joutsamo vorläufig keinen Zugang zu den Daten ihrer Bankkonten und Kreditkarten. Auch die Datenbank der Verkehrsbetriebe und die Bonuskartenregister der verschiedenen Ladenketten blieben ihr damit verschlossen.

Die Polizei durfte diese Daten nur anfordern, wenn es um ein schweres Verbrechen ging.

Die Nummer des Handys, das Tiina Wallin von ihrem Arbeitgeber erhalten hatte, war ermittelt; nun musste Takamäki sich entscheiden, ob er die Freigabe der Verbindungsdaten und eine Abhörerlaubnis beantragen wollte. Nach Joutsamos Ansicht reichten die Verdachtsgründe dafür aus.

Sie hatte auch überlegt, bei der Redaktion der Illustrierten anzurufen und sich genauer nach dem Foto zu erkundigen, doch damit hätte sie die Reporter nur neugierig gemacht.

Zum Glück hatte sie noch andere Ideen.

«Na, schmeckt dir der Urlaub immer noch?», begann Suhonen das Telefongespräch.

«O Mann, du hättest gestern dabei sein sollen! Ich hab in Tervasaari zwei süße Häschen aufgetan», schwärmte Salmela. «An denen hättest du auch deine Freude gehabt.»

Aber sicher, dachte Suhonen. Ich kenne deinen Geschmack, lieber Freund. Das waren keine süßen Häschen, sondern eher serbische Klauenadler. «Spät geworden?»

«Nee, früh», begeisterte sich Salmela. «Die Mädchen wollten einen draufmachen, und dann …»

«Erspar mir die Einzelheiten.»

«Willst du nicht …»

«Jetzt nicht.»

«Ach so …»

Suhonen spürte Salmelas Enttäuschung. «Erzähl es mir später mal beim Bier.»

«Und was willst du jetzt von mir?»

«Ich brauch ein paar Telefonnummern.»

«Nee, Mann! Nicht schon wieder.»

«Doch.»

«Von den Bekloppten natürlich.»

«Genau. Eine reicht auch.»

Salmela schwieg sekundenlang. «Sorry. Nix zu machen. Ich bin heut Abend mit den beiden Mädchen verabredet, bis dahin will ich am Leben bleiben. Ich kann dir nicht helfen. Nicht mal für Geld. Ich hab Urlaub.»

«Muss ich dir Druck machen?»

«Kannste versuchen, aber es nutzt nichts. Diesmal nicht.»

«Okay, dann probier ich es gar nicht erst.»

Zehn Sekunden lang schwiegen beide.

«Bis die Tage dann», sagte Suhonen.

«Ciao», gab Salmela zurück.

Kohonen hatte die wichtigsten Informationen über Riutta und Lindholm zusammengestellt. Es war ihr unbegreiflich, was die beiden verband, denn sie schienen in völlig verschiedenen Welten zu leben.

Riutta war den Papieren nach ein erfolgreicher Geschäftsmann, der beim Verkauf seiner Firma Millionen eingestrichen hatte. Kohonen hatte Zeitungsberichte darüber gefunden und ausgedruckt. Auch ein Bekannter im Dezernat für Wirtschaftskriminalität hatte ihr ein paar Hinweise gegeben. Mit dem Gesetz war Riutta nie in Konflikt gekommen. Lindholm war dagegen mit Gewalt- und Rauschgiftdelikten hervorgetreten, seit der Haftentlassung im Sommer 2002 aber nicht mehr auffällig geworden.

Vielleicht hatte er sich gebessert. Oder Riutta infiziert.

Kohonen hätte gern mit Riutta gesprochen, um ein Gespür für den Mann zu bekommen. Ein Name auf einem Papier war etwas ganz anderes als ein lebendiges Gegenüber. Doch eine Begegnung war ausgeschlossen, sie musste sich mit den Berichten der Wirtschaftszeitungen begnügen, die Riutta als harten, unnachgiebigen Geschäftsmann darstellten.

Als sie das Gefühl hatte, so nicht weiterzukommen, forderte sie ein unmarkiertes Fahrzeug an, bekam einen grauen VW Polo zugeteilt und fuhr nach Westend. Sie wollte sich Riuttas Haus ansehen, um dadurch eine bessere Vorstellung von dem Mann zu bekommen; außerdem gab ihr die Fahrt Gelegenheit, in Ruhe nachzudenken, ohne durch die Fragen oder Berichte der Kollegen abgelenkt zu werden.

Die Liinasaarenväylä war eine stille, zu beiden Seiten von imposanten Einfamilienhäusern gesäumte Straße ohne Bürgersteig, eine Sackgasse. Dichte Hecken schützten die Villen vor neugierigen Blicken. Neugierige waren um 15.51 Uhr allerdings auf der verträumten Straße nicht zu sehen. Wahrscheinlich waren alle beim Segeln oder am nahen Badestrand.

Kohonen fuhr an Riuttas Haus vorbei und parkte kurz vor dem Wendeplatz am Ende der Straße. Im Halteverbot, doch in der nächsten Viertelstunde würde das wohl niemandem auffallen. Sie ging zu Fuß zurück, kam wieder an Riuttas Haus vorbei, sah aber nicht viel mehr als eine Fichtenhecke, einen Briefkasten und die Auffahrt zur Garage. Am Briefkasten stand kein Name, doch das war in diesem Viertel nicht ungewöhnlich.

Das Haus wirkte still. Auf dem Asphaltweg, der zur Garage führte, stand ein blauer Ford Mondeo. In einer Umgebung, in der Mercedes und Jaguar die einzigen passablen Marken zu sein schienen, stach der Wagen ins Auge. Das Nummernschild würde Kohonen sich auf dem Rückweg einprägen. Sie wollte nur bis zur etwa fünfzig Meter entfernten Kreuzung gehen und dann kehrtmachen.

Joutsamo gab die Nummer am Handy ein. Sie hatte sich eins der anonymen Mobiltelefone der Mordkommission geholt, die benutzt wurden, wenn man dem Angerufenen keine Chance geben wollte, die Identität des Anrufers festzustellen.

Sicherheitshalber war sie in einen leeren Vernehmungsraum gegangen und hatte die Tür hinter sich geschlossen, um nicht durch Hintergrundgeräusche verraten zu werden. Die Zentrale der Telefongesellschaft meldete sich.

«Guten Tag», sagte Joutsamo fast überfreundlich. «Hier ist Maija Salminen von der Firma Kesko. Arbeitet bei Ihnen zufällig eine Tiina Wallin? Sie hat ihre Bonuskarte in einem unserer Geschäfte liegengelassen, und ich versuche sie zu erreichen …»

Die Erklärung war vielleicht ein wenig übertrieben, aber womöglich war Tiina Wallin mit der jungen Frau in der Telefonzentrale befreundet.

«Wie war der Name?»

«Tiina Wallin.»

Joutsamo hörte, wie die Frau den Namen eintippte. «Ja, sie arbeitet hier.»

«Können Sie mir vielleicht die genaue Adresse und die Abteilung sagen, damit ich ihr die Karte zuschicken kann? Die Privatadresse, die wir hier haben, stimmt nämlich nicht. Sie ist anscheinend umgezogen.»

«Sie arbeitet in der Rechnungsabteilung», sagte die Vermittlung und gab die Adresse an. «Ich kann Sie mit ihr verbinden … ach nein, das geht nicht, sie ist in Urlaub. Übernächsten Montag kommt sie zurück. Wollen Sie ihre Handynummer?»

«Na gut, aber ob ich sie im Urlaub stören sollte? Was meinen Sie?», spielte Joutsamo die Unsichere, um das Vertrauen ihrer Gesprächspartnerin zu gewinnen.

«Ist doch schön, die Karte zurückzukriegen. Obwohl, man hat ja so viele, ich würde es wahrscheinlich gar nicht merken, wenn ich mal eine im Laden vergesse», lachte die junge Frau und nannte die Nummer.

Es war dieselbe, die Joutsamo bereits über die Auskunft bekommen hatte. «Ach ja», sagte sie, «geben Sie mir doch bitte noch den Namen und die Telefonnummer ihres Chefs, für alle Fälle.»

«Ihr Chef …», sagte die Frau. Wieder hörte man die Computertastatur. «Das muss er sein. Leif Johansson, Rechnungsprüfung.»

Joutsamo notierte den Namen und die Telefonnummer und bedankte sich. Bei dem Wort Rechnungsprüfung war sie hellhörig geworden.

Sie verbrachte eine Viertelstunde an ihrem Computer und suchte die wichtigsten Informationen über Leif Johansson heraus. Wahrscheinlich hatte er nichts mit dem Fall zu tun, aber bei dem nächsten Telefonat, das sie führen wollte, konnten die Angaben nützlich sein. Tatsächlich hatte Wallins Chef sich nichts Gravierendes zuschulden kommen lassen: Im Januar hatte er in Helsinki eine Geldbuße wegen überhöhter Geschwindigkeit erhalten, und im Sommer des Vorjahres war er auf dem Saimaa-See wegen Trunkenheit am Ruder belangt worden. Sonst lag nichts gegen ihn vor.

Erneut zog sich Joutsamo in den Vernehmungsraum zurück. Diesmal rief sie Tiina Wallins Vorgesetzten an.

«Johansson», meldete er sich.

«Pirjo Salminen vom Marketing-Institut Espoo, guten Tag», stellte Joutsamo sich vor. Diesmal bemühte sie sich um einen sachlich-kühlen Ton. Dass ein Marketing-Institut Espoo gar nicht existierte, wusste Johansson sicher nicht.

«Tut mir leid», sagte Johansson eilig, «an Kursen habe ich kein Interesse.»

«Darum geht es auch nicht», erklärte Joutsamo. «Wirklich nicht. Wir halten nichts von Telefonmarketing.»

«Worum geht es dann?»

«Kann ich im Vertrauen sprechen?», fragte Joutsamo geheimnisvoll. Der Trick wirkte fast immer.

«Sicher, wenn Sie Vertrauen haben», lachte der Mann.

Wenn sie nicht bereits gewusst hätte, dass er Ingenieur war, hätte sie es spätestens an seinem eigentümlichen Humor bemerkt. «Als unmittelbarer Vorgesetzter machen Sie keinen guten Eindruck. Das gibt leider einen Minuspunkt.»

«Einen Minuspunkt? Wo?»

«Eine Ihrer Angestellten hat sich zu einer Fortbildung im Kundendienstbereich angemeldet und Sie als die Person angegeben, von der wir gegebenenfalls eine Empfehlung bekommen können. Wir legen Wert darauf, dass unsere Kursteilnehmer motiviert sind, deshalb fragen wir tatsächlich bei den Betreffenden nach.»

«Öh, Entschuldigung, ich dachte ...», stammelte der Mann. «Vielleicht fangen wir noch einmal von vorne an ... das heißt, um wen handelt es sich denn? Das darf ich doch wohl wissen.»

«Wenn wir im Vertrauen sprechen können», sagte Joutsamo leicht verärgert.

«Natürlich.»

«Gut. Sie werden verstehen, dass Sie der Bewerberin gegenüber nichts verlauten lassen dürfen. Wir wollen kein negatives Selbstbild vermitteln, es geht uns wirklich nicht darum, den Bewerbern nachzuspionieren. Aber wie gesagt, wir legen Wert auf eine hohe Motivation.»

«Ja.»

«Schön. Es handelt sich um Tiina Wallin ...»

«Tiina hat sich beworben? Das ist gut.»

«Sie hat Ihnen also nichts davon gesagt?»

«Nein.»

«Interessant …», meinte Joutsamo gedehnt.

«Ist das gut oder schlecht?»

«Gut natürlich, aber auch ein Grund mehr, ihr gegenüber Stillschweigen zu bewahren. Aber zur Sache … Ist Frau Wallin Ihrer Meinung nach eine gute, ambitionierte Mitarbeiterin?»

«Unbedingt. Sehr kompetent und immer auf der Suche nach neuen Aufgaben.»

«Nichts Negatives?»

«Nein.»

«Überhaupt nichts?»

Johansson antwortete nicht sofort. Joutsamo wusste, dass er sich einen minimalen Kritikpunkt ausdachte, um seine Glaubwürdigkeit als Vorgesetzter zu wahren.

«Na ja. Zu neunundneunzig Prozent ist sie pünktlich, aber ein paarmal hat sie sich verspätet. Trotzdem, sie ist überaus gewissenhaft. Zum Beispiel war sie gestern hier, um ihre dienstlichen E-Mails zu lesen, obwohl sie Urlaub hat.»

«Das hört man gern. Das klingt nach echter Dienstbereitschaft», sagte Joutsamo, während sie auf ihren Block schrieb: Gestern am Arbeitsplatz. Warum? «Könnten Sie mir bitte Tiina Wallins Aufgaben in eigenen Worten schildern?»

«Na ja … Sie ist Kundendienstmitarbeiterin in der Rechnungsprüfung unserer Firma.»

«Was heißt das in der Praxis?»

«Wenn ein Kunde beispielsweise der Meinung ist, seine Handyrechnung sei zu hoch, wird er mit der Kontrollabteilung verbunden. Dann überprüfen wir hier am Computer die Anrufe des Kunden. Meist handelt es sich darum, dass ein Jugendlicher in der Familie durch interaktive Spiele höhere Kosten verursacht hat als erwartet. Wir gehen also die einzelnen Telefonate mit dem Kunden durch», erklärte Johansson.

Joutsamo lief es kalt über den Rücken. Tiina Wallin hatte Zugang zu den Verbindungsdaten.

«Hallo, sind Sie noch da?», fragte Johansson.

«Entschuldigung.» Joutsamo nahm sich zusammen. «Ich habe mir nur aufgeschrieben, was Sie gesagt haben. Offenbar eine sehr anspruchsvolle Tätigkeit.»

«Durchaus», sagte Johansson. «Äußerst anspruchsvoll. Der Umgang mit den Kunden verlangt Fingerspitzengefühl.»

«Schön. Das war es auch schon.»

«Hoffentlich konnte ich Ihnen weiterhelfen. Sie sollten Tiina wirklich zu Ihrem Lehrgang zulassen.»

«Sie haben sehr zur Klärung beigetragen», sagte Joutsamo verbindlich. «Besten Dank für Ihre Zeit und für die Informationen, die uns die Entscheidung leichter machen.»

«Gern geschehen», erwiderte Johansson, und Joutsamo unterbrach die Verbindung.

Der Fall erforderte sofortiges Handeln.

22. Kapitel

Mittwoch, 16.10 Uhr
Gerichtsgebäude, Salmisaari

Takamäki ärgerte sich schwarz. Es war einfach absurd. Das Amtsgericht, das früher unmittelbar neben dem Polizeipräsidium getagt hatte, war im November in das neue Gerichtsgebäude im Stadtteil Salmisaari umgezogen. War man früher in zwei Minuten dort gewesen, so hatte er jetzt zwanzig gebraucht. Und dabei herrschte im Sommer wenig Verkehr. Takamäkis Rekord lag sogar bei fünfzig Minuten.

Und weshalb musste man sich überhaupt herbemühen? Wegen einer Routinesache, die man im Prinzip telefonisch erledigen könnte. Takamäki hatte eine schriftliche Eingabe beim Innenministerium eingereicht, die Erteilung von Abhörgenehmigungen und die Freigabe von Verbindungsdaten per Telefon oder wenigstens per Videogespräch zu erledigen. Schließlich konnte das Gericht auf diese Weise sogar Zeugen befragen, warum also kam diese Prozedur bei derartigen Formalitäten nicht in Frage? Die Eingabe war auf irgendeinem Schreibtisch begraben worden. Die Beamten hatten wohl Wichtigeres zu tun, wahrscheinlich waren sie vollauf damit beschäftigt, Statistiken aufzustellen.

Takamäki saß vor dem Verhandlungssaal und wartete. Wenigstens fand sich immer ein Richter, der die Anträge der Polizei behandelte.

Die Architektur des Gerichtsgebäudes gefiel Takamäki, weil sie ihn an die Raumaufteilung der Haftanstalt Sörkka erinnerte. Im Gerichtsgebäude befanden sich zu beiden Seiten der hohen, offenen Halle die Sitzungssäle, in Sörkka die Zellen. Bei der Einweihung des Gerichtsgebäudes war in dieser Halle sogar ein Feuerwerk entzündet worden, und dem Vernehmen nach hatte einer der Richter den Wunsch geäußert, bei der Verhängung einer lebenslänglichen Strafe das Feuerwerk jedes Mal per Knopfdruck wiederholen zu können. Takamäki wusste nicht, um welchen Richter es sich handelte, doch die Einstellung war ihm sympathisch.

Über der Tür zum Sitzungssaal leuchtete eine grüne Lampe auf. «Zwangsmittelsache 12 in Saal 206», hallte eine trockene und leicht gelangweilte Männerstimme aus dem Lautsprecher.

Takamäki stand auf und ging hinein, froh, dass sein Antrag relativ schnell zur Verhandlung kam. Die Sitzung fand in einem der kleinsten Säle des Gerichtsgebäudes statt. Auf einem kleinen Podest stand der breite Richtertisch, an dem der bereits ergraute Amtsrichter Esko Alvik und ein Referent saßen. Die helle Holztäfelung ließ Alvik noch freudloser wirken, als er es von Natur aus war.

Takamäki nickte dem Richter zu.

«Na, Takamäki, was wollen Sie diesmal?»

«Drei Genehmigungen. Technische Beschattung, Telefonabhörung und Freigabe der Verbindungsdaten für zwei Anschlüsse.»

«Welcher Fall? Ach was, dumme Frage, das steht ja im Antrag. Der Lkw-Mord in Pasila.»

«Ja», sagte Takamäki, immer noch stehend, da der Richter ihn weder durch ein Kopfnicken noch mit Worten zum Sitzen aufgefordert hatte.

«Und die Zielperson?»

«Begründeter Verdacht auf Mord oder Anstiftung, Schrägstrich, Beihilfe zum Mord. Es ist anzunehmen, dass die durch die beantragten Zwangsmittel gewonnenen Informationen von hohem Wert für die Aufklärung des Verbrechens sind», betete Takamäki den Gesetzestext herunter.

«Und alle drei Zwangsmittel sind notwendig?», fragte Alvik.

«Meiner Einschätzung nach ja.»

Der Richter nickte. «Dann halte ich es für richtig, die Genehmigungen zu erteilen.»

«In Ordnung», sagte Takamäki. Er bedankte sich grundsätzlich nicht bei den Richtern; schließlich bat er sie nicht um einen persönlichen Gefallen, sondern um Unterstützung bei der Aufklärung schwerer Verbrechen. «Auf Wiedersehen», fügte er hinzu und ging hinaus.

Alvik gab ihm keine Antwort, sondern unterhielt sich leise mit seinem Referenten.

Takamäki war sich keineswegs sicher, ob die Verbindungsdaten und die Lauschaktion der Mordkommission wirklich weiterhelfen würden, aber schaden konnten sie nichts. Die Überprüfung der Verbindungsdaten war zu einer kräftezehrenden Routine geworden. Manchmal waren sie nützlich, oft aber nur lästig. Wahrscheinlich besaß die Wallin – vor allem, wenn sie tatsächlich in den Mord verwickelt war – mehrere Anschlüsse. Indem man ihre Telefongespräche abhörte, konnte man sie möglicherweise lokalisieren und dann mit der technischen Beschattung durch verdeckte Kameras und Abhöranlagen beginnen. Natürlich konnten auch die Verbindungsdaten von Wallins Dienstanschlüssen nützlich sein: Eventuell stieß man auf unvorsichtige Anrufe oder interessante Verbindungen.

Takamäki dachte bereits weiter. Er war es müde, über die überflüssigen Formalitäten zu fluchen oder darüber zu räsonnieren, wie viel vernünftiger es wäre, der Polizei jeweils eine allgemeine Überwachungserlaubnis für eine bestimmte Person zu erteilen, sodass man alle verfügbaren Mittel einsetzen konnte, statt jedes Mal, wenn eine neue Telefonnummer bekannt wurde, zum Gerichtsgebäude fahren zu müssen.

Der Kommissar ging zu seinem Wagen. Die Uhr an der Backsteinwand des Gerichtsgebäudes zeigte 16.15. Vom Meer wehte eine sanfte Brise herauf. Im Grunde amüsierte sich Takamäki über das Ritual, an dem er gerade teilgenommen hatte, denn die Polizei kam ohne Genehmigung an weitaus wichtigere Daten heran – und das ganz legal. Das Recht auf Beschlagnahme war im Polizeigesetz verankert und konnte ohne richterliche Genehmigung ausgeübt werden.

Um die persönlichen Verbindungsdaten der unter schwerem Verdacht stehenden Tiina Wallin zu erhalten, brauchte man eine gerichtliche Anordnung, doch da sie bei der Rechnungsprüfung der Telefongesellschaft die Verbindungsdaten der Kunden behandelt hatte, konnte die Polizei aufgrund des Konfiskationsparagraphen Zugriff auf die Daten ihrer Kundenkontakte nehmen. Takamäki setzte sich in seinen VW und lachte auf. Was, wenn die Wallin ihre eigenen Telefonrechnungen bearbeitet oder auch nur angesehen hatte? Unter welches Gesetz fielen diese Daten?

Joutsamo probierte den Tee. Orangenaroma. Nicht übel. Trotzdem blieb «Tigers Tagtraum» ihr Favorit.

Auf der Teetasse, mit der sie nun in das Großraumbüro der Mordkommission ging, stand «Don't Smile if You're Happy». Joutsamo war weder glücklich noch traurig. Sie tat ihre Arbeit und wurde dafür relativ schlecht bezahlt. Folglich hätte sie ständig lächeln müssen, doch das hätten ihre Kollegen vielleicht falsch verstanden.

Sie musste wieder an den jungen Selbstmörder denken und nahm sich vor, dessen Mutter zu besuchen, sobald sie

Zeit hatte. Sie kannte die Frau zwar nicht, aber ein Besuch konnte sicher nicht schaden.

In ihrem Büro schaltete sie den Laptop an, der an kein Netz angeschlossen war und deshalb unbesorgt benutzt werden konnte, um fremde Datenträger auf Viren zu testen. Während die Programme hochgeladen wurden, trank sie von ihrem Tee. Das Fenster stand offen, doch die Luft war stickig. Deshalb knipste Joutsamo den Ventilator an, den sie und ihre Kollegen im Rekordsommer vor zwei Jahren gemeinsam angeschafft hatten.

Die CD hatte sie problemlos erhalten. Der Anfang des Jahres geführte Prozess gegen den Telefonanbieter Sonera hatte die Beziehungen zwischen der Polizei und der Branche merklich verbessert. Die Firmen waren darauf bedacht, negative Publizität zu vermeiden, dadurch hatte die Polizei sie gewissermaßen am Gängelband.

Joutsamo hatte sich sogar schon gefragt, ob die Zentralkripo und das Innenministerium gerade aus diesem Grund so versessen darauf gewesen waren, den Sonera-Skandal zu untersuchen. Früher hatten die Telefongesellschaften nämlich immer am längeren Hebel gesessen, wenn man beispielsweise über die Kosten für eine Abhörschaltung verhandelte. Nachdem Sonera besiegt war, hatten die anderen Firmen klein beigegeben.

Aufgrund des Konfiskationsparagraphen hatte Joutsamo von Wallins Arbeitgeber innerhalb von zwei Stunden alle Verbindungsdaten erhalten, die die Frau in den letzten drei Monaten bearbeitet hatte. Nach dem Sonera-Skandal war auch eine Gesetzesänderung durchgesetzt worden. Dadurch waren die Telefonanbieter verpflichtet, alle Personen, die Umgang mit Verbindungsdaten hatten, zu registrieren, einschließlich der von ihnen gespeicherten Daten.

Tiina Wallin hatte am 11. Oktober 2004 bei der Firma angefangen, zunächst in der normalen Rechnungsabteilung. Im Februar war sie zur Rechnungsprüfung versetzt worden. Dieser spezielle Kundendienst erforderte die Fähigkeit zu schneller Problemlösung. Es war eine aufreibende Tätigkeit, die Mitarbeiter wechselten häufig.

Joutsamo legte die CD mit den Kundendaten ein und klickte das Kopierprogramm an.

Im Hinblick auf den aktuellen Fall war Tiina Wallins berufliche Tätigkeit überaus interessant. Die Rechnungskontrolleure mussten Zugang zu den Verbindungsdaten haben, um bei Reklamationen Auskunft geben zu können. Der Sicherheitschef des Telefonanbieters hatte erklärt, ein Missbrauch sei völlig ausgeschlossen, da für diese Tätigkeit nur absolut zuverlässige Mitarbeiter ausgewählt würden. Zudem wurden die von ihnen überprüften Anschlüsse in unregelmäßigen Abständen mit den Nummern der anrufenden Kunden verglichen; daher wagten es die Angestellten nicht, andere Daten zu überprüfen. Sie waren außerdem verpflichtet, über die kontrollierten Anschlüsse Buch zu führen.

Ein gutes System, wenn man davon absah, dass niemand absolut zuverlässig war, dachte Joutsamo.

Da inzwischen alle Daten auf der Festplatte gespeichert waren, legte sie eine leere CD-ROM ein und startete den nächsten Kopiervorgang. Voraussichtliche Dauer: 1 Minute 32 Sekunden, meldete die Maschine.

Joutsamos Gedanken schweiften ab. War sie selbst absolut zuverlässig? Nein. Jedenfalls im Extremfall. Wenn ein Erpresser sie total in der Hand hätte, würde auch sie nachgeben. Wenn sie Kinder hätte und diese würden entführt, würde sie alles tun, um das Leben der Kinder zu retten. Jeder würde so handeln. Für Staaten galt dies nicht. Privatpersonen mochten Geiselnehmern Lösegeld zahlen, doch wenn ein Staat erpresst wurde, musste die Geisel unter Umständen sterben.

Joutsamo hatte gelegentlich überlegt, was passieren würde, wenn zum Beispiel irakische Extremisten die Tochter des britischen Premierministers kidnappten und damit den Abzug der Briten aus dem Nahen Osten forderten. Würde der Premierminister an seiner harten Linie festhalten? Je länger Joutsamo darüber nachdachte, desto überzeugter war sie, dass die Politik sich über das Menschliche hinwegsetzte. Das Leben des Kindes wäre letztlich zweitrangig. Die Briten würden sich nicht zurückziehen, aber sie würden blutige Rache üben, um weitere Terrorakte zu verhindern. Die Männer vom SAS würden die Schuldigen bis ans Ende der Welt verfolgen, bis in die Hölle und wieder zurück. Natürlich war diese Politik zum Scheitern verurteilt: Der Rachefeldzug würde neue Terroranschläge auslösen.

Der Laptop surrte und meldete, der Kopiervorgang sei abgeschlossen. Joutsamo nahm die CD-ROM heraus, schob sie in ihren eigenen Computer und öffnete die Datei. Sie schätzte, dass sie etwa eine Stunde brauchen würde, um zu klären, welche Anschlüsse Tiina Wallin überprüft hatte und ob diese eine Verbindung zu dem Fall hatten. Ihre Vergleichsdaten waren etwa zehn Telefonnummern.

Die Arbeit an sich war simpel. Die Telefongesellschaft hatte eine Excel-Datei geliefert, daher konnte Joutsamo die Nummern aus ihrem Vergleichsmaterial nacheinander in das Suchfeld eingeben, und der Computer würde jede Übereinstimmung anzeigen. Sie hätte auch das Access-Programm verwenden können, aber bei so wenigen Nummern war die manuelle Suche genauso schnell.

Als Erstes gab sie die interessanteste Nummer ein: Martinsoni-Tammerks Handy. Sie wusste bereits, dass von diesem Anschluss ein Gespräch mit Järn von der Zentralkripo geführt worden war. Sie klickte die Suchtaste an, und der Computer surrte erneut, während die Tabelle über den Bildschirm rollte. Joutsamo wartete auf die Meldung, es gebe keinen Treffer, doch stattdessen hielt der Bilddurchlauf an, und eine Zeile der Tabelle wurde hervorgehoben.

Ungläubig sah sie nach, ob es sich wirklich um Martinsoni-Tammerks Nummer handelte. Es war dieselbe. «Da brat mir einer 'nen Storch», murmelte sie und überprüfte die genaueren Angaben auf dem Bildschirm. Demnach hatte Tiina Wallin – beziehungsweise die Person, die den Computer mit Wallins persönlichem Code benutzt hatte – drei Tage vor dem Brummimord die Verbindungsdaten von Martinsoni-Tammerks Handy überprüft.

Damit war der Verdacht gegen die Frau erhärtet.

In dem von Wallin selbst ausgefüllten Feld stand, der Kunde habe um Überprüfung gebeten. Es sei um Anrufe bei Servicenummern gegangen. Diese Erklärung schien sie bei fast jeder Überprüfung gegeben zu haben. Aber hier hatte sie gelogen. Die Verbindungsdaten von Martinsoni-Tammerks Handy lagen bereits vor, und es waren keine Anrufe bei Sextelefonen oder anderen Servicenummern dabei. Joutsamo notierte die Angaben und nahm sich die nächste Nummer vor.

Takamäki, Joutsamo und Suhonen saßen im Dienstzimmer des Kommissars. Suhonen hatte wie immer am Fenster Platz genommen. Obwohl es bereits kurz nach sechs war, lag die Außentemperatur selbst im Schatten noch über zwanzig Grad.

«Merkwürdig», sagte Takamäki. Er meinte ein Telefonat, das vor einem Monat von Tiina Wallins Dienstapparat geführt worden war. Die angerufene Nummer gehörte Kommissar Järn. Das passte nicht zu den Informationen über Wallins Datenspionage, die Joutsamo gefunden hatte.

Alles wies darauf hin, dass Järn mit falschen Karten spielte. Aber wenn das so war, warum hätte Wallin Informationen über Martinsoni-Tammerk sammeln sollen, die verrieten, dass der estnische Polizist Järn angerufen hatte? Wenn Järn sich hatte kaufen lassen, hätte er das Cover des Esten doch sicher ohnehin aufgedeckt?

Die Daten von Wallins Diensthandy waren noch nicht vollständig analysiert, doch Takamäki hielt es für wichtiger, zuerst die Nummer ihres privaten Mobiltelefons herauszufinden. Er war deshalb erneut zum Gerichtsgebäude gefahren, wo Amtsrichter Alvik eine an Wallins Diensthandy gebundene Sendezellenfreigabe verfügt hatte. Aufgelistet wurden demnach alle Anschlüsse, die sich jeweils mit dem Diensthandy in der gleichen Sendezelle befunden hatten. Die Daten hatten eine Stunde später vorgelegen; nun war Strand dabei, sie zu analysieren.

Falls immer wieder dieselbe Nummer auftauchte, durfte man annehmen, dass sie Tiina Wallin gehörte – mit umso größerer Wahrscheinlichkeit, wenn es sich um einen Prepaid-Anschluss handelte.

«Meiner Ansicht nach gibt es mindestens zwei Möglichkeiten», sagte Suhonen. «Entweder treibt Järn ein doppeltes Spiel oder die Wallin. Kann natürlich auch sein, dass sich alle gegenseitig bescheißen.»

Suhonens Bemerkung ist nicht gerade hilfreich, aber sie trifft ins Schwarze, dachte Takamäki, behielt den Gedanken jedoch für sich.

«Wissen wir übrigens mit Sicherheit, dass Wallin wirklich Wallin ist?», fuhr Suhonen fort. «Sie könnte ja auch jemand anders sein, oder?»

«Eine Undercoveragentin, meinst du?», fragte Kohonen.

Suhonen nickte. «Sie hat im Oktober bei der Telefonfirma angefangen. Tammerk-Martinsoni ist im Winter erstmals aufgetaucht. Terminlich könnte es sich durchaus um zwei Stränge derselben Operation handeln. Solche Aktionen werden oft von langer Hand vorbereitet.»

«Aber wenn es sich um dieselbe Operation handelt …», überlegte Joutsamo. «Warum hat die Wallin dann Tammerk-Martinsonis Telefonate kontrolliert und dabei die Verbindung zu Järn entdeckt? Wenn sie eine eingeschleuste Ermittlerin wäre, hätte sie davon doch eh gewusst!»

«Natürlich», sagte Takamäki. «Aber fassen wir mal zusammen. Wallin hat in den Dateien des Telefonanbieters die Verbindungsdaten eines estnischen Polizisten kontrolliert, der in eine kriminelle Organisation eingeschleust worden war. Dabei kam offensichtlich die Verbindung des Esten zu Järn von der Zentralkripo ans Licht. Zumindest liegt die Vermutung nahe, da die Wallin von ihrem Diensthandy Järn angerufen hat.»

«Oder sein Alias, Rauta», warf Suhonen ein.

«Richtig», nickte Takamäki. «Das bringt uns zu einer neuen, sehr wichtigen Frage: Wusste Wallin zur Zeit ihres Anrufs, dass Rauta-Järn Polizist ist? Das Telefonat wurde ja ziemlich lange vor dem Mord geführt. Denkbar wäre im Prinzip natürlich auch, dass es nichts mit unserem Fall zu tun hat.»

«Oder Wallin ist Rauta-Järns Spitzel», meinte Joutsamo.

«Je mehr wir wissen, desto tiefer versinken wir im Chaos», schnaubte Suhonen.

«Aber am Ende landen wir auf festem Grund», lächelte Takamäki. «Du hast schon recht. Es gibt massenhaft Alternativen.»

Plötzlich kam Strand herein. «Ich glaub, ich hab die Nummer. In den zehn Sendezellen hat sich nur ein Anschluss gefunden, der jeweils in derselben Gegend und zur gleichen Zeit benutzt wurde wie Wallins Diensthandy. Jetzt muss wohl wieder ein Antrag gestellt werden, auf Freigabe der Verbindungsdaten für diese Nummer.»

«Und auf Abhörerlaubnis», fügte Takamäki hinzu, stieß einen Fluch auf die Bürokratie aus und machte sich erneut daran, mehrere Formulare auszufüllen.

Suhonen saß an einem Imbiss an der Sörnäisten rantatie und biss in einen Hamburger. Der Speisesaal der auf einem Parkplatz errichteten Garküche war eine leichte Zeltkonstruktion; die rund zehn Plastiktische standen auf dem blanken Asphalt.

Zwei Spatzen pickten an den Pommes, die auf dem Nachbartisch liegen geblieben waren. Suhonen war der einzige Gast. Unter dem Zeltdach war es warm, aber nicht heiß, denn gegen Abend hatte es endlich ein wenig abgekühlt.

Die Imbissstube passte in die unordentliche Umgebung wie ein Spiegelei und eine Scheibe Ananas auf einen Hamburger. Suhonen hatte keine Lust gehabt, in der Kantine zu essen, und sich kurzerhand auf sein Motorrad geschwungen. Hier gab es anständige Portionen, und der Hamburger war so fettig, wie es sich gehörte.

Suhonen trank Cola und stippte seine Pommes in den Ketchup. Sie waren perfekt, dünn und knusprig. Durch das Plastikfenster des Esszelts sah man den Verkehr, der über die autobahnähnliche Straße rollte. Wenn ein großer Lastzug vorbeidonnerte, bebte der Boden.

«Ein Lied der Straßenjungs, in kleinen verborgenen Gassen …» Das Arbeiterviertel Sörnäinen, das in dem Lied besungen wurde, existierte nur noch dem Namen nach. Seit den 1960er Jahren war ein Industriebetrieb nach dem anderen fortgezogen. Für Straßenjungs und ihre Familien

waren die Wohnungen in dieser Gegend unerschwinglich geworden. Heute stieß auch kein Jugendlicher mehr schrille Warnpfiffe aus, wenn ein Polizist sich näherte. Die Junkies, die in den Gassen herumlungerten, zeigten einem allenfalls den Stinkefinger.

Suhonens Handy klingelte. Er fischte es aus der Brusttasche seiner Lederjacke. Der Anrufer war Salmela.

«Was gibt's, alter Junge?», meldete sich Suhonen und wischte Ketchup aus dem Mundwinkel.

«Vielleicht was Interessantes», erwiderte Salmela und legte eine Kunstpause ein.

Sie hatte den gewünschten Effekt: Suhonen spitzte die Ohren. «Worum geht's?»

«Die Shell-Tankstelle in Mäntsälä. Vor einer Viertelstunde.»

«Aha. Und was war da?»

«Ich weiß nicht, ob es was zu bedeuten hat, aber vielleicht interessiert's dich.»

«Nun spuck es schon aus, verdammt nochmal.»

«Ich hab mich da mit einem Kolle… öh, Freund getroffen und …»

«Ich dachte, du bist in Urlaub.»

Salmela lachte. «Klar, aber man muss ja von was leben. Na jedenfalls, wir hatten uns da an der Tankstelle verabredet, weil sie genau in der Mitte zwischen Helsinki und Lahti liegt.»

Suhonen wollte lieber nicht wissen, wie Salmela zur Tankstelle gelangt war; er schien nämlich ganz schön gebechert zu haben.

Sein Informant fuhr fort: «Und rat mal, wer da getankt hat, als wir Kaffee getrunken haben?»

Suhonen hatte keine Lust zu raten, denn Salmela würde es ihm sowieso erzählen.

«Die beiden Kerle von der Schädelbrigade. Allerdings in Zivil, ohne Westen. Ich hab gesehen, dass sie auf der Autobahn nach Norden weitergefahren sind.»

«Was für ein Wagen?»

«Grüner Nissan Primera. Schienen es eilig zu haben.»

«Und das Kennzeichen?»

«Konnt ich nicht sehen. Das lag im toten Winkel, und ich wollte meinen Bekannten nicht merken lassen, dass ich mich für die Typen interessiere.»

«Okay», sagte Suhonen. «Danke.»

«Nix zu danken. Bis die Tage», erwiderte Salmela und legte auf.

Suhonen starrte vor sich hin und überlegte, was diese Information zu bedeuten hatte.

Suhonen stellte seine dunkelblaue Harley-Davidson an der Tankstelle ab, nahm den schwarzen Helm vom Kopf und fuhr sich durch die Haare, während er das Gebäude betrat. Es war kurz vor sieben.

Er hatte eine halbe Stunde für die sechzig Kilometer gebraucht. Auf einer Harley-Davidson konnte man längst nicht so schnell fahren wie auf manchen japanischen Maschinen, weil man aufrecht saß und deshalb bei hoher Geschwindigkeit extrem starkem Fahrtwind ausgesetzt war.

Das Gebäude hinter den Zapfsäulen war verhältnismäßig neu. Auf der Terrasse tranken ein paar Leute Bier. Drinnen versuchte ein Elternpaar, seinen Sprössling dazu zu bringen, den Teller leer zu essen. Ein Langhaariger in Jeansjacke ballerte am Flipper.

Suhonen ging an die Kasse und zeigte dem etwa zwanzigjährigen, dunkelhaarigen Mädchen, das dort arbeitete, seinen Polizeiausweis. «Suhonen, Kripo Helsinki. Ist der Geschäftsführer zu sprechen?»

Die junge Frau – auf dem Namensschild stand Riina – rümpfte die Nase. «Das bin ich.»

«Gut», lächelte Suhonen. «Ich brauche ein paar Informationen.»

«Worüber?»

«Vor circa einer Stunde haben hier zwei Männer getankt, für die wir uns interessieren. Wenn es recht ist, seh ich mir mal die Aufnahmen der Überwachungkameras an.»

«In Ordnung. Kommen Sie mit ins Office», sagte Riina und setzte sich auch schon in Bewegung. «Teemu, kümmer dich ein paar Minuten um die Kasse», rief sie einem jungen Mann zu, der in der Raststätte das Geschirr abräumte.

Teemu nickte kaum merklich. Von raschen Bewegungen schien er nichts zu halten.

Suhonen folgte der Frau an den Regalen mit Autozubehör vorbei zu einer weißen Tür, wo sie vier Ziffern in das Codeschloss eintippte. Automatisch prägte er sich den Code ein, obwohl er ihn nicht brauchte.

Die Tür führte zu einem kleinen Flur. Riina ging mit Suhonen in den ersten Raum auf der linken Seite. «Wir haben an der Kasse einen Monitor, aber alle Aufnahmen werden hier auf dem Computer gespeichert. Ein ziemlich modernes System. Bei uns sind ständig Benzindiebe zugange, und hiermit kriegen wir von allen ein Bild.»

Sie setzte sich an den Computer und tippte ein Passwort ein. «Wär schön, wenn die Polizei sie auch schnappen würde. Das Problem ist, dass die Benzindiebe nicht von hier sind, und bei der Polizei scheint es mit der Amtshilfe einfach nicht zu klappen. Und selbst wenn mal einer geschnappt wird, was hilft uns das schon. Die Typen werden verknackt, aber sie haben kein Geld, um uns den Schaden zu ersetzen. Und die Summe vor Gericht einzuklagen lohnt sich nicht, die Anwaltskosten sind höher als die Entschädigung, die wir vielleicht bekommen würden.»

Auf dem Bildschirm tauchte ein Mosaik von vierundzwanzig Bildern auf, die die Zapfsäulen, die Raststätte und die Umgebung der Tankstelle zeigten.

«Ein tolles System», sagte Suhonen. «Das Überwachungssystem meine ich.»

«Ja. Sechs Kameras, jede nimmt pro Sekunde ein Bild auf», sagte Riina und klickte eins der Bilder an, das daraufhin den ganzen Bildschirm ausfüllte. «Man kann sie vergrößern und natürlich auch ausdrucken», erklärte sie und zeigte auf den Printer. «Die Bilder bleiben vierundzwanzig Stunden im Speicher. Welche Uhrzeit suchen Sie?»

«Ungefähr 18 Uhr.»

Sie öffnete das Suchfenster und schrieb «17.50» hinein. «Okay, jetzt können Sie anfangen», sagte sie und stand auf. «Ich muss mich wieder um die Tankstelle kümmern. Mit dem Pfeil kommen Sie zur nächsten Bildfolge. Eine Serie hat immer vierundzwanzig Bilder, also vier Sekunden. Zwanzig Minuten sind dreihundert Serien, das ist schon zu schaffen. Wenn Sie Probleme haben, kommen Sie an die Kasse oder rufen Sie mich über das Haustelefon an.»

«Okay», sagte Suhonen und setzte sich an den Computer.

Die Bilder zogen an ihm vorbei. Er kam schnell vorwärts, fast in Realzeit, denn er wusste, was er suchte. Allerdings sah er sich auch andere dunkle Wagen genauer an, obwohl Salmela von einem grünen Primera gesprochen hatte. Er verließ sich nie hundertprozentig auf die Beobachtungen von Augenzeugen, denn er hatte zu oft erlebt, dass zum Beispiel bei einem Raubüberfall ein Zeuge schwor, das Fluchtfahrzeug sei blau gewesen, während es in Wahrheit rot war. Sein spezieller Freund Salmela war allerdings ein geübter Beobachter und zudem weniger nervös als ein Normalbürger.

Suhonen vergrößerte das Bild, das seinen Informanten bei der Ankunft an der Tankstelle zeigte, und überlegte, ob er Salmelas Kollegen suchen sollte, verwarf den Gedanken jedoch, auch wenn sich die Polizei in Lahti gefreut hätte. Trotzdem erkannte er den Mann auf den Bildern: Loikkanen, ein altbekannter Hehler. Der war also nach Lahti gezogen. Vielleicht sollte man ihn dort einmal besuchen.

Das nächste Bild, das Suhonen anhielt, zeigte den jungen Mann am Flipper. Am unteren Rand stand die Uhrzeit: 17.57.08. Der Bursche spielte also seit mehr als einer Stunde.

Fünf Minuten und zwölf Sekunden, also achtundsiebzig Serien später, erschien ein dunkelgrüner Primera an einer der Zapfsäulen. Sechs Sekunden später stieg auf der Fahrerseite eine bekannte Gestalt aus: Mikke Kahma. Gleich darauf kam auf der Beifahrerseite Jyrkkä zum Vorschein, der Vizepräsident der Schädelbrigade.

Suhonen vergrößerte die Aufnahmen und betrachtete sie genau. Einige druckte er aus. Die Bildqualität war gut. Auch das, was Suhonen in erster Linie suchte, war genau zu erkennen: das Nummernschild.

Der Tankstopp hatte knapp fünf Minuten gedauert. Die Bilder zeigten, wie Kahma tankte und zahlte. Jyrkkä ging auf die Toilette und kaufte anschließend vier belegte Brötchen, sechs Dosen Bier und ein paar Flaschen Limonade. Dann fuhr der dunkelgrüne Primera der Schädelbrigade davon.

Suhonen nahm die ausgedruckten Bilder und ging. Den Computer ließ er an.

Riina stand an der Kasse. «Gefunden?»

«Ja.»

«Kaffee?»

Suhonen schüttelte den Kopf. «Keine Zeit.»

«Ein andermal?», lächelte die Frau.

«Ja. Gern.»

Vor der Tankstelle rief Suhonen Takamäki an, dann schwang er sich wieder auf sein Motorrad.

23. Kapitel

Mittwoch, 20.15 Uhr
Polizeigebäude, Pasila

Joutsamo saß im Abhörraum am Computer, Takamäki stand hinter ihr.

«Jetzt sind es dreizehn Anschlüsse, die abgehört werden», sagte Joutsamo. Als Letztes war Tiina Wallins Zweithandy hinzugekommen. Genauer gesagt, der Anschluss, von dem man vermutete, dass er ihr gehörte. Die Verbindungsdaten für diesen Anschluss waren gerichtlich freigegeben, lagen aber noch nicht vor.

«Hier muss ständig jemand sitzen. Hast du die Schichten schon eingeteilt?», fragte Takamäki. Die Abhörung band Arbeitskräfte, doch in diesem Fall war sie für das weitere Vorgehen und natürlich für die Beweissammlung notwendig. Und Beweise brauchten sie, denn bei einer Vernehmung würde sicher keiner der Verdächtigen den Mord an Martinsoni-Tammerk gestehen.

«Noch nicht, aber ich kümmere mich darum.»

Der Abhörvorgang wurde per Computer gesteuert. Nachdem die richterliche Verfügung vorlag, verband die Telefongesellschaft die betreffenden Anschlüsse mit dem Polizeigebäude. Die Bürokratie sah vor, dass jede Abhörschaltung auch der Zentralkripo gemeldet werden musste. Jedes Gespräch und jede SMS wurde auf der Festplatte gespeichert, gleichzeitig erhielt man die Informationen in Realzeit. Das System gab ferner den Funkmast an, in dessen Bereich sich der abgehörte Anschluss jeweils befand. Auch eine genauere Ortung war technisch möglich, setzte jedoch eine aufwändigere Zusammenarbeit mit dem Telefonanbieter voraus.

Das Problem war nur, dass Wallins Anschluss stumm blieb.

Takamäki überließ Joutsamo im Abhörraum ihrer Aufgabe und fuhr mit dem Aufzug in die Etage der Mordkommission.

Im Großraumbüro war Suhonen gerade damit beschäftigt, verschiedene Datenbanken zu durchforsten.

«Was Neues über den Primera?»

«Ja. Er wurde bei einer kleinen Firma gemietet, die nur zehn Wagen hat. Ich hab mit dem Besitzer gesprochen. Kahma hat den Primera für zwei Tage gemietet, auf seinen Namen. Er hatte es eilig und wollte nicht einmal warten, bis der Wagen aufgetankt wurde. Deshalb haben sie in Mäntsälä gestoppt.»

«Für zwei Tage?»

«Ja. Die Burschen machen einen Ausflug. Nach dem Proviant zu schließen, haben sie einen weiten Weg vor sich.»

«Aber wohin?», überlegte Takamäki.

«Tja …»

«Sollen wir eine landesweite Fahndung einleiten? Mit der Bitte, den Wagen nicht zu stoppen, sondern nur zu melden.»

«Wär nicht schlecht.»

«Kannst du das erledigen?»

«Ja. Wenn sie auf einer der Hauptverkehrsstraßen geblieben sind, haben sie in zwei Stunden zweihundert bis zweihundertfünfzig Kilometer geschafft. Von Mäntsälä aus wären sie also auf der Vier bis kurz vor Jyväskylä gekommen, auf der Fünf fast bis Mikkeli oder, wenn sie in Lahti die Sechs genommen haben, in die Nähe von Lappeenranta.»

«Oder sie sind in irgendeinem Sommerhaus und graben nach Würmern für den Angelhaken.»

«Garantiert nicht. Wenn die beiden zum Spaten greifen, dann höchstens um verbuddelte Drogen auszugraben. Die Frage ist, was wir machen, wenn wir Jyrkkä und Kahma finden. Womöglich haben die beiden etwas mit Järns Operation bei der Zentralkripo zu tun.»

«Darum kümmern wir uns nicht. Die Zentralkripo soll tun, was sie will. Wir ermitteln in einem Mordfall, und damit basta.»

Takamäkis Handy klingelte. Römpötti, die Fernsehreporterin, rief an.

«Wie geht's?», fragte sie.

«Gut», sagte Takamäki. «Und dir? Hast du dir schon einen Millionär geangelt?»

Römpötti lachte und gab zurück: «Hast du schon angefangen, deinen Kriminalroman zu schreiben?»

«Ach weißt du, ich hab letzte Woche zwanzig Seiten für eine Ärztezeitschrift geliefert. Jetzt reicht es mir erst mal mit dem Schreiben.»

«Okay, dann muss ich halt die Ärztezeitschrift lesen. Gibt es was Neues über den Brummi-Mord?»

«Nein.»

«Seid ihr vorangekommen?»

«Wir geben uns Mühe. Ruf mich morgen nochmal an.»

«Okay», sagte Römpötti. Damit endete das kurze Gespräch.

Donnerstag

24. Kapitel

Donnerstag, 4.20 Uhr
Polizeigebäude, Pasila

Mäki saß dösend im fensterlosen Abhörraum. Er hatte die Beine auf den Tisch gelegt und sich auf dem Bürostuhl zurückgelehnt. Die Arme waren über der Brust verschränkt, die Augen geschlossen. Er hatte Joutsamo um drei Uhr abgelöst. Vorher hatte er zu Hause fünf Stunden geschlafen, war aber immer noch müde.

Um keinen Anruf zu verpassen, hatte er die Lautsprecher voll aufgedreht. Seit Schichtbeginn hatte sich nichts getan – vorher auch nicht, wie ihm Joutsamo berichtet hatte.

Als das Freizeichen ertönte, wäre Mäki fast vom Stuhl gefallen. Nach dreimaligem Tuten meldete sich eine Frauenstimme: «Hallo?»

Dem Computer zufolge wurde der Anruf von Tiina Wallins Zweithandy empfangen und kam von einem Festanschluss mit der Vorwahl 016, der einer Firma in Ivalo in Lappland gehörte. Der Firmenname ließ vermuten, dass sich das Unternehmen auf die Vermietung von Industriehallen spezialisiert hatte.

«Hallo», sagte ein Mann in süßlichem Ton. «Du bist wach?»

«Jetzt ja.»

Die Verbindung war gut. Mäki hörte jedes Wort, als stünde er daneben.

«Ja, also … Wir sind angekommen, und in einer Stunde fahren wir wieder ab. Bis hier oben haben wir elf Stunden gebraucht, zurück wird es länger dauern. Irgendwelche Probleme?»

«Nein, alles in Ordnung. Trinkt einen Kaffee, bevor ihr losfahrt, damit ihr nicht am Steuer einschlaft!»

«Kaffee? Gibt's hier nicht. Dafür aber massenhaft Mücken», sagte der Mann.

Die Frau lachte.

«Unterwegs haben wir an die zwanzig Rentiere abgeknallt. Bloß so zum Spaß. Mann, das sind vielleicht blöde Viecher! Die rennen einem vors Auto, als wären sie lebensmüde. Na, egal. Küsschen!»

«Bis bald.»

«Klar. Übrigens, noch was. Der Preis hat sich verdoppelt. Zehntausend pro Mann.»

«Wir hatten insgesamt fünf vereinbart», sagte die Frau indigniert.

«Quatsch. Erstens waren es fünftausend pro Mann, und zweitens ist es jetzt das Doppelte.»

«Meinst du?»

«Meine ich.»

«Aha», sagte die Frau. «Bis bald.»

Eine Stunde später, um halb sechs, kam Takamäki ins Präsidium. Es war kühler geworden, das Thermometer zeigte nur noch dreizehn Grad, und der Himmel war bewölkt. Eine Zeitlang hatte es sogar nach Regen ausgesehen. Das Wetter war allerdings jetzt nebensächlich.

Das Polizeigebäude wirkte so früh am Morgen verschlafen wie die ganze Stadt, doch auf der Etage der Mordkommission herrschte reges Treiben.

«Der erste Flug nach Ivalo geht erst um zwanzig nach elf», sagte Kohonen, die gerade durch den Flur ging.

«Dann nimmst du den», ordnete Takamäki an. Er war

von Mäki bereits telefonisch informiert worden. «Vergiss die Bonusmeilen nicht.»

Takamäki brachte seine Jacke und eine kleine Plastiktüte in sein Dienstzimmer und warf automatisch einen Blick auf sein Posteingangsfach. Es war so leer wie am Abend um zehn, als er nach Hause gefahren war. Er ging in den Sozialraum, füllte die Kaffeemaschine und setzte für Joutsamo Teewasser auf.

Anschließend kehrte er in das Büro seines Teams zurück. Joutsamo telefonierte, Kohonen reservierte am Computer den Flug, und Strand las Zeitung. Nurmi und Suhonen fehlten.

«Steht was drin?», fragte Takamäki, der keine Gelegenheit gehabt hatte, die Zeitung zu lesen.

«Nein. Nichts über unseren Fall.»

«Gut. Alle mal herhören: In zehn Minuten, wenn Suhonen und Nurmi da sind, gibt's Kaffee.»

Die Ankündigung wurde mit beifälligem Gemurmel aufgenommen. Durch das offene Fenster drang das satte Brummen einer Harley-Davidson herein.

Auch Nurmi war nach einem Abstecher zur Kaffeemaschine im Konferenzraum angelangt. Joutsamo nahm den Teebeutel aus ihrer Tasse.

«Okay. Womit fangen wir an?», fragte Takamäki.

«Mit dem Weltfrieden», sagte Suhonen.

«Oder mit den Polizistengehältern», schlug Kohonen vor.

Takamäki grinste. «Warum nicht gleich mit der Rückgabe von Karelien?» Die Flachserei war ein gutes Zeichen: Das Team war hellwach. «Hören wir uns erst mal das Gespräch an. Ich hab bisher nur Mäkis Transkript gelesen, gehört habe ich es auch noch nicht», sagte der Kommissar und klickte den Play-Button an. Mäki hatte das Gespräch auf eine CD kopiert.

Nach knapp einer Minute endete die Aufnahme mit Wallins «Bis bald».

«Noch einmal, bitte», sagte Suhonen, und Takamäki klickte.

Nach dem zweiten Durchlauf sah er Joutsamo auffordernd an.

«Okay, die Fakten», begann sie. «Der Anruf kam aus einer Industriehalle in Ivalo. Die Polizei vor Ort hat uns bestätigt, dass viele der Gebäude im Industriegebiet kurzfristig vermietet werden. Wer diese Halle momentan benutzt, scheint keiner so genau zu wissen. Das Geschäft ist derzeit ziemlich flau. Im Winter mieten Autobauer und Reifenhersteller Hallen für Kältetests, aber im Sommer stehen die meisten leer. Wenn die dortigen Kollegen keine ausreichende Amtshilfe leisten können, und danach sieht es aus, fliegt Kirsi mit der Vormittagsmaschine hin und hört sich um.»

«Ich hab den Flug schon gebucht», warf Kohonen ein.

Joutsamo machte eine kleine Pause und blickte in die Runde. Alle waren wach und hörten zu. «Empfänger des Anrufs war der Anschluss, der unserer Vermutung nach zu Tiina Wallins Zweithandy gehört. Nennen wir ihn einfach TW 2. Er wurde in der Nähe der Sporthalle in Töölö geortet und wird seit gestern Abend abgehört. Bis auf dieses eine Gespräch war TW 2 stumm. Was wir daraus schließen können …»

Takamäki unterbrach ihren Monolog. «Hören wir uns erst mal an, was die anderen meinen.»

«Ja. Gute Idee», sagte Joutsamo. Sie hatte sich bereits mit Takamäki über das Telefonat unterhalten, und es war besser, die anderen bei ihren Schlussfolgerungen nicht zu beeinflussen.

«Sind die Stimmen schon analysiert worden?», fragte Nurmi. «Das heißt, eigentlich brauchen wir keine Analyse. Der Mann ist Kahma, das steht fest. Bei der Frau bin ich mir nicht hundertprozentig sicher, aber es wird wohl die Wallin sein.»

«Wir geben die Analyse in Auftrag, sobald die Experten zur Arbeit kommen. Mitten in der Nacht wollte ich sie nicht alarmieren», erklärte Joutsamo.

Nurmi sah aus, als wundere er sich über diese Saumseligkeit, doch dann ging ihm auf, dass Joutsamo der gleichen Meinung war wie er selbst: Warum sich vom Labor bestätigen lassen, was man selbst mit bloßem Auge sieht?

«Und was ist mit dem Inhalt?», fragte Takamäki. «Irgendwelche Ideen?»

Schweigen senkte sich über die Runde, bis Kohonen sich räusperte und die Abschrift des Telefonats zur Hand nahm. «Wallin schläft. Kahma ruft aus Lappland an. Er ist gestern hingefahren, und zwar zusammen mit Jyrkkä. Das wird durch Suhonens Fotos aus Mäntsälä bewiesen, aber auch durch die Wendung ‹Wir sind angekommen›. Sie holen oder erledigen schnell etwas, denn sie wollen bald wieder aufbrechen. Die gemietete Halle spricht für die Abholvariante», sagte sie und griff nach der Kaffeetasse.

Da die anderen immer noch schwiegen, sprach sie nach einer Weile weiter: «Kahma sagt, der Rückweg dauert etwas länger. Sie wollen also zurück in den Süden. Diesen Schluss können wir ziehen, denke ich. Mücken und Rentiere sind nebensächlich …»

«Na ja», warf Suhonen ein, «es würde mich nicht wundern, wenn sie tatsächlich auf Rentiere geschossen hätten. So zum Spaß. Von den örtlichen Kollegen könnten wir das sicher erfahren, aber für unseren Fall ist es nicht relevant.»

«Sag ich ja», fuhr Kohonen fort. «Dann wird über die Bezahlung gestritten, und die Frau ist ziemlich sauer.»

«Genau», sagte Takamäki. «Der Wortwechsel liefert uns aber noch eine wichtige Information: Kahma und Jyrkkä sind im Auftrag der Frau unterwegs. Sonst würde Kahma sich mit seinem Bericht und seiner Geldforderung nicht an sie wenden.»

«Diese Tiina Wallin scheint tatsächlich eine zentrale Figur zu sein», ergänzte Joutsamo. «Bisher hatte ich sie eher als blondes Dummchen eingestuft, vor allem nach Suhonens Beschreibung der Szene in der Kneipe, aber jetzt tritt sie als Auftraggeberin auf, die zwei Berufskiller für sich arbeiten lässt.»

«Wenn sie Martinsoni-Tammerks Verbindungsdaten ausspioniert hat, könnte sie auch den Lkw-Mord in Auftrag gegeben haben, oder?», überlegte Strand. «Dann hat Rauta-Järn vielleicht gar nichts damit zu tun.»

«Aber sie hat Järn angerufen», gab Suhonen zu bedenken. «Es kann natürlich auch sein, dass sie Järns Informantin ist. Oder eine verdeckte Ermittlerin.»

Die anderen schwiegen.

«Sollten wir nicht doch nochmal mit der Zentralkripo reden?», meinte Suhonen nachdenklich. «Wir hatten doch sonst nie Probleme mit denen.»

«Eben, das macht die Sache ja so merkwürdig», sagte Takamäki. «Natürlich kann ich es im Lauf des Tages nochmal versuchen. Viel verspreche ich mir allerdings nicht davon …»

Suhonen trank einen Schluck Kaffee. «Was könnte es sein, was sie da abholen? Bestimmt kein Rentierfleisch! Wenn sie in einer Industriehalle sind, muss es sich um etwas relativ Großes handeln, wozu sonst die Halle? Und Kahma weiß jetzt schon, dass die Rückfahrt länger dauert …», überlegte er laut. «Na klar … Mit einem Laster hat die ganze Sache angefangen. Rauschgift könnte man auch im Pkw transportieren.»

Takamäki schlug sich an die Stirn. «Himmelsackzement, natürlich! Ein Lkw! Haben wir eine Straßenkarte?»

Kohonen stand auf und holte die aus dem Büro.

Takamäki breitete sie auf dem Tisch aus und suchte zwei Sekunden lang nach Ivalo. Wenn man sich Finnland als Frauengestalt vorstellte, lag Ivalo am Hals. Mit dem Finger folgte Takamäki der Landstraße 91 nach Rajajooseppi an der russischen Grenze. Die Strecke betrug rund fünfzig Kilometer. «Ist hier vielleicht etwas nach Finnland eingeschmuggelt worden? Irgendetwas, das jetzt weitertransportiert werden soll? Nach Schweden, Norwegen oder hierher in den Süden? Wir müssen unbedingt bei den Zollstellen nachfragen.»

Kohonen warf wieder einen Blick auf die Abschrift. «Kahma hat gesagt, sie kämen zurück.»

«Von Ivalo sind es gut tausend Kilometer bis Helsinki», sagte Suhonen. «Wenn sie sich an ihren Zeitplan halten, haben sie den Ort gerade hinter sich gelassen und rollen in Richtung Sodankylä. Tolle Landschaft da oben, da möchte ich auch mal einen Lkw fahren.»

«Guten Morgen, Finnland, hast du gut geschlafen?», trällerte Kohonen den Anfang des Brummi-Schlagers, *«Ich bin die ganze Nacht für dich gefahr'n …»*

«Die nächste Fuhre wartet schon im Hafen, doch keine Angst, ich tue, was ich kann», sang Joutsamo weiter.

Takamäki lachte. «Als Erstes muss der Laster, falls es einer ist, lokalisiert werden. Und wem gehört die Fracht? Dem Duo Riutta–Lindholm, Tiina Wallin oder unserem Freund Rauta-Järn? Diese Informationen brauchen wir dringend. Und vergesst die letzte Zeile nicht», schmunzelte er, genierte sich aber so, dass er sie nicht sang, sondern nur aufsagte: «Wenn alle andern ruhig und friedlich schlafen, treten wir hier draußen voll aufs Gas.»

25. Kapitel

Donnerstag, 15.50 Uhr
Autobahn Helsinki–Tampere, kurz vor Hämeenlinna

Mäki steuerte den unmarkierten Passat auf der Autobahn nach Norden. Die Wolken hatten sich verzogen, aber es war nicht mehr so heiß wie in den letzten Tagen. Die Tachonadel stand bei hundertzwanzig Stundenkilometern, auf der linken Spur brauste ein Wagen nach dem anderen vorbei. Ein Schild am Straßenrand wies darauf hin, dass man zum Freizeitpark Puuhamaa die nächste Abfahrt nehmen musste. «*Puuhamaa steckt voller Zauber …*» Der Werbesong kam Mäki in den Sinn, doch er wehrte ihn entschlossen ab. Wenn man den Reklamejingles auch nur die kleinste Chance gab, bekam man sie nicht mehr aus dem Ohr.

Mäki stellte das Radio lauter, um den Werbesong aus dem Kopf zu kriegen. Takamäki, der neben ihm saß, sah ihn tadelnd an. «*Puuhamaa steckt …*», sang die Leihgabe aus Malmi.

«Um Himmels willen, hör bloß auf», stöhnte Takamäki und stellte nun selbst das Radio noch lauter. Die Band Kolmas nainen sang: «*Von jetzt an hab ich Zeit in Massen, ein paar Groschen in der Tasche, Zigaretten und Kaffee sowieso …*»

Auf dem Rücksitz klingelte Joutsamos Handy. Takamäki brachte die Band sofort zum Schweigen. Am Freizeitpark war man ohnehin schon vorbei.

«Ja», antwortete Joutsamo. Das Gespräch dauerte eine halbe Minute. «Okay. Sie sind in Parola. Sollen wir an der Raststätte Linnantuuli auf sie warten?»

«Geht nicht», sagte Takamäki. «Von da kommen wir nicht in die Gegenrichtung. Wir müssen bis zum Autobahnkreuz Janakkala und dann zurück nach Süden.»

Kohonen hatte in Ivalo ganze Arbeit geleistet. Sie hatte den Primera auf dem Parkplatz eines Geschäfts entdeckt und Augenzeugen aufgetrieben, die einen Lkw gesehen hatten – den einzigen, der so früh unterwegs war. Den Beschreibungen zufolge handelte es sich um einen Sattelzug mit weißer Zugmaschine und blauem Container. Gegen Mittag hatte eine Polizeistreife das Fahrzeug auf der Straße von Rovaniemi nach Oulu gesichtet und das Kennzeichen notiert.

Wie von Takamäki angeordnet, hatten die Streifenbeamten den Lkw nicht verfolgt, sondern die Information lediglich weitergegeben. Erst in Kemi hatten sich die Observationsfahrzeuge angehängt, und seitdem wurde der Lastzug von ständig wechselnden Zivilfahrzeugen begleitet. Joutsamo koordinierte die Aktion. Dass der Lkw sehr schnell fuhr, erleichterte die Beschattung, denn somit konnten die Verfolger auf Überholversuche verzichten, ohne aufzufallen. Zurzeit waren zwei Wagen des Dezernats für Berufs- und Gewohnheitskriminalität der Kripo Tampere hinter ihm. Auf der Höhe von Hyvinkää sollte die Helsinkier Polizei die Aufgabe übernehmen. Die Spezialeinheit Karhu hatte dafür fünf Zivilfahrzeuge und sechs Mann zur Verfügung gestellt. Drei weitere Männer des Karhu-Teams saßen einsatzbereit in einem Kleintransporter, der sich dem Lkw jedoch nicht nähern, sondern als Koordinationszentrum dienen sollte. Der Wagen, in dem Takamäki, Joutsamo und Mäki saßen, war nicht aktiv an der Aktion beteiligt.

Takamäki hatte ursprünglich erwogen, die Zentralkripo in die Operation einzuweihen, sich dann aber dagegen entschieden. Die Kollegen würden sich schon melden, wenn sie Wert auf Zusammenarbeit legten. Er war mit vielen von ihnen gut bekannt, aber mit Järn und Elo kam er nicht zurecht. Die Chemie stimmte einfach nicht. Vielleicht lag es daran, dass die beiden neu im Haus waren. Oder dort wehte inzwischen ein anderer Wind.

Mäki fuhr in Janakkala ab, gelangte über die Brücke auf die andere Seite und wieder zurück auf die Autobahn, diesmal in südlicher Richtung bis zur Raststätte Linnantuuli. Dort wollten sie warten. Der Lkw war seit den frühen Morgenstunden geradewegs in Richtung Helsinki gefahren, doch er konnte die Autobahn natürlich jederzeit verlassen. Takamäki hätte darum gern einen Peilsender an dem Lkw anbringen lassen, doch das war unmöglich. Immerhin war gesichert, dass sie den richtigen Lastzug beschatteten, denn die Kollegen in Oulu hatten per E-Mail ein Foto auf Takamäkis Handy geschickt. Es zeigte das Führerhaus mit Jyrkkä am Steuer und dem schlafenden Kahma auf dem Beifahrersitz.

Anhand des Nummernschilds hatte die Polizei Nachforschungen nach dem Besitzer des Fahrzeugs angestellt, die jedoch im Sande verlaufen waren. Der Wagen gehörte einer Finanzierungsgesellschaft, von der ihn eine Speditionsfirma geleast hatte. Diese Firma wiederum hatte den Lkw für zwei Wochen an eine Paula Jussila vermietet. Unter dem Geburtsdatum, das auf dem Mietvertrag stand, existierte jedoch keine Paula Jussila. Der Wagen war unter falschem Namen gemietet worden.

Suhonen stand in Jeans und schwarzem T-Shirt vor der Wohnungstür und drückte auf die Klingel. Er war mit dem Aufzug nach oben gefahren, weil ihm beim Treppensteigen das Knie noch wehtat. Dass Kahma nicht zu Hause war, wusste er. Sollte jemand anders die Tür öffnen, würde er behaupten, er wolle etwas Geschäftliches mit Kahma besprechen. Das Treppenhaus war leer. Auf der Etage befanden sich drei weitere Wohnungen.

Suhonens Informant Salmela hatte über sein Netzwerk erfahren, wo Kahma vermutlich wohnte. Er hatte sich also trotz seiner Angst umgehört. Vielleicht ahnte er, dass Suhonen seinen Partner an der Tankstelle in Mäntsälä erkannt hatte, und wollte sich das Stillschweigen des Ermittlers erkaufen. Oder irgendwer hatte Kahmas Adresse absichtlich verraten, um der Schädelbrigade eins auszuwischen. Das war wohl die wahrscheinlichere Erklärung.

Suhonen wusste selbst nicht genau, was er in der Wohnung zu finden hoffte, wollte den Tipp aber überprüfen. Er klingelte noch einmal und hob vorsichtig den Briefschlitz, an dem kein Name stand. In der Wohnung blieb es still.

Suhonen holte ein kleines, an einen Schraubenzieher erinnerndes Werkzeug aus der Gürteltasche. Könner knackten damit mühelos jedes Abloy-Schloss. Allerdings gab es nicht viele Könner. Suhonen war bei einem Einbrecher in die Lehre gegangen und hatte als Gegenleistung einen Wohnungseinbruch seines Lehrmeisters aus dem Gedächtnis gestrichen.

Er schob die Spitze des Geräts in das Schloss und drehte die kleine Kurbel am unteren Ende. Die Arbeit erforderte Fingerspitzengefühl. Es ging darum, die elf Arretierplatten des Schlosses in die richtige Position zu bringen. Die unterschiedlich geneigten Einkerbungen am Schlüssel bewegten alle elf Platten gleichzeitig, sodass der Zylinder sich drehte und die Tür aufging. Wenn auch nur eine Einkerbung den falschen Winkel aufwies, ließ sich die Zunge nicht bewegen.

Suhonen brauchte fünfzehn Sekunden, um die Tür zu öffnen. Er war mit seiner Leistung nicht zufrieden und nahm sich vor, häufiger zu trainieren. Zehn Sekunden waren das Maximum.

Der fehlende Durchsuchungsbefehl war kein Problem. Takamäki würde das Papier ohne weiteres auch nachträglich unterschreiben, sie hatten es schon oft so gehalten. Falls sich der Verdacht bestätigte, dass es sich um Kahmas Wohnung handelte, gab es Gründe genug für eine Durchsuchung. Und so ein kleiner Einbruch war der einfachste Weg, diese Bestätigung zu bekommen.

Suhonen trat ein, wobei er darauf achtete, nicht auf die Werbeprospekte zu treten, die auf dem Fußboden lagen. Einen Fußabdruck zu hinterlassen war nicht ratsam. Er ließ die Gürteltasche offen, um notfalls schneller an die Dienstwaffe zu kommen. Man hörte Straßenlärm, und Suhonen spürte einen Luftzug, als er die Tür schloss. Offensichtlich stand mindestens ein Fenster offen. Er fragte sich, wann sich zuletzt jemand in der Wohnung aufgehalten hatte.

Es schien sich um eine Zweizimmerwohnung zu handeln. Suhonen verschaffte sich rasch einen Überblick: keine Leichen und keine Drogen. Bei Einsätzen wie diesem war er häufig auf eins von beiden gestoßen.

Die Wohnung war nicht besonders sauber. Eigentlich war sie ungefähr im selben Zustand wie Suhonens eigene Bude – Kleider auf dem Fußboden, ein paar Bierflaschen auf dem Tisch und die wenigen anderen Sachen wild durcheinander.

Auf dem Küchentisch lagen ein paar Motorradzeitungen. Er warf einen Blick auf die Rückseite, entdeckte aber keinen Adressaufkleber. Als Nächstes sah er in den Kühlschrank. Keine Beutel mit weißem oder braunem Stoff. Der Mülleimer war leer.

Suhonen ging ins Schlafzimmer. Das Doppelbett war ungemacht. Vor dem Bett lag ein kleiner gelber Flickenteppich. Im Schrank hing ein blaues Kleid. Genau so ein Kleid hatte Tiina Wallin vor ein paar Tagen in der Kneipe getragen.

Plötzlich erstarrte Suhonen, denn er hörte, wie sich ein Schlüssel im Schloss drehte. Er verwarf den Gedanken, sich im Kleiderschrank zu verstecken, nahm seine Glock-Pistole aus der Gürteltasche und wartete.

Suhonen hörte das leichte Pochen von Absätzen auf dem Parkett. Tiina Wallin, dachte er. Vielleicht. Es kann natürlich auch jemand anders sein. Nein. Höchstwahrscheinlich ist es die Wallin. In wenigen Sekunden würde sie ihn entdecken. Was waren seine Alternativen? Er konnte die Wohnung nicht ungesehen verlassen. Die Frau durfte keinesfalls auf freiem Fuß bleiben, wenn sie wusste, dass jemand in der Wohnung gewesen war, in der sie offenbar mit Kahma lebte – schon gar nicht solange der Lkw beschattet wurde.

Im selben Moment stand die Frau an der Schlafzimmertür, etwa vier Meter von Suhonen entfernt. Sie trug Jeans und ein weißes T-Shirt. Einen winzigen Augenblick stand sie wie erstarrt da, dann drehte sie sich wortlos um.

«Halt, stehen bleiben!», rief Suhonen, doch die Frau war bereits aus seinem Sichtfeld verschwunden. Die Waffe nutzte ihm gar nichts. Er machte einen raschen Schritt, rutschte auf dem Flickenteppich aus und fiel hin. Das verletzte Knie schlug gegen die spitze Ecke des Bettes. Der Schmerz war unerträglich.

Suhonen brüllte auf und hörte, wie die Wohnungstür ins Schloss fiel. «Scheiße!», rief er und wuchtete sich auf das Bett. «Gottverdammter Mist!»

Er versuchte aufzustehen, doch das Knie ließ es nicht zu. Ihm wurde fast schwarz vor Augen. Stöhnend setzte er sich wieder hin.

«Scheiße», fluchte Takamäki am Handy. Er saß in der Raststätte Linnantuuli, und Suhonen hatte ihm gerade erklärt, was passiert war. Der Kommissar stand auf und ging hinaus. Mäki trank hastig seinen Kaffee aus und nahm das angebissene Hefeteilchen mit. Joutsamo ließ ihren Tee stehen.

«Ja … das ist das einzig richtige Wort», stöhnte Suhonen am Handy.

«Bist du in Ordnung?»

«Nee, sonst wär mir die Frau nicht entwischt.»

«Brauchst du einen Krankenwagen?», fragte Takamäki besorgt.

«Nein … ich glaub nicht. Es geht schon …»

Das klang nicht sehr überzeugend, fand Takamäki. «Ich schick die Spurensicherung hin.»

«Darum kann ich mich doch …»

«Du siehst erst mal zu, dass du in die Unfallklinik kommst und dein Knie untersuchen lässt. Das ist ein Befehl, hörst du? Aber Krankschreibung nur, wenn das Bein gegipst wird. Bleib in der Wohnung, bis die Streife da ist», sagte Takamäki. Auf die Gründe für Suhonens Aufenthalt in der Wohnung ging er nicht ein, das führte zu nichts. Es war einfach Pech gewesen, dass Tiina Wallin dort aufgetaucht war. Vielleicht wäre es besser gewesen, die Wohnung zu beobachten, doch Takamäki wollte Suhonens Entscheidung nicht nachträglich kritisieren, auch wenn der Zwischenfall die laufende Operation gefährden konnte. Am meisten ärgerte sich Takamäki darüber, dass er an dieser blöden Raststätte stand, achtzig Kilometer von Helsinki entfernt. Er hätte in der Stadt bleiben sollen, aber der Reiz, an der Operation teilzunehmen, war zu groß gewesen.

«Okay, ich geh zum Arzt», sagte Suhonen, «aber eigentlich lässt der Schmerz schon nach.»

Seine Stimme verriet, dass er log. Takamäki, der inzwischen beim Passat angelangt war, beendete das Gespräch und verstaute sein Handy in der Gürteltasche.

«Suhonen war in Kahmas Wohnung in der Urheilukatu. Dort hat ihn die Wallin überrascht. Sie ist ihm entkommen, weil er sich das Bein verletzt hat», fasste er die Lage zusammen.

«Das ändert unsere Pläne», sagte Joutsamo.

Der Verkehrslärm von der Autobahn war auf dem Parkplatz hinter der Tankstelle als gedämpftes Rauschen zu hören. Während es in Helsinki kühl gewesen war, lag die Temperatur im Binnenland weit über zwanzig Grad. Einige Mücken versuchten, Polizistenblut zu erbeuten. Takamäki sah sich um. Ein paar Männer tankten gerade. Sie hörten wahrscheinlich nichts, aber sicher war sicher. «Reden wir lieber im Wagen.»

Die drei stiegen ein und schwiegen zehn Sekunden lang. Mäki und Joutsamo warteten darauf, dass Takamäki den Anfang machte.

«Die Frau weiß jetzt, dass ihr jemand auf den Fersen ist», sagte er schließlich.

«Hat sie mitgekriegt, dass Suhonen Polizist ist?», fragte Joutsamo.

«Keine Ahnung. Suhonen hat ihr zugerufen, sie solle stehen bleiben, das Wort Polizei hat er allerdings nicht gesagt. Das spielt aber keine Rolle. Wir müssen annehmen, dass Wallin die Polizei zumindest für eine der möglichen Alternativen hält.»

Joutsamos Handy klingelte. Diesmal dauerte das Gespräch zwanzig Sekunden. «Der Laster ist in Janakkala, in ein paar Minuten muss er hier vorbeikommen.»

«Ob Kahma schon von der Wallin erfahren hat, dass jemand in seiner Wohnung war?», meinte Mäki.

Takamäki sah Joutsamo an, die nickte und rief Nurmi im Abhörraum an. «Hallo. Irgendwelche Telefonate?»

Takamäki hörte Nurmis Antwort nicht, aber Joutsamo schüttelte den Kopf. Gut, das war immerhin eine Erleichterung. Die drei besprachen die Alternativen und kamen zu dem Ergebnis, den Lkw weiter verfolgen zu lassen.

Tiina Wallin fuhr auf der Helsinginkatu in Richtung Osten. Sie hatte den hellblauen Citroën C3 am Vortag gemietet, weil der Boss gesagt hatte, sie werde in den nächsten Tagen einen Wagen brauchen. Es herrschte kaum Verkehr. Sie hatte bereits ein paar Schlenker gefahren und behielt den Rückspiegel im Blick. Einmal war ihr ein Streifenwagen begegnet. Ihr Herz hatte wild geklopft, doch sie hatte sich gezwungen, ruhig zu bleiben.

Wieder sah sie in den Rückspiegel.

Wer zum Teufel war der Mann in Mikkes Wohnung gewesen? Er hatte ausgesehen wie ein Kleinkrimineller. Aber irgendwie war er ihr bekannt vorgekommen. Hatte er auf sie gewartet? Niemand wusste, dass sie in die Wohnung gehen würde. Sie hatte nur ihre Kleider holen und ihre Spuren beseitigen wollen.

Warum hatte der Mann eine Waffe in der Hand gehalten? War er ein Gegner oder ein Kumpel von Mikke? Oder gar Polizist? Und wenn ja: welche Sorte Polizist?

Es war richtig gewesen, wegzulaufen, davon war Tiina überzeugt. Der Mann hatte ihr nicht folgen können, weil er offenbar gefallen war und sich verletzt hatte. Sie hatte Gepolter und Flüche gehört.

An der Kreuzung lenkte Tiina ihren kleinen Citroën auf die Hämeentie. Dabei hätte sie beinahe einen Fußgänger überfahren, weil sie wieder in den Rückspiegel geschaut hatte statt nach vorn. Sie trat hart auf die Bremse und brachte den Wagen gerade noch rechtzeitig zum Stehen. Der Mann in Shorts, der die Straße überquerte, war so blau, dass er die Gefahr gar nicht bemerkt hatte.

Im Rückspiegel sah Tiina, dass hinter ihr kein anderer Wagen abgebogen war. Das beruhigte sie nur teilweise, denn sie hatte irgendwo gelesen, dass immer fünf bis sechs unmarkierte Polizeifahrzeuge eingesetzt wurden, um einen Wagen zu verfolgen. Sie durfte sich nicht in Sicherheit wiegen. Deshalb versuchte sie, sich die Gesichter der Fahrer einzuprägen.

Sie nahm eine Zigarette aus der Schachtel und zündete sie an. Ein Aufkleber am Armaturenbrett verbot das Rauchen im Wagen, aber das war ihr egal. Da sie das Seitenfenster geöffnet hatte, zog der Qualm sowieso nach draußen.

Sie zwang sich, ruhig nachzudenken, so ruhig, wie es ihr möglich war. Wenn der Mann in der Wohnung zur Polizei gehörte, musste sie unbedingt mit dem Boss sprechen, doch das Handy wagte sie nicht mehr zu benutzen.

Das Ganze schien total in die Hose zu gehen. Am beschissensten daran war, dass sie selbst momentan im Brennpunkt stand. Vielleicht sollte sie einfach zum Flughafen fahren und ans andere Ende der Welt fliegen. Eine junge Frau fand überall einen Weg, sich über Wasser zu halten. Je länger sie darüber nachdachte, desto verlockender erschien ihr die Idee. Ein Spiel machte nur Spaß, solange man auf der siegreichen Seite war.

Tiina lenkte den Wagen auf die Haapaniemenkatu und fuhr am Arbeitsamt vorbei. Vor ihr ragten die Betonklötze von Merihaka auf. An der nächsten Kreuzung musste sie sich entscheiden: Nach links ging es zum Flughafen, nach rechts zum Boss. Sie zögerte bis zuletzt.

Der Lkw rollte zügig über die Autobahn. Jyrkkä fuhr, Kahma saß neben ihm. Unterwegs hatten sie sich ein paarmal abgewechselt.

Kahma hatte gesehen, dass Jyrkkä irgendwelche Pillen nahm, doch das war ihm gleichgültig. Sein Partner hielt trotzdem die Spur, und wenn sie nicht gerade gegen einen Brückenpfeiler prallten, konnte ihnen selbst ein Zusammenstoß nicht viel anhaben. Ein Laster gewinnt immer, dachte Kahma.

«Nach der Tour haben wir erst mal Urlaub verdient», brummte Jyrkkä. «Vierundzwanzig Stunden Arbeit an einem Stück, Mann!»

Im Radio lief ein Song von Aerosmith. «*You can't help yourself from fallin' … Livin' on the Edge … You can't help yourself at all*», sang Steven Tyler. Jyrkkä klopfte im Takt aufs Lenkrad. Den Text verstand er nicht.

«Da hinten liegen irgendwelche Zeitungen rum», sagte Jyrkkä. «Guck mal bei den Anzeigen, ob's gute Reiseangebote gibt. Thailand, Indien oder Jamaika wär mir am liebsten.»

Kahma meinte sich zwar zu erinnern, dass es sich um Illustrierte handelte, in denen Reisebüros nicht inserierten, doch er langte gehorsam nach hinten und packte den ganzen Stapel. Obenauf lag irgendein Klatschblatt, das er rasch durchblätterte, bis sein Blick an einem Foto hängenblieb. Er betrachtete es genauer und fluchte: «Verdammte Kacke!»

«Was ist denn?», fragte Jyrkkä.

«Scheiße! Die hat uns voll ausgetrickst!»

«Wer?», fragte Jyrkkä besorgt und schielte aus den Augenwinkeln auf die Illustrierte. Kahma legte sie ihm aufs Lenkrad, sodass er das Foto von Riutta, Lindholm und Wallin genau vor sich hatte. «Scheiße, dann hab ich also doch keine Polizistin gefickt», grinste er.

«Die haben die Tussi auf uns angesetzt, als wir Lindholms Auftrag erledigt haben. Verdammt misstrauisch», meinte Kahma nachdenklich und betrachtete das Foto noch einmal. Außer Riutta, Lindholm und Wallin erkannte er keinen.

«Trotzdem, unangenehm war's nicht», erklärte Jyrkkä.

Kahma fand es in dieser Situation angebracht, mit dem Kopf zu denken statt mit dem Unterleib. Warum hatte Riutta oder Lindholm die Frau auf sie angesetzt? Das Miststück wusste über den Mord an dem Brummifahrer Bescheid und konnte sie beide verpfeifen. Vor dem Gefängnis hatte Kahma keine Angst, aber was sollte aus der Organisation werden, wenn alle Mitglieder im Knast saßen? Und warum waren sie für diesen Transport angeheuert worden? Irgendwas stimmte hier nicht. Und überhaupt, die Schädelbrigade führte keiner ungestraft hinters Licht!

«Hör mal, Jyrkkä, ich glaub, die haben uns angeschissen.»

«Wie denn?»

«Weiß ich auch nicht, aber dass Tiina bei uns aufgetaucht ist, dafür gibt's keine andere Erklärung. Irgendwas ist oberfaul.»

Jyrkkä blickte entschlossen auf die Straße. «Dann müssen wir jetzt hellwach sein.»

Kahma stand auf und holte eine Sporttasche aus dem hinteren Teil der Kabine. Er schob die obenauf liegenden Leder- und Schutzwesten beiseite und überprüfte das Arsenal.

Kohonen saß in einem kleinen Café im Zentrum von Ivalo und aß ein Brötchen mit Rentierschinken. Außer ihr waren nur zwei weitere Gäste da. Der eine saß stocksteif in der

Ecke und las Zeitung, der andere telefonierte mit seinem Handy.

Der Kollege von der hiesigen Polizei, den man ihr als Assistenten zugeteilt hatte, war kurz aufs Revier gegangen. Kohonen war mit ihrer Arbeit fast fertig; sie wollte nur noch mit dem Besitzer der Industriehalle sprechen und ihn nach dem Mietvertrag fragen. Das würde zwar nicht viel bringen, da die Halle über eine ganze Kette von Firmen weitervermietet worden war, aber sie wollte wissen, wer den ersten Vertrag unterschrieben hatte.

Ansonsten war die Dienstreise erfolgreich verlaufen. Sie hatte mit dem Personal der anderen Firmen im Industriegebiet gesprochen und dabei von dem Lkw erfahren. Einer der Arbeiter im Nachbarbetrieb meinte, er sei schon am Dienstag in die Halle gebracht worden. Die nächtliche Abfahrt hatte niemand beobachtet, doch sie war von einer Überwachungskamera aufgezeichnet worden.

Die Lagerhalle war leer gewesen, und die Kollegen aus Ivalo hatten sofort mit der Suche nach Fingerabdrücken begonnen.

Kohonen trank einen Schluck Mineralwasser. Der Rentierschinken war zäh und salzig. Sie hatte den Rückflug für 19.10 Uhr gebucht. Nach einer Zwischenlandung in Kittilä würde die Maschine gegen halb zehn in Helsinki landen. Kohonen hätte gern gewusst, wie es mit der Beschattungsoperation stand, wollte aber weder Joutsamo noch Takamäki stören.

Ihr Handy klingelte. «Kohonen», meldete sie sich kauend.

«Hallo. Das ist Kommissar Jan Voidek aus Tallinn.»

«Grüß dich», sagte Kohonen und trank noch einen Schluck Wasser, um den Bissen herunterzuspülen.

«Ist schlechte Zeit?»

Kohonen schluckte und räusperte sich. «Nein, ich bin grad beim Essen. Was gibt's?»

«Die Erschießung von Tammerks Familie ...»

«Ja?»

«Ich hab da was erfahren ... Nur gehört. Das ist ja nicht mehr unser Fall. Aber kann doch nützlich für dich sein. Man sucht einen Mann, dessen Spur im Hafen von Tallinn endet, bei Schnellboot.»

«Und wer ist dieser Mann?»

«Ein Finne, Lauri Lindholm. Drogengangster, hab ich gehört. Der hat nicht geschossen, aber den Killer bezahlt. Auf denselben Haufen gehört auch der Mord an Tams, der für FF-Transport Fuhren organisiert hat.»

«Von wem hast du die Information?»

«Ein Kollege von Zentralkripo hat erzählt.»

«Nein, ich meine, dass Lindholm unter Verdacht steht», präzisierte Kohonen. Wie schön, dass irgendwo noch Informationen weitergegeben werden, dachte sie.

«Der Killer ist Lette. Die Information kommt aus Riga.»

«Wann ist Lindholm nach Finnland zurückgekehrt?»

«Am Montag. Abfahrt eine Stunde vor der Tat.»

Damit hatte Lindholm zugleich ein Alibi für den Brummimord, dachte Kohonen.

«Raus!», kommandierte Lindholm. Sein schwarzes T-Shirt hätte ruhig eine Nummer größer sein dürfen. Wahrscheinlich hatte er es absichtlich zu klein gekauft, um seine Muskeln besser zur Geltung zu bringen. Die Zigarettenschachtel hatte er in den Ärmel geschoben.

Tiina gehorchte. Es blieb ihr auch nichts anderes übrig. Lindholm rief ihr nach, sie solle die Tür hinter sich zumachen und in der Küche warten. Riutta und Lindholm blieben allein im dunkel möblierten Bibliothekszimmer der Villa in Westend zurück.

«Was nun?», fragte Riutta und machte Anstalten, sich einen Whisky einzuschenken.

«Als Allererstes lässt du den Schnaps stehen», knurrte Lindholm, setzte aber versöhnlicher hinzu: «Wenn es recht ist. Wir brauchen jetzt einen klaren Kopf.»

«Ist schon recht», sagte Riutta und stellte die Flasche zurück. Er konnte sich später einen Drink genehmigen. Vielleicht war es tatsächlich besser so. «Ich warte.»

«Worauf?», fragte Lindholm verdattert.

«Auf die Gedanken aus deinem klaren Kopf.»

Lindholm schwieg, und Riutta wartete.

«Na?»

«Verdammt nochmal! Ich kann doch nicht gleichzeitig reden und denken.»

Riutta hätte beinahe eine sarkastische Bemerkung gemacht, beschränkte sich aber darauf, die Whiskyflasche zu nehmen und sich einen Fingerbreit einzugießen. Lindholm sah ihm mit finsterem Blick zu.

«Denk du nur. Ich trink inzwischen was.»

«Scheiße», sagte Lindholm und nahm eine drohende Haltung an.

Riutta nippte an seinem Whisky. «Einigen wir uns darauf, dass ich das Denken übernehme und du das Handeln. Ich glaube … nein, ich weiß, dass es so herum besser ist – aus Erfahrung.»

Die Bemerkung saß. «Okay, sprich.»

«Wo ist der Laster jetzt?»

«Weiß ich nicht genau, ein paar Stunden vom Treffpunkt.»

«Also, die Fracht ist unsere erste Priorität. Die muss weitergeliefert werden. Dann kommt das zweite Problem. Die

Polizei. Ich nehme jedenfalls an, dass es die Polizei ist. Vorläufig müssen wir davon ausgehen. Wenn die in der Wohnung von dem Brigadekerl waren und Tiina dort gesehen haben, kommen sie ihr auf die Spur, das steht fest. Ich erzähl dir jetzt was, wovon du eigentlich nichts wissen darfst. Du wirst gleich verstehen, warum.»

«Na, was?»

«Ich hab meinen eigenen Polizisten, der dafür sorgt, dass die Fuhren über die Grenze gehen. Als Durchwinker bei einer Polizeioperation.»

«Was?» Lindholm machte große Augen. «Einen eigenen Polizisten?»

«Bei der Zentralkripo.»

«Was?», wiederholte der Ganove.

Riutta nickte. «Kaum zu glauben, oder?»

«Das kannst du laut sagen. Wie hast du den ...»

«Das geht dich nichts an, aber um alle Zweifel zu zerstreuen, will ich's dir sagen: mit Geld. Den Namen erfährst du nicht.»

Lindholm runzelte die Stirn. «Warum mussten wir den estnischen Bullen und die anderen erledigen, wenn du einen eigenen Mann in der Organisation hast? Hätte der die Sache nicht regeln können?»

«Ihm waren die Hände gebunden, weil irgendwer im Ausland den Esten ins System eingeschleust hat. So hat er es mir erklärt.»

«Und du traust ihm?»

«Ja. Vorläufig jedenfalls», lächelte Riutta.

«Ich dachte, der Este wäre durch die Telefondaten aufgeflogen, die Tiina geliefert hat.»

«Das denkt Tiina auch. Du musst nicht alles glauben, was du hörst ... Trotzdem haben wir ein Problem. Unser Freund sitzt bei der Zentralkripo, aber für die Sache mit dem Lkw-Fahrer ist die Helsinkier Kripo zuständig. Mein Kontakt hat versucht, die Ermittlungen zu bremsen, aber das ist ihm offenbar nicht gelungen.»

«Was sollen wir tun?»

Riutta trank wieder einen Schluck Whisky. «Jetzt brauchen wir einen Snooker. Wir müssen auf Risiko spielen und die weiße Kugel in einen toten Winkel stoßen, wo sie die Polizei nicht treffen kann.»

«Und das heißt?»

«Die beiden von der Brigade und Tiina sind die Einzigen, die uns mit der Sache in Verbindung bringen können. Die drei müssen ausgeschaltet werden. Ich traue ihnen nicht.»

«Den Brigadeleuten? Die singen nicht. Garantiert nicht.»

Riutta brauste auf: «Mag ja sein, aber was hatte der Polizist in der Wohnung zu suchen, Mann? Wenn wir nichts unternehmen, sitzen wir bald alle beide in der Zelle, wegen Anstiftung zu dreifachem Mord. Verdammt nochmal, kapierst du das nicht?»

«Wer macht es?», fragte Lindholm ruhig.

«Du bist der Einzige, auf den ich mich verlassen kann … Du hast zwei Stunden Zeit, nach Hanko zu kommen.»

Lindholm sah Riutta finster an. «Ich?»

«Was ist? Bringst du es nicht fertig?»

«Kein Problem», erwiderte Lindholm barsch. «Für dreifache Anstiftung sitzt man genauso lang wie für dreifachen Mord.»

«Wir werden nicht verurteilt», lächelte Riutta. «Notfalls bestechen wir den Richter. Das haben andere auch getan, hab ich mir sagen lassen. Auf jeden Fall muss die Fracht weitergeleitet werden.»

Die Uhr am Armaturenbrett im Passat der Kriminalpolizei zeigte 16.35. Fünf Minuten zuvor war der Lkw bei Hyvinkää von der Autobahn abgezweigt und fuhr nun in südwestlicher Richtung auf der Landstraße 25, die über Lohja, Karjaa und Tammisaari nach Hanko führte. Von Hyvinkää nach Hanko waren es knapp hundertfünfzig Kilometer.

Wegen des Hafens in Hanko hatten die Ermittler sofort an einen Schiffstransport gedacht, und Joutsamo hatte den Fahrplan überprüft. Die Fähre, die täglich zwischen Hanko und Rostock verkehrte, legte um 22 Uhr ab, das kam zeitlich hin. Da die Reederei keine Auskunft darüber geben wollte, ob für den beschatteten Lkw eine Überfahrt gebucht war, hatte Joutsamo bei Strand im Präsidium angerufen und ihn gebeten, die Information mit Hilfe des Zolls, der Grenzbehörde oder der Hankoer Polizei zu besorgen.

Takamäki hatte allerdings eingewandt, dass an der Strecke zahllose Industriehallen lagen. Es war nicht auszuschließen, dass der Lkw in eine dieser Hallen fuhr, wo die Fracht in kleinere Mengen aufgeteilt oder auf einen anderen Laster umgeladen wurde. Andererseits deutete die Operation der Zentralkripo darauf hin, dass es sich eher um eine Transitlieferung handelte.

Die Straße schlängelte sich zwischen Feldern und Waldstreifen hindurch. Takamäkis Wagen war momentan der vorletzte in der Schlange der Verfolger. Hinter ihm kam nur noch der Wagen des Einsatzleiters. Der Lkw war fünf bis sechs Kilometer vor ihnen. Die Polizei von Tampere hatte ihn bis Hyvinkää begleitet. Dort hatten sechs Wagen des Karhu-Teams die Verfolgung übernommen und wurden nun in stetem Wechsel so eingesetzt, dass immer einer in Kontaktfunktion, das heißt in Sichtnähe des Lasters war. Alle Autos waren so unauffällig wie nur möglich: ein grauer Toyota, ein blauer Nissan und ähnlich häufige Marken. Die

Kennzeichen führten nicht zum Innenministerium, sondern zu Autohändlern und Finanzierungsgesellschaften. Bei Bedarf konnte auch Takamäkis Wagen die Kontaktfunktion übernehmen, falls die Fahrt sich in die Länge zog und neue, noch unbekannte Fahrzeuge gebraucht wurden.

«Hast du dich schon entschieden, wie wir weiter vorgehen?», fragte Joutsamo.

«Nein. Wir bleiben einfach dran und warten ab, wohin sie uns führen», sagte Takamäki. Ihm war klar, dass sie praktisch keine Alternativen hatten. Die Informationen über die Ermittlungen in Tallinn, die Kohonen telefonisch durchgegeben hatte, untermauerten zwar den bestehenden Verdacht, doch der Mord an Tammerk-Martinsoni war damit noch nicht aufgeklärt. Vor allem fehlten eindeutige Beweise. Unter normalen Umständen hätte die Polizei Jyrkkäs und Kahmas Telefone notfalls monatelang abgehört, um konkrete Hinweise zu bekommen. Doch da Suhonen in Kahmas Wohnung ertappt worden war, wurde die Zeit knapp.

Takamäki wusste, dass Joutsamo seine Laissez-faire-Taktik nicht für richtig hielt. Sie hätte sich ein planmäßigeres Vorgehen gewünscht. Aber der Kommissar wollte herausfinden, an wen der Lkw übergeben wurde. Deshalb waren die Männer von der Spezialeinheit auch mit Kameras ausgestattet. Fotos von der Übergabe würden wichtige Beweismittel darstellen.

Vierzig Kilometer vor Lohja kamen sie an eine Kreuzung. Dem Straßenschild zufolge führte die nach rechts abzweigende Straße nach Karkkila.

26. Kapitel

Donnerstag, 18.00 Uhr
Hankoer Landstraße, ca. 20 km vor Hanko

Jyrkkä trat härter als nötig auf die Bremse. Ein Berufsfahrer hätte über seinen Fahrstil den Kopf geschüttelt, doch dafür, dass Jyrkkä nicht einmal den Lkw-Führerschein besaß, machte er sich recht gut. Der Laster hatte Automatikgetriebe und war leicht zu steuern, solange man nicht zurücksetzen musste.

Jyrkkä blinkte nach links und fuhr auf die Abbiegerspur. Dort musste er warten, da aus der Gegenrichtung einige Wagen kamen. Die lange Fahrt näherte sich dem Ende. Ihr Auftrag hatte gelautet, den Laster in Lappland abzuholen und zu einer ehemaligen Tankstelle an der Hankoer Landstraße zu bringen.

Die Stadt Hanko war etwa zwanzig Kilometer entfernt. Es war eine stille Gegend, in der näheren Umgebung gab es keine Häuser. Zu beiden Seiten der Straße wuchs trockener Heidewald.

Als die Gegenspur frei war, gab Jyrkkä Gas und lenkte den Lkw auf die kleine Nebenstraße. Kahma saß mit ernstem Gesicht neben ihm.

Eine asphaltierte Zufahrt führte zur Tankstelle. Links davon befand sich eine kleine Lagerhalle aus Wellblech, vor der Schrott herumlag. Irgendwer hatte einen alten Kühlschrank auf den Haufen gekippt. Rund um das relativ große Grundstück standen Bäume. Junge Kiefern verdeckten die Sicht zur Straße. Es war der ideale Platz für die Übergabe.

Die Tankstelle bot einen traurigen Anblick. Das Einzige,

was noch aufrecht stand, waren ein schäbiges kleines Gebäude und ein Müllcontainer. Die Zapfsäulen waren abtransportiert worden, wahrscheinlich zu einer der automatisierten Tankstellen, deren Konkurrenz diese kleine Station vor vier Jahren in den Konkurs getrieben hatte. Für die Säuberung des verseuchten Bodens würden vermutlich die Steuerzahler aufkommen müssen.

Jyrkkä und Kahma wussten nichts über den Bestimmungsort und die Fracht des Lasters. Das war auch nicht nötig. Vermutlich sollte er im Hafen von Hanko auf ein Schiff verladen werden, sonst hatte es keinen Sinn, ihn in diese Gegend zu bringen. Doch auch das war egal. Scheißegal.

Entscheidend war, dass sich die Skull Brigade von keinem übers Ohr hauen ließ. Jyrkkä brachte den Lkw zwischen der Tankstelle und der Wellblechhalle zum Stehen.

Der Hiace war eigentlich rot, doch die dicke Schmutzschicht ließ ihn graubraun aussehen. Unter dem Schmutz war der fast schrottreife Kleintransporter von Rost zerfressen.

Tiina Wallin saß am Steuer, Lindholm neben ihr. Das Tempo lag bei siebzig Stundenkilometern, schneller wollte Tiina nicht fahren, um die Abzweigung nicht zu verpassen. Der Karte nach musste sie bald kommen. Der Treffpunkt war eine abgelegene, verlassene Tankstelle.

Tiina bereute ihre Entscheidung. Statt nach Westend hätte sie doch lieber zum Flughafen fahren sollen. Es war nie die Rede davon gewesen, dass sie zum Treffpunkt mitkommen sollte. Lindholm hatte sie dazu gezwungen. Sie hätte zu gern gewusst, was er mit Riutta besprochen hatte, während sie in der Küche wartete. Unmittelbar danach waren sie aufgebrochen.

Unterwegs hatte Lindholm gesagt, die Motorradfritzen

bekämen, was sie verdienten. Danach würde er den Lkw von der Tankstelle zu einer Lagerhalle in Hanko fahren, von wo eine Speditionsfirma ihn auf die Fähre nach Deutschland bringen würde. Tiina müsse den Hiace kutschieren. Sie hatte sich gefragt, weshalb sie mit dieser Schrottkarre nach Hanko fuhren, obwohl ihnen genug ordentliche Autos zur Verfügung standen, hatte es aber nicht gewagt, ihre Verwunderung laut zu äußern.

«Da», brummte Lindholm. Sehr viel mehr hatte er auf der ganzen Fahrt nicht von sich gegeben. Sie hatte keine Ahnung, was ihm über die Leber gelaufen war. Jetzt zog er einen Briefumschlag aus der Brusttasche. «Hier ist das Geld. Das gibst du den beiden Clowns.»

«Warum ich?»

Lindholm sah stumm geradeaus.

Tiina trat auf die Bremse und bog ab. Von der Straße aus war der Laster nicht zu sehen gewesen, doch als sie über die Zufahrt rollten, entdeckte sie ihn.

Joutsamo beendete das Telefonat. «Er parkt an einer stillgelegten Tankstelle vier Kilometer von hier.»

«Ist sonst noch jemand dort?», fragte Takamäki nervös. Der Passat der Kripo fuhr gerade am Dorf Lappohja vorbei.

«Steht noch nicht fest. Sie versuchen es zu klären. Es ist eine verdammt schwierige Stelle. Die Abzweigung führt nur zur Tankstelle, und da die stillgelegt ist …»

«Wir brauchen Beobachter.»

«Schon unterwegs. Sie schlagen einen Bogen und schleichen sich von der Seite an.»

«Das klingt ja wie im Landserheftchen. Bewaffnete Männer schleichen durch den Wald», sagte Mäki, der immer noch am Steuer saß.

Takamäki ignorierte den Kommentar. Vielleicht war es besser, Mäki nach Malmi zurückzuschicken. Fragen stellen war in Ordnung, unnützes Gerede nicht. Das brachte einen nur durcheinander. Die Situation war extrem problematisch.

«Ob da die Übergabe stattfindet, oder ob sie sich bloß ein paar Stunden aufs Ohr hauen wollen, bevor sie auf die Fähre müssen?», redete Mäki weiter.

«Schwer zu sagen», erwiderte Joutsamo. Die kürzlich ausgebesserte Straße war in gutem Zustand. Vor ihnen fuhr ein uralter Toyota Corolla in Schneckentempo, und das im Überholverbot. Joutsamo sah auf die Straßenkarte. «Es sind jetzt noch zweieinhalb Kilometer. Also zwei bis drei Minuten …»

Takamäki wollte sich nicht drängen lassen. «Wir fahren geradeaus weiter und warten ein Stück weiter weg. Zeit, unsere Brötchen zu essen …»

Dabei wusste er genau, dass sie so schnell nichts essen würden. Die Operation konnte sich in die Länge ziehen, denn sie würden dem Lkw so weit folgen, wie es nur möglich war. Eine Kabine auf der Fähre nach Rostock war bereits für sie gebucht, aber von Hanko fuhren auch andere Schiffe ab. Ein Problem mehr in diesem verdammten Wirrwarr. Morgen musste der ganze Fall neu koordiniert werden. Die Ereignisse in Tallinn waren so schwerwiegend, dass eine gemeinsame Arbeitsgruppe mit der estnischen Zentralkripo gebildet werden musste. Karila konnte die Leitung übernehmen. Den Gedanken, die Urlaubsreise nach Kreta absagen zu müssen, schob Takamäki rasch beiseite.

Joutsamos Handy klingelte. «Ja», meldete sie sich. «Was? … Nein. Scheiße! … Klar.»

Polizeimeister Jarmo Eronen lief durch den Wald. Fichtenzweige hatten ihm Gesicht und Hände aufgerissen, doch er störte sich nicht daran. Seine normale Arbeitskleidung – schwarzer Overall und Helm – hätte ihn vor den Blessuren geschützt, doch er trug nur Jeans, ein graues T-Shirt und eine schwarze, für Sondereinsätze entwickelte Schutzweste, die mit Klettbändern befestigt wurde.

Sein Wagen stand auf einer Nebenstraße, etwa fünfhundert Meter von der Tankstelle entfernt. Eronen hatte bereits die Hälfte der Strecke zurückgelegt.

In der linken Hand hielt er ein Gewehr, ein Heckler & Koch MSG 90, gut einen Meter lang und sechs Kilo schwer. Er schlug einen Bogen um einen hohen Ameisenhaufen und sprang über ein paar flache Felsen, da fiel in etwa zweihundert Meter Entfernung ein Schuss. Und gleich darauf ein zweiter.

Eronen forcierte das Tempo. Noch hundertfünfzig Meter bis zum Waldrand. Aus dem Kopfhörer seines Funkgeräts kamen mehr Fragen als Befehle. «Eronen, bist du endlich in Stellung?», drängte der Einsatzleiter.

Eronen hatte sein Mikrophon ausgeschaltet und versuchte im Laufen den kleinen Einschaltknopf zu drücken. Verdammt! Er wollte keine Zeit verlieren. Endlich klappte es. «Eronen … noch … unterwegs», keuchte er ins Mikrophon.

«Tempo!», kommandierte Einsatzleiter Turunen. «Da wurde gerade geschossen.»

Eronen hätte am liebsten geflucht, doch das war in den Funkanweisungen ausdrücklich verboten. Außerdem wurde der gesamte Funkverkehr aufgezeichnet und analysiert, wenn nicht im Gerichtssaal, dann spätestens bei der nächsten internen Schulung. Wenn man etwas Falsches sagte, musste man sich dann in Grund und Boden schämen.

Der Waldrand lag nun unmittelbar vor ihm, zwischen den Bäumen war bereits die Tankstelle zu erkennen, die allerdings den Lkw zum Teil verdeckte. Eronen verlangsamte das Tempo ein wenig und lief etwa zwanzig Meter nach rechts zu einer kleinen Einbuchtung. Von dort würde er den ganzen Laster sehen können.

«Eronen, in Position? Was geht vor?», fragte Turunen.

«Zwanzig Sekunden», sagte Eronen und schlich sich über die letzten zehn Meter gebückt an. Sein Hemd war am Rücken nassgeschwitzt. Ein Scharfschütze, der außer Atem war, verfehlte leicht sein Ziel. Nach einigen Sekunden atmete er wieder regelmäßig und nahm den satten Geruch des sonnenwarmen Waldes wahr.

Lindholm saß auf dem schmutzigen Asphalt und lehnte sich an die hellgraue Wand der Tankstelle. Er hatte beide Hände um den Oberschenkel geklammert. Das Blut hatte die Jeans dunkel gefärbt. Er verzog das Gesicht und fluchte. Jyrkkä stand zwei Meter vor ihm, die Waffe auf ihn gerichtet.

Tiina Wallin hätte laut geschrien, wenn sie es gewagt hätte. Aber Mikke hielt sie im Würgegriff und zwang sie, Lindholm anzusehen.

Es war alles so schnell gegangen, dass Tiina nicht recht begriff, was passiert war. Sie hatten neben dem Lkw angehalten und waren ausgestiegen. Die beiden Brigademänner waren aus der Fahrerkabine geklettert, Tiina hatte den Briefumschlag hervorgeholt und ihn Mikke lächelnd hingehalten. Da hatte Lindholm plötzlich eine Waffe gezogen und auf Jyrkkä geschossen, aber nicht getroffen. Zu einem zweiten Versuch hatte er keine Gelegenheit mehr gehabt, denn Jyrkkä hatte ihn ins Bein geschossen und den schweren Revolver, der ihm aus der Hand gefallen war, an sich genommen.

«Shit! Ihr werdet sterben», zischte Lindholm. Sein Gesicht war blutverschmiert, weil er sich mit der Hand über die Stirn gewischt hatte.

Jyrkkä lachte und schoss Lindholm in das andere Bein. «Falsch», grinste er. «Du stirbst!»

Lindholm schrie auf, verstummte aber sofort, um nicht zu zeigen, wie er litt.

Jyrkkä drehte sich zu Tiina um und richtete die Waffe auf sie. Seine Augen waren völlig ausdruckslos. Mikke ließ Tiina los und trat ein paar Schritte zur Seite. «Raus mit der Sprache! Wer hat euch hergeschickt? Den leg ich auch um!»

Tiina zitterte und brachte kein Wort heraus.

«Wird's bald, du verdammte Nutte!»

«Wir sollten euch das Geld bringen. Ich versteh das alles nicht.»

«Quatsch!», brüllte Jyrkkä. «Der Scheißkerl wollte uns umbringen. Ich glaub dir kein Wort!»

Tiina stammelte mühsam: «Nein, nein … Ich weiß nichts. Ich hab bloß den Wagen gefahren …»

«Denkst du, ich mache Witze?», schrie Jyrkkä, drehte sich um und schoss Lindholm mitten ins Gesicht. Lindholm war sofort tot, sein Körper sackte auf die Erde. Blut tropfte von der Wand der Tankstelle.

Jyrkkä machte einen Schritt auf Tiina zu und zielte auf ihren Kopf. Der Abstand betrug weniger als einen Meter. «Glaubst du mir jetzt? Wohin willst du die erste Kugel? In die Brust, ins Knie oder ins Kinn?»

Der Mann war total verrückt. «Ich weiß nicht, warum Lindholm geschossen hat … Könnten wir nicht … Mikke, hilf mir!», flehte Tiina.

«Hör auf mit dem Scheiß!», sagte Jyrkkä.

Tiina hatte gerade noch Zeit zu überlegen, ob sie die Augen zumachen sollte, da zuckte Jyrkkäs Kopf. Erst dann war der Schuss zu hören. Jyrkkä schlug auf den Asphalt auf. Die Hälfte seines Kopfes schien weggeblasen zu sein.

«Jyrkkä!», schrie Mikke und ging hinter dem Rad des Lasters in Deckung. «Das kam aus dem Wald!»

«Nein, nein, nein ...», jammerte Tiina.

«Komm her!», rief Mikke und richtete seine Waffe auf sie. «Komm!»

Tiina wäre am liebsten davongerannt, doch sie gehorchte.

«Scheiße! Irgendwer hat Jyrkkä erschossen! Wer ist im Wald?», wollte Mikke wissen.

«Ich weiß es nicht ...»

«Du wirst auch sterben.»

«Ich will nicht ...», schluchzte Tiina. Sie konnte nicht begreifen, wieso alles ganz anders lief als geplant.

«Verdammte Scheiße! Jyrkkä ist tot. Einfach so.» Mikke redete mit sich selbst. Er überlegte fieberhaft, was er tun sollte.

Eine betont ruhige Stimme aus einem Megaphon unterbrach ihn. «Hier spricht die Polizei! Hier spricht die Polizei! Kommen Sie mit erhobenen Händen hervor. Ich wiederhole ...»

Einsatzleiter Turunen legte das Megaphon weg. Der weiße Kleintransporter stand an der Kreuzung und versperrte die Nebenstraße. Über die Landstraße, an deren Rand vier unmarkierte Polizeifahrzeuge parkten, donnerte weiterhin der Verkehr, Turunen hatte nicht genug Leute, um sie zu sperren. Es war wichtiger, den ganzen Trupp in die Nähe des Tatorts zu bringen. Außer Eronen waren inzwischen sechs weitere Männer im Wald, zwei waren bei Turunen geblieben.

Takamäkis Wagen hielt am Straßenrand, und das Trio von der Mordkommission rannte zu Turunen.

«Wie steht's?», fragte Takamäki.

«Verdammt schlecht.»

«Was ist?»

«Mindestens zwei Tote. Jyrkkä hat einen bisher nicht identifizierten Mann erschossen, der in einem alten Kleintransporter ankam, und wollte auch die Frau, die mit ihm gekommen war, erschießen. Da habe ich unserem Scharfschützen Anweisung gegeben, ihn auszuschalten. Jetzt sind dort noch Kahma und die Frau. Momentan haben wir keinen Sichtkontakt zu den beiden. Sie sind wahrscheinlich im Laster oder irgendwo dahinter in Deckung.»

«Eine Geiselnahme?», überlegte Joutsamo. «Sollten wir hingehen?»

«Wir kennen die Situation nicht. Ich hab Verstärkung aus Hanko, Tammisaari und Espoo angefordert. Wir müssen dafür sorgen, dass sich die Lage abkühlt», sagte Turunen.

Joutsamo dachte bei sich, dass Abkühlung an einem heißen Sommerabend verdammt schwer zu erreichen war.

Turunen griff wieder zum Megaphon. «Hier spricht die Polizei ...»

Mikke zog das Seil um Tiinas Handgelenke straff. Sie saß auf der Schlafpritsche in der Fahrerkabine, die Hände auf dem Rücken zusammengebunden.

«He, Honey, ich geb dir 'ne Chance», sagte Mikke mit breitem Lächeln. Er hatte die Schutzweste angelegt und die Lederweste der Schädelbrigade darübergezogen. Nun beugte er sich vor und nahm eine Handgranate der schwedischen Armee aus der Sporttasche, die auf dem Vordersitz stand. Er riss den Abzugsring ab, hielt den Sicherungssplint jedoch heruntergerückt. «Weißt du, was das ist?»

Tiina nickte.

«Schön, dann heb mal den Kopf ... Nur, damit du nicht wegrennst ... So, und jetzt den Kopf runter und das Ding einklemmen. Ich rate dir, den Kopf ganz still zu halten, sonst fällt dir das Ei in den Schoß. Dann dauert's noch fünf Sekunden, bis es explodiert. Guck schön demütig nach unten, das sagen die Wärter im Knast auch immer.»

Er drückte ihr einen Kuss auf die Stirn. «Kennst du ‹Going down in a blaze of glory› von Bon Jovi? Das kannst du summen, passt irgendwie ... Ich komm dich bald holen.»

Tiina spielte mit dem Gedanken, die Granate sofort fallen zu lassen, doch in fünf Sekunden würde Mikke es locker schaffen, rauszuspringen, sie dagegen nicht, denn sie war auch an den Füßen gefesselt. Der Sicherungssplint drückte unter dem Kinn, aber sie war wild entschlossen, durchzuhalten. Die Position war unbequem, die Muskeln an Schultern und Nacken verkrampften sofort. Sie hätte am liebsten um Gnade gebettelt, wagte aber nicht zu sprechen, denn es kam ihr vor, als ob die Handgranate langsam unter dem Kinn wegrutschte. Sie presste den Kopf noch fester nach unten.

Mikke nahm die Tasche, stieg aus und suchte sofort hinter einem der Reifen Deckung. Aus einer kleinen Schachtel nahm er zwei Tabletten, die seine Reaktionen beschleunigen sollten. Jyrkkä lag immer noch auf dem Asphalt. Niemand war zu sehen, aber er wusste nun, dass er von Polizisten eingekreist war. Einer von den verdammten Geheimbullen hatte Jyrkkä abgeknallt. Das schrie nach Rache. Jyrkkä würde genauso handeln, wenn Mikke auf dem Asphalt läge. Was aus ihm selbst wurde, spielte keine Rolle mehr.

Die Polizei hatte eine Schwäche, und die wollte Mikke sich zunutze machen. Er hängte die abgesägte Schrotflinte in eine Öse an der linken Innenseite der Weste. Rechts verstaute er zwei Handgranaten. Die Automatikpistole steckte er in den Hosenbund. Mikke schätzte seine Überlebenschance auf zehn Prozent. Aber wenn er draufging, würde er einige Bullen mitnehmen.

Das Amphetamin wirkte bereits. Er spürte, wie sich die Muskeln in blauen Strom verwandelten. Nichts konnte ihn aufhalten. Nichts war schneller als blauer Strom.

Mikke stand auf und ging zu Jyrkkä. Er küsste die blutige Stirn seines toten Brigadekumpels. Der Kopf war weich wie ein Lederbeutel. Mikke schmeckte das Blut auf den Lippen. Scheißbullen!

«Eronen hier», kam die Stimme des Scharfschützen aus dem Funkgerät. «An der Tankstelle rührt sich was. Kahma ist rausgekommen. In Lederweste. Beugt sich über den Toten. Was tun wir?»

«Ist jemand in unmittelbarer Lebensgefahr?», fragte Turunen.

«Nein. Sonst ist niemand zu sehen.»

«Verstanden. Geschossen wird nur in Notwehr.»

Takamäki, Joutsamo und Mäki hörten schweigend zu. Die Kompetenzen waren geklärt: Vor Ort war Turunen der Chef, obwohl Takamäki einen höheren Dienstrang bekleidete.

«Ist Kahma bewaffnet?», fragte Turunen.

«Keine Waffen zu sehen. Jetzt steht er auf, scheint in eure Richtung zu gehen. Er ist noch etwa fünfzehn Meter in meinem Sektor, dann verschwindet er hinter dem Haus», sagte Eronen.

«Kann ihn einer von den anderen sehen?»

«Wenn er hinter dem Haus hervorkommt, ist er circa zwanzig Meter vor mir», meldete sich Härmälä. «Links steht ein Müllcontainer, der Deckung bietet, ansonsten offene Fläche.»

Härmälä war der erste Posten zwischen der Tankstelle und der Einsatzleitung. Auf der anderen Seite des Weges war Korhonen postiert. Sonst war niemand auf diesem Abschnitt. Außer Turunen und dem Trio der Mordkommission.

Turunen hätte jetzt gern einen Hund gehabt, den er dem Mann entgegenschicken konnte, aber die Einsatzzentrale der Hankoer Polizei hatte gemeint, Verstärkung und Krankenwagen würden erst in einer Viertelstunde eintreffen. Seit dieser Auskunft waren erst fünf Minuten vergangen. Zudem wusste Turunen nicht, ob überhaupt eine Hundestreife dabei sein würde. Wahrscheinlich wurden normale Schutzpolizisten ohne Spezialausbildung geschickt. Natürlich musste jeder Polizist auch mit schwierigen Situationen fertigwerden, doch an vorderster Front hätte Turunen gern mehr von seinen eigenen Leuten eingesetzt.

«Er verschwindet gleich aus meinem Blickfeld», sagte Eronen.

«Verstanden. Such dir einen Posten, von dem du unsere Seite überblickst.»

«Verstanden.»

Turunen warf einen Blick auf die Kriminalpolizisten, die das Gespräch mit angehört hatten. Joutsamo und Mäki überprüften ihre Glock-Pistolen. «Und der Herr Kommissar? Hast du eine Waffe? Habt ihr eure Schießprüfungen gemacht?»

Takamäki zog seine Sig Sauer.

«Oho», sagte Turunen. «Die haben meine Leute auch.»

«Die hat mir auf dem Revier jemand in die Hand gedrückt», witzelte Takamäki.

«Gut. Hier habt ihr ein Funkgerät, damit ihr hört, was

passiert. Geht hinter den zweiten Wagen und sichert diesen Teil des Weges. An jedes Wagenende einer. Geht hinter den Reifen in Deckung. Mal sehen, wie's weitergeht. Vielleicht will er sich ergeben.»

«Bullshit», murmelte Joutsamo. «Der ergibt sich nicht.»

«Verstanden», sagte Takamäki, und die drei schlichen gebückt fünf Meter auf die Tankstelle zu, die sie hinter dem Gebüsch allerdings nicht sehen konnten. Mäki ging an der Vorderseite des Wagens in Stellung, Joutsamo hockte sich hinter den Kofferraum, und Takamäki übernahm mit dem Funkgerät die Mitte. Er spürte, wie sein Mund trocken wurde.

Härmälä meldete sich über Funk. «Jetzt ist er in Sicht. Geht in Richtung Straße. Keine Waffen in den Händen.»

Turunen rief ins Megaphon: «Hier spricht die Polizei. Heben Sie die Hände und legen Sie sich flach auf den Boden! Heben Sie die Hände und legen Sie sich auf den Boden!»

«Er reagiert nicht», berichtete Härmälä. «Er geht in derselben Richtung weiter. Keine Waffen zu sehen. Kommt bald in euer Blickfeld.»

«Verstanden», quittierte Turunen. «Schießbefehl nur in Notwehr.»

Tiinas Zehen und Finger kribbelten, weil das Blut nicht zirkulierte. Vorsichtig versuchte sie, eine Hand zu befreien, doch Mikke hatte das Seil zu straff gebunden.

Die Handgranate klemmte wie ein riesiger Klotz unter ihrem Kinn. Der Nacken schmerzte, weil sie den Kopf fest nach unten drückte. Tiina wollte nicht sterben. Sie zwang sich, ruhig zu atmen. Jetzt war nicht der richtige Moment, um in Ohnmacht zu fallen.

Ein unerträglicher Schmerz strahlte vom Nacken in die

Schultern und den Kopf aus. Welche Erleichterung wäre es, den Kopf zu heben. Aber Tiina wollte nicht sterben. Lange würde sie allerdings nicht mehr durchhalten. Sie hätte schreien mögen, wagte aber immer noch nicht, den Mund zu bewegen. So brachte sie nur ein jämmerliches Wimmern zustande.

Der Bulle mit dem Megaphon ging Kahma schwer auf die Nerven. Der Mistkerl glaubte, er könne ihm Befehle erteilen. Der würde sein Hauptziel sein, beschloss Kahma. Er hatte richtig kalkuliert: Die Polizisten knallten ihn nicht einfach ab. Sie waren schwach. Sie waren ihm nicht gewachsen. Trotzdem hatten sie Jyrkkä erschossen. Scheißbullen! Wenn Jyrkkä jetzt bei ihm wäre, würden sie zusammen alle Polizisten niedermähen. Zerquetschen wie lästige Fliegen. Aber Jyrkkä war ja bei ihm. Jyrkkä war ein Teil von ihm. «Jetzt geht's los, brother», lachte Mikke.

Während er sich der kleinen Straße näherte, nahm der Plan in seinem Kopf immer deutlichere Gestalt an. Allem Anschein nach waren nur wenige Polizisten da. Er nahm alle Einzelheiten überdeutlich wahr und registrierte die kleinste Bewegung. Gleichzeitig sah er die letzte Szene aus ‹Zwei glorreiche Halunken› und Lee van Cleefs zu Schlitzen verengte Augen vor sich.

Er zögerte kurz, dann ging er weiter. So hatte er es auch gemacht, als er in der neunten Klasse zum Rektor zitiert worden war. Am liebsten wäre er weggelaufen, aber Befehl war Befehl. An der Tür hatte er den Schlagring übergestreift und angeklopft. Der Rektor hatte die Tür geöffnet. Mikke hatte sofort zugeschlagen. Und zwar so, dass es wehtat. Ihm kam keiner dumm. Er machte sich seine eigenen Regeln. Die anderen waren schwach. Jyrkkä war ein Held. Für Jyrkkä tat er alles.

Rechts neben dem Weg nahm Mikke eine Bewegung wahr. Zehn Meter von ihm entfernt hockte einer im Gebüsch. Der Megaphontyp brüllte wieder. Unbeirrt ging Mikke weiter. Er sah drei Autos: zwei Pkws und einen Kleintransporter. Dahinter hockten drei Männer und eine Frau. Mikke lächelte. Er sah die Bullen so deutlich, als wären die Autos gar nicht da. Fünf gegen einen. Das schaffte er leicht. Er hatte in Kriegsromanen von diesem Gefühl gelesen, und jetzt spürte er es selbst. Die Gefahr gab dem Töten die richtige Würze.

Die Polizisten waren so unfähig, wie er es erwartet hatte. Keiner tat etwas, abgesehen von dem Schreihals, der wieder ins Megaphon brüllte. Im Winterkrieg hatte ein Finne zehn Russen aufgewogen. Da hatte er es leichter: Er hatte nur fünf gegen sich.

Mikke ging noch fünf Meter weiter, dann blieb er stehen. Wieder befahl ihm der Megaphonmann, sich hinzulegen. Jetzt oder nie! Er erinnerte sich daran, wie er beim Rektor angeklopft hatte. Damals war er hellwach gewesen. Hatte instinktiv gehandelt. Er war schnell. Er war ein Blitz. Blauer Strom.

Mikke bückte sich, als wolle er dem Befehl nachkommen, zog dabei aber eine Granate aus der Weste. Mit der anderen Hand griff er nach der Schrotflinte.

«Ergibt er sich?», fragte Mäki, als Kahma sich bückte.

«Aufpassen», rief Joutsamo und behielt Kahma im Visier. Ein Schweißtropfen lief ihr die Schläfe herunter, aber sie achtete nicht darauf.

Auf der Landstraße hinter ihnen donnerte ein Laster vorbei, und im selben Moment verschwand Kahma aus der Schusslinie. Joutsamo sah die Bewegung, folgte ihr aber nicht schnell genug. Kahma schwenkte den Arm, irgendetwas flog in ihre Richtung, gleichzeitig krachte ein Schuss, der auf Korhonens Versteck gerichtet war.

Joutsamo hörte Korhonen vor Schmerz aufschreien.

Links von ihr gab Turunen einen Schuss ab, dann rief er: «Ladehemmung!» Joutsamo versuchte Kahma, der sich schnell bewegte, ins Fadenkreuz zu bekommen, doch ihre Hand zitterte zu sehr. Trotzdem schoss sie zweimal. Rechts von sich hörte sie einen Pistolenschuss.

Die Granate explodierte vor dem Auto. Der grelle Blitz blendete sie, die Detonation machte sie taub. Glassplitter und Asphaltbrocken flogen durch die Luft. Dichter Rauch stieg auf. Joutsamo ging tiefer in Deckung und wartete, bis sich ihre Augen wieder erholt hatten. Sie spürte keinen Schmerz, offenbar war alles in Ordnung. Dann sah sie sich nach den anderen um. Mäki lag auf der Erde, Takamäki beugte sich über ihn oder war auf ihn gefallen.

Joutsamo richtete sich vorsichtig auf. Da durchlöcherte eine Schrotladung die Tür. Joutsamo bekam eine dunkle Gestalt ins Visier, die auf sie loszustürmen schien. Sie drückte zweimal ab, wie sie es auf der Polizeischule gelernt hatte.

Die Gestalt hielt mitten in der Bewegung inne und fiel zu Boden. Plötzlich bekam es Joutsamo mit der Angst zu tun. Auf wen hatte sie da geschossen? Sie sah noch immer nicht ganz klar, ihre Augen tränten. Taub war sie auch noch. Trotzdem hielt sie die Waffe auf den reglos daliegenden Mann gerichtet. Er schien eine Lederweste zu tragen, also musste es Kahma sein. In ihren Ohren pfiff es.

Jemand klopfte ihr auf die Schulter, doch sie blieb schussbereit.

Der Jemand – offenbar Turunen – ging am Wagen vorbei zu der Gestalt am Boden, schob mit dem Fuß die Waffen beiseite und drehte den Mann so weit um, dass man das Loch in seiner Stirn sah.

Joutsamo sackte auf den Asphalt und lehnte sich an den Autoreifen. Die Waffe hielt sie noch immer in der Hand. Sie atmete ein paarmal tief durch, dann stand sie auf. Es rauschte in ihren Ohren, aber das Rauschen ebbte ab und sie konnte wieder normal hören. Sie wandte sich an Takamäki und Mäki.

«Was ist los?»

«Was?», fragte Takamäki zurück.

«WAS IST LOS?»

Takamäki hob den Daumen. «Ein Splitter hat Mäki am Knöchel erwischt. Nichts Ernsthaftes», rief er.

Joutsamo ging um den Wagen herum. Die andere Seite war völlig demoliert. Die Fenster waren zersplittert, und das Blech hatte große Löcher. Die Granate war fünf Meter vor dem Auto detoniert. Joutsamo fragte sich, ob die kleine Kuhle im Asphalt schon vorher da gewesen oder durch die Explosion entstanden war.

Turunen half Korhonen aus dem Gebüsch. Von der anderen Seite kam Härmälä angelaufen. «Alles okay?», fragte er.

Joutsamo nickte.

Härmälä betrachtete die Leiche. «Wer hat ihn erledigt?»

«Unser Mädchen», sagte Turunen. «Ich hatte Ladehemmung, verdammt nochmal ...»

Erst jetzt nahm Härmälä den blutenden und nach Luft schnappenden Korhonen wahr. «Schlimm?»

«Nee. Ein paar Schrotkugeln hab ich abgekriegt, es blutet reichlich, ist aber nichts Ernsthaftes. Dazu natürlich der Schlag.»

Joutsamo sah Korhonen an. Seine Hemdbrust war zerfetzt, doch die kugelsichere Weste hatte den Schrothagel aufgefangen.

«Der Kerl war der reinste Teufel», stellte Härmälä fest.

«Scheiße!», fluchte Joutsamo plötzlich.

«Kann man wohl sagen», nickte Härmälä.

«Nein, das meine ich nicht. Die Frau ist noch da!», rief Joutsamo, die allmählich wieder fähig war, zu denken. Ihre Gesichtshaut spannte unter getrocknetem Schweiß und Staub.

«Über Funk war nichts zu hören.»

Joutsamo beugte sich über den benommen wirkenden Korhonen, strich ihm über die Haare und nahm ihm dabei Kopfhörer und Mikrophon ab.

«Gehen wir nachsehen», forderte sie Härmälä auf.

«Ich komme mit», sagte Takamäki.

Turunen wollte protestieren, doch Joutsamo und Takamäki waren schon unterwegs. Härmälä folgte ihnen. Vorsichtig gingen sie die Zufahrt zur Tankstelle hinunter, während fernes Sirenengeheul die Ankunft der Krankenwagen und Polizeiautos ankündigte.

«Die Frau muss Tiina Wallin sein», sagte Joutsamo.

Im Kopfhörer hörte sie die Frage: «Wer spricht?» Sie gab Takamäki ein Handzeichen und antwortete: «Joutsamo von der Helsinkier Kripo. Ich hab das Funkgerät von Korhonen, er ist verletzt. Lagebericht?»

Die Männer des Karhu-Teams, die rund um die Tankstelle postiert waren, meldeten, alles sei ruhig. Die Frau hatte keiner gesehen. Einer der Männer erkundigte sich nach Korhonens Verwundung, doch der Scharfschütze Eronen brachte ihn zum Schweigen: «Wartet mal, in der Fahrerkabine sehe ich Bewegung. Was da passiert, kann ich nicht sagen, aber jemand bewegt sich. Ich hab jetzt direkte Sicht ins Innere und sehe die Kabinenwand. Dunkel, aber wieder eine schwache Bewegung.»

«Im Auge behalten!», sagte Joutsamo und rannte los. Takamäki folgte ihr.

«He!», rief Härmälä. «Sollten wir nicht …»

«Nein», schnitt Joutsamo ihm das Wort ab. «Ich hab das Gefühl, da drinnen stimmt was nicht.»

Sie war als Erste bei dem Lkw, vor dem die Leichen von Jyrkkä und Lindholm lagen. Vorsichtig, die Pistole schussbereit, klinkte sie die Tür auf. Takamäki stand neben ihr, Härmälä war auf die andere Seite gegangen. Als Eronen meldete, im Wagen rühre sich nichts, stieg Joutsamo ein und sah nach hinten.

Tiina Wallin war gefesselt und zitterte am ganzen Leib. Joutsamo sah die Handgranate unter ihrem Kinn, zwängte sich zwischen den Sitzen hindurch und lächelte die Frau an, die aussah, als würde sie jeden Moment aufgeben und den Sprengkörper fallen lassen. Joutsamo überlegte, ob sie in ein paar Sekunden aus dem Laster entkommen könnte oder ob sie versuchen würde, die Granate aufzuheben. War die Detonation überhaupt noch aufzuhalten, indem man den Sicherungssplint wieder hineindrückte? Wahrscheinlich nicht. Sie winkte Takamäki und Härmälä beiseite. Sie musste die Granate so zu fassen bekommen, dass der Sicherungssplint nicht heraussprang.

Wallin hustete trocken und zuckte dabei so heftig, dass Joutsamo befürchtete, die Granate würde herunterfallen. «Ganz ruhig. Ich bin von der Polizei … beweg dich nicht», sagte sie und legte die Finger um die Handgranate. Sie war feucht. Vorsichtig tastete sie nach dem Zünderbügel. Tiina Wallin hatte die Augen weit aufgerissen und unterdrückte einen weiteren Hustenanfall. Joutsamo spürte den Zünderbügel und hielt ihn fest. Sie nickte Tiina Wallin lächelnd zu. «Ich hab sie. Heb ganz langsam den Kopf.»

Wallin hob den Kopf, und Joutsamo nahm die Granate. «Okay, ich hab sie. Alles ist in Ordnung», sagte sie beruhigend und zog sich vorsichtig zurück. Nur nicht stolpern.

Wallin hustete und übergab sich. Joutsamo hielt den Zünderbügel mit aller Kraft in seiner Position. Sie sah den Abzugsring auf dem Boden, hob ihn auf und versuchte, den Sicherungssplint damit zu arretieren, doch es gelang nicht, der Ring war verbogen. Joutsamo steckte ihn zwischen die Lippen und hielt die Granate mit beiden Händen fest, als sie rückwärts aus der Fahrerkabine stieg. Takamäki half ihr die Stufen hinunter.

Unten angekommen, reichte sie die Handgranate dem verdutzten Härmälä. Takamäki nahm ihr den Abzugsring aus dem Mund. «Du weißt bestimmt, wie man mit so einem Ding umgeht.»

Härmälä entfernte sich vorsichtig, die Granate in der einen und den verbogenen Abzugsring in der anderen Hand.

«Verdammt gut gemacht», lobte Takamäki. Joutsamo wirkte völlig ausgelaugt.

«Die Wallin ist noch da drin.»

«Die läuft uns nicht weg», sagte Takamäki.

«Kümmer dich um sie. Ich will noch den Hiace und die Umgebung überprüfen.»

Die Inspektion dauerte zehn Sekunden, denn der Kleintransporter war leer.

«Okay, es ist vorbei», meldete Joutsamo über Funk. «Jetzt muss hier abgesperrt werden.»

Zehn Minuten später waren Mäki und Korhonen in Krankenwagen verladen und abtransportiert worden. Härmälä hatte einen kleinen Nagel gefunden, der den Abzugsring ersetzte und die Granate sicherte. Tiina Wallin war in den Wagen der Kripoleute gebracht worden. Sie war so mitgenommen, dass sie es nicht einmal geschafft hatte, allein aus dem Lkw zu steigen. Takamäki und Joutsamo waren jedoch der Ansicht, dass sie vorläufig keine ärztliche Behandlung brauchte. Sie war körperlich unversehrt; die psychischen Folgen waren ein Kapitel für sich.

Takamäki und Turunen hatten die anstehenden Aufgaben koordiniert. Was die Ereignisse an der Tankstelle betraf, war die Polizei des Amtsbezirks Raasepori für die Ermittlungen zuständig, unterstützt durch die Kriminaltechniker der Espooer Polizei. Es war allerdings auch möglich, dass der Fall an die Zentralkripo weitergeleitet wurde, eine Aussicht, die Takamäki nicht gefiel. Man hatte drei Leichen, doch der Fall war klar. Lindholms Hinrichtung war Mord gewesen – der Täter konnte nicht mehr zur Verantwortung gezogen werden. Jyrkkä und Kahma waren nach den ersten Aussagen eindeutig in Notwehr erschossen worden.

Joutsamo hatte noch einmal in Lindholms Hiace geschaut. Auf der Ladefläche war eine große Plane aus grünem Plastik ausgebreitet, auf der sechs Müllsäcke lagen. Waren es sechs, weil man für eine Leiche zwei brauchte?

Takamäki beobachtete Joutsamo. Sie schien ganz in ihrer Arbeit aufzugehen. Der Schock würde erst später einsetzen, wenn sie Zeit hatte, über die Ereignisse nachzudenken. Im Moment gratulierte man ihr von allen Seiten. Turunen hatte bereits versucht, sie zur Spezialeinheit abzuwerben, wo es viel zu wenig Frauen gab, wie er sagte.

Schließlich kam sie auf Takamäki zu. Sie hielt ein Brecheisen in der Hand. «Interessiert?»

Takamäki nickte, und sie gingen zum Anhänger des Lkws.

Joutsamo zerschlug die Plombe mit der Brechstange und öffnete mit Takamäkis Hilfe die Tür. Im Anhänger befanden sich Pappkartons. Joutsamo zog einen heraus. Er war flach, etwa fünf Zentimeter hoch, dreißig Zentimeter breit und knapp einen Meter lang. Der Aufdruck verriet, was sich in dem Paket befand, doch Joutsamo öffnete es trotzdem und zog eine Maschinenpistole vom Typ Heckler & Koch MP5 mit zwei Magazinen heraus. Grob geschätzt enthielt der Anhänger mehrere Tausend Pakete. Auf jedem Karton stand kleingedruckt *Made in India*.

27. Kapitel

Donnerstag, 19.40 Uhr
Landstraße 51, bei Kirkkonummi

Takamäki steuerte den Passat in Richtung Helsinki. Es herrschte lebhafter Verkehr, doch er kam zügig voran. Kurz vor Kirkkonummi flackerten die Ziffern auf dem Tachometer zum Zeichen, dass er zu schnell fuhr – 130 km/h, wo achtzig erlaubt waren.

Joutsamo und Wallin saßen auf der Rückbank. Wallin trug Handschellen. Joutsamo hatte zu Beginn der Fahrt versucht, sie zum Sprechen zu bringen, doch die Frau war stumm geblieben. Vielleicht wäre es doch besser, sie in die Klinik zu bringen. Nach der Situation im Lkw war eine Zelle im Polizeigefängnis nicht unbedingt der richtige Ort für sie.

Die Situation war vertrackt. Takamäki und Joutsamo hätten über den Fall und über ihr weiteres Vorgehen sprechen müssen, doch da eine der Hauptverdächtigen im Auto saß, war das ausgeschlossen. Andererseits hatten sie dadurch Gelegenheit, in Ruhe nachzudenken. Während der Fahrt hatte auch die Fernsehreporterin Römpötti angerufen, doch Takamäki hatte sie rasch abgewimmelt.

Der Passat war vor gut einer Stunde abgefahren – kurz bevor die ersten Reporter eintrafen. Takamäki hatte den Ermittlungsleiter des Gewaltdezernats von Raasepori angewiesen, die Medien so knapp wie möglich zu informieren. Ganz verschweigen konnte man den Vorfall nicht, da die Explosionen und Schüsse Aufmerksamkeit geweckt hatten. Takamäki hatte dem Kollegen aus Raasepori aufgeschrieben, wie er sich die Pressemitteilung vorstellte: «Am frühen Donnerstagabend kam es in Hanko zu einer Schießerei, bei der drei Menschen getötet wurden. Die Polizei untersucht den Fall. Weitere Informationen werden nicht gegeben.»

Selbst diese lakonische Mitteilung enthielt reichlich Zündstoff für die Medien, damit würde man die Reporter bis zum nächsten Morgen hinhalten können. Takamäki hatte seinem Kollegen erklärt, wie wichtig es war, dass die Beteiligung der Polizei an dem Zwischenfall an diesem Abend noch nicht bekannt wurde.

In Kirkkonummi fuhr Takamäki von der Landstraße ab. An der nächsten unbemannten Tankstelle wartete ein Wagen, aus dem Strand und Nurmi ausstiegen, als der Passat neben ihnen hielt.

Auch Takamäki stieg aus. Joutsamo und Wallin blieben sitzen.

«Wir haben Tiina Wallin. Sie ist vorläufig festgenommen, unter dem Verdacht der Beihilfe zum Lkw-Mord in Pasila. Wahrscheinlich steht sie unter Schock, bringt sie also zuerst zum Arzt und dann aufs Präsidium, aber lasst sie keine Minute aus den Augen. Den Recorder habt ihr dabei?»

«Ja», sagte Nurmi.

«Wenn sie etwas sagt, nehmt ihr es auf. Sie darf auf keinen Fall allein gelassen werden. Auch auf die Toilette geht sie nur in Begleitung. Fingerabdrücke, DNA und so weiter so schnell wie möglich.»

«Okay. Was war in Hanko? Scheint Action gegeben zu haben?»

«Zu viel. Ich erzähl euch nachher davon.»

«Okay.»

Wallin wurde in den anderen Wagen gesetzt. Takamäki und Joutsamo fuhren zu zweit nach Helsinki zurück.

«Bist du einsatzfähig?», fragte Takamäki.

Joutsamo nickte.

«Gut. Dann machen wir weiter. Ich denke, als Nächstes …»

28. Kapitel

Donnerstag, 20.30 Uhr
Espoo, Stadtteil Niittykumpu

Der Passat stand auf dem fast leeren Parkplatz bei McDonald's in Niittykumpu. Auch an der Tankstelle nebenan herrschte nur wenig Betrieb. Joutsamo wollte etwas zu essen besorgen, während Takamäki telefonierte.

Er drückte den Aufnahmeknopf, um das Gespräch auf seinem Kommunikator zu speichern. Genaue Dokumentation war notwendig. Dann wählte er Järns Dienstnummer und wartete. Das Telefon klingelte dreimal.

«Hallo», meldete sich ein Mann. Takamäki erkannte Järns Stimme.

«Ist Järn da?»

«Wer fragt?»

«Takamäki.»

Der andere zögerte kurz. «Am Apparat.»

«Ich habe Informationen, die eventuell mit eurem Fall zusammenhängen.»

«Was für Informationen?»

Gut, dachte Takamäki, er fragt nicht, mit welchem Fall. «Ich habe den begründeten Verdacht, dass du mit einer Ermittlung wegen Waffenschmuggels zu tun hast.»

«Kreuzdonnerwetter!», fluchte Järn.

Takamäki wusste, dass er ins Schwarze getroffen hatte, machte sich zugleich aber auch Sorgen. Doch er hielt sich an die vereinbarte Taktik. «Wir sind in Hanko auf eine Waffenladung gestoßen ...»

«Du hast hoffentlich keine Dummheiten gemacht? Ich

hab doch gesagt, ihr sollt euch da raushalten! Ich hatte um eine Woche gebeten.»

Takamäki widerstand der Versuchung, über die Zusammenarbeit der verschiedenen Polizeiorganisationen zu diskutieren. Ebenso verschwieg er, dass er von der Zollbehörde eine Information erhalten hatte, die Järn mit der Einfuhr der Waffenlieferung über die russisch-finnische Grenze in Lappland in Verbindung brachte. Järn hatte die Zollstelle angewiesen, den Lkw, der angeblich Schrottmetall geladen hatte, ungeprüft über die Grenze zu lassen, da er im Rahmen einer Ermittlung wegen Steuerhinterziehung observiert werde. «Du hast um eine Woche gebeten, aber du hast sie nicht bekommen. Wir haben in Hanko einen Laster mit zigtausend Maschinenpistolen. Darauf sind wir bei den Ermittlungen im Lkw-Mord gestoßen. Hast du Interesse an den Waffen oder soll ich sie gleich beschlagnahmen?»

Järn schwieg etwa drei Sekunden lang. «Wann ist das passiert?»

«Vor zwei Stunden. Wir können den Laster in Hanko auf ein Schiff bringen, wenn es für deinen Fall wichtig ist.»

«Verdammt nochmal, natürlich ist es wichtig … Scheiße, was habt ihr da gemacht!»

«Es hat eine wahnsinnige Schießerei gegeben. Drei Gangster sind tot», sagte Takamäki. Über die Beteiligung der Polizei würde er nicht sprechen, auch Namen wollte er nicht nennen.

«Wer sind die Gangster?»

«Spielt keine Rolle», sagte Takamäki. «Aber ich habe einen Kontaktmann für dich. Der gibt dir zwei Leute vom Karhu-Team, die können die Karre fahren. Turunen heißt er», sagte Takamäki und nannte die Telefonnummer. «Er weiß Bescheid. Ruf ihn an und sag ihm, was mit dem Wagen geschehen soll. Ich kann das natürlich auch übernehmen, wenn du willst.»

«Hör mal zu, Takamäki. Wenn ihr den Laster gestoppt habt, habt ihr einen der größten Fehler in der finnischen Polizeigeschichte gemacht.»

«Na, dann schreib es in die Annalen der Helsinkier Polizei ... Aber um die Sache klarzustellen: Wir haben den Laster nicht gestoppt, und die Gangster haben sich untereinander ein Feuergefecht geliefert.»

Die Tür ging auf, und Joutsamo setzte sich mit Hamburgern und Getränken auf den Beifahrersitz. Takamäki ließ sich nicht stören. Geräuschlos schloss Joutsamo die Tür.

«Du bist ein verdammter Idiot», sagte Järn und legte auf.

Takamäki schaltete die Aufnahmefunktion aus und rief die Beamtin an, die in Pasila im Abhörraum saß. Er trug ihr auf, ihm sofort Bericht zu erstatten, wenn sich etwas tat. Dann machte er sich über einen Cheeseburger her. Im Moment konnten sie nichts anderes tun, als abzuwarten. Järns Zweithandy wurde weiterhin abgehört. Die Falle war gestellt.

Das digitale Thermometer im Wagen zeigte vierzehn Grad Außentemperatur an. Es war deutlich kühler als am Vorabend.

Takamäki und Joutsamo saßen in einem Kleintransporter im Espooer Villenviertel Westend. Es war eng, denn außer ihnen befanden sich auch der Kriminaltechniker Kannas und einer seiner Mitarbeiter im Wagen.

Der Passat war in zehn Meter Entfernung geparkt. Die Uhr am Armaturenbrett zeigte 21.32.

«Kaffee?», fragte Kannas.

«Warum nicht», sagte Takamäki.

Kannas schaltete die Kaffeemaschine ein. Der Kleintransporter der Kriminaltechnik stand am Rand eines Fußballplatzes, etwa hundertfünfzig Meter von Riuttas Haus entfernt. Nah genug für eine brauchbare Verbindung. Kannas hatte bei seinen Experimenten festgestellt, dass die Reichweite bis zu vierhundert Meter betrug. Es gab zwar weitaus bessere Geräte, aber das Budget setzte Grenzen. Kannas hatte lang und breit erklärt, dass die Zentralkripo nach Belieben technische Geräte anschaffen durfte, während die Helsinkier Polizei meist leer ausging. Das Abhörgerät, das an diesem Abend zum Einsatz kam, war aus dem Sonderetat für die WM finanziert worden. Kannas hatte keine Ahnung, wieso man bei der Weltmeisterschaft Abhöranlagen brauchte, aber ihm sollte es recht sein.

Ein Mann vom Karhu-Team war in Riuttas Garten gerobbt und hatte dort ein Richtmikrophon versteckt, das im Haus geführte Gespräche übertrug, indem es die Schwingungen der Fensterscheiben auffing.

Die Operation war akut geworden, nachdem Järn von seinem anonymen Anschluss bei Riutta angerufen hatte. Am Telefon wollte keiner der beiden etwas sagen, deshalb hatten sie sich in Riuttas Haus verabredet. Genau das hatte Takamäki erwartet und deshalb vorsorglich die technischen Ermittler alarmiert.

Die Kaffeemaschine zischte, die letzten Tropfen liefen durch. Der Wagen war mit so vielen technischen Geräten bestückt, dass er einen eigenen Generator brauchte. Kannas' Mitarbeiter saß auf dem Fahrersitz, Joutsamo neben ihm. Ihr Sitz war schwenkbar. Kannas goss den Kaffee in Pappbecher, Takamäki reichte sie weiter. Diesmal nahm auch Joutsamo einen Kaffee.

«War ziemlich heftig heute, wie?», fragte Kannas.

«So was erlebt man selten», erwiderte Takamäki kurz angebunden.

«Ja», fügte Joutsamo hinzu. «Es wird eine Untersuchung geben, und es ist besser, dass wir nicht …»

Kannas nickte. «So war das auch nicht gemeint. Ich dachte nur, vielleicht wollt ihr es loswerden …»

«War nichts Besonderes», spielte Joutsamo die Sache herunter. «Es ging plötzlich rund, und da hatten wir eigentlich keine Alternative.»

«Ich habe vor, das Polizeiverdienstkreuz mit goldenem Eichenlaub für Anna zu beantragen», sagte Takamäki und hätte beinahe hinzugefügt, falls sie nicht wegen Notwehrüberschreitung angeklagt wird, konnte sich aber gerade noch bremsen.

«Ist da Eichenlaub dran?», fragte Kannas.

«Wenn nicht, machen wir unseren eigenen Orden», sagte Takamäki. Der Kaffee war stark, doch das schadete nicht. In den Bäumen veranstalteten die Vögel ihr Abendkonzert. Glücklicherweise waren keine Fußballer auf dem Platz.

«Das war doch nichts …», wand Joutsamo ein.

Kannas unterbrach sie und sang: *«Doch keine Angst, ich tue, was ich kann …»*

Takamäki und Joutsamo lachten.

Kannas sang weiter: *«Wenn alle andern ruhig und friedlich schlafen, steck ich die Kugel in den Lauf …»*

Joutsamo stimmte ein: *«Die Reifen singen unter mir, die Minna prescht voran. Das Protokoll zum Staatsanwalt, ich tue, was ich kann.»*

Bei fast allen Sauftouren der Mordkommission wurden Umdichtungen des Brummischlagers gesungen, sobald der durchschnittliche Alkoholpegel bei anderthalb Promille angekommen war. Auch beim Kostümfest, das unter dem Thema «Motorradgang» gestanden hatte und zu dem Takamäki in einer Lederweste mit der Aufschrift «100 % Police» erschienen war.

Kannas und Joutsamo sangen weiter: «*Guten Morgen, Finnland, hast du gut geschlafen? Die Polizei ist immer für dich da. Die Herren Minister raufen sich die Haare, doch ich tu, was ein Polizist nur kann …*»

Joutsamo ersetzte Polizist allerdings durch Polizistin.

Das Lied endete in allgemeinem Gelächter. Die vier im Wagen erinnerten sich an den gemeinsamen Ausflug der Mordkommission im Frühsommer. Keine Arbeit, kein Stress. Einmal im Jahr konnte man sich mit den Kollegen einfach nur amüsieren. Dass dabei gelegentlich jemand über die Stränge schlug, war bald vergessen.

Es wurde still im Wagen, die Gedanken kehrten zum Alltag zurück.

Das Funkgerät unterbrach das Schweigen. Strand meldete sich.

«Järn im Anmarsch. Ich habe ihn erkannt», sagte Strand. Außer ihm waren drei weitere Polizisten in der Nähe des Grundstücks postiert.

Drei Minuten später kamen die ersten Worte aus dem Lautsprecher.

«Grüß dich», sagte ein Mann, bei dem es sich um Riutta handeln musste, denn Takamäki kannte die Stimme nicht.

Die Antwort war nicht zu verstehen.

«Läuft das Band mit?», flüsterte Takamäki. Kannas nickte.

«Wie sieht's aus?», fragte Riutta mit befehlsgewohnter Stimme.

«Schlecht. Verdammt schlecht. Der Laster ist kurz vor Hanko gestoppt worden, und drei sind tot», sagte Järn.

«Drei Tote», wiederholte Riutta. Takamäki hatte den Eindruck, dass ihn die Nachricht nicht überraschte. «Wer?»

«Weiß ich noch nicht.»

«Wieso nicht? Du musst es wissen», brauste Riutta auf.

Järn antwortete nicht sofort. Takamäki malte sich aus, wie er das Gewicht unschlüssig von einem Bein aufs andere verlagerte und vielleicht die Achseln zuckte. «Ich weiß nur, dass es keine Polizisten sind. Totale Nachrichtensperre, auch intern.»

Halleluja, dachte Takamäki.

«Irgendwelche Festnahmen?»

«Soweit ich weiß, nur eine.»

«Eine?» Riuttas Stimme klang nachdenklich. «Wer? Mann oder Frau?»

«Ich weiß es nicht.»

«Wenn es Lindholm ist, besteht keine Gefahr. Der singt nicht.»

«Lindholm ist ein Dummkopf, das hat er in Tallinn bewiesen. Er hat völlig falsch reagiert.»

Riuttas Stimme wurde schärfer. «Er mag dumm sein, aber er singt nicht.»

«Hattest du mit der Hanko-Geschichte was zu tun?», fragte Järn.

«Es ist besser, wenn du nichts davon weißt. Du hast deinen eigenen Anteil zu erledigen.»

«Ich weiß, wo das Problem liegt.»

«Nämlich?»

«Bei der Kripo in Helsinki gibt es ein paar übereifrige Ermittler.»

Das Geräusch, das aus dem Lautsprecher kam, ließ darauf schließen, dass Riutta etwas aus der Tasche nahm. Vermutlich eine Zigarettenschachtel, denn gleich darauf hörte man ein leises Knacken und ein geräuschvolles Ausatmen. «Übereifrig?»

«Dumm. Aber die können uns nicht gefährlich werden. Das sind kleine Fische. Clowns. Die haben keinen Überblick, sie sind bloß auf Morde fixiert.»

Takamäki sah Joutsamo an, die konzentriert zuhörte.

«Du hast gesagt, derartige Probleme hältst du uns vom Leib», sagte Riutta in drohendem Ton. «Wie geht's jetzt weiter?»

«Ich dachte, das würdest du mir sagen», erwiderte Järn unsicher.

«Ich? Wieso ich?», ereiferte sich Riutta. «Das ist nicht meine Sache. Das Geld auf dem Konto ...»

Järn unterbrach ihn: «Wie wichtig ist der Laster?»

«Verdammt wichtig.»

«Müssen wir ihn unbedingt zurückkriegen?»

«Ja.»

«Heute Abend bekommen wir ihn nicht mehr aufs Schiff, aber ich seh zu, was ich morgen tun kann. Das heißt, wir könnten ihn auch heute Abend auf die Fähre kriegen, aber dann hätten wir keine eigenen Leute als Fahrer, sondern Polizisten, noch dazu vom Sonderkommando.»

«Das Risiko gehen wir nicht ein», sagte Riutta. «Wir hatten vereinbart, dass das Ganze problemlos über die Bühne geht. Ein Klacks, hast du getönt. Dann kommt ein estnischer Polizist daher, und ich darf dafür blechen, dass die Fuhre nach Lappland gebracht wird.»

«Vergiss nicht, wer dafür gesorgt hat, dass sie über die Grenze gelassen wurde.»

Riutta schwieg eine Weile. Als er weitersprach, klang seine Stimme drohend. «Die Pläne haben sich verdammt oft geändert.»

Järn sagte nichts, und auch Riutta schwieg. Takamäki fragte sich schon, ob die beiden Männer bemerkt hatten, dass sie belauscht wurden.

Er war erleichtert, als er Riuttas Stimme hörte: «Wenn du kannst, sorg dafür, dass die Fracht an den Empfänger geliefert wird. Wenn du das nicht kannst, gib mir das Geld zurück und lass dich nie mehr bei mir blicken. Sag mir Bescheid, wenn du dich entschieden hast.» Die Stimme des Geschäftsmanns klang eisig.

Järn gab keine Antwort. Man hörte Schritte, offenbar verließ er das Haus. Takamäki sah Joutsamo an, die triumphierend lächelte.

Der Kommissar griff nach dem Funkgerät. Die eingestellte Frequenz empfingen nur die an der Operation Beteiligten. «Nehmt Järn auf der Straße fest, aber so, dass es von Riuttas Haus nicht zu sehen ist.»

Kannas vergewisserte sich, dass das Gespräch auch wirklich auf der Festplatte gespeichert war. Dann grinste auch er.

Die Sache schien klar. Järn hatte sich bestechen lassen. Er nutzte seine Position, um Schmuggelware als Durchwinker zu maskieren. In Wahrheit landeten die Waffen, oder was immer die Lieferungen enthielten, bei Kriminellen. Irgendeine Polizeiorganisation hatte von der Sache Wind bekommen und einen verdeckten Ermittler eingeschleust, den Esten, der aber entlarvt und in seinem Lkw ermordet worden war. Was in Hanko passiert war, hatte Riutta eingefädelt, um lästige Mitwisser auszuschalten.

Knapp zehn Minuten später fuhr ein unmarkierter Mondeo der Kriminalpolizei über die Zufahrtsrampe auf die Ausfallstraße. Am Steuer saß Strand, neben ihm Joutsamo, die Rückbank teilten sich Takamäki und Järn. Der Unterschied zwischen den beiden Kommissaren bestand darin, dass der Vertreter der Zentralkripo Handschellen trug.

Die Operation in Westend war reibungslos gelaufen. Man hatte Järns Wagen in einer Seitenstraße gestoppt, und nach einigem Hin und Her war Järn ins Auto der Kripo umgestiegen, das nun zum Polizeigebäude in Pasila fuhr.

Drei Männer waren zurückgeblieben, um Riuttas Haus zu überwachen. Takamäki wollte den Geschäftsmann noch nicht verhaften, ihm aber auch keine Chance geben, sich abzusetzen.

Eine Minute lang herrschte Schweigen. Dann eröffnete Takamäki das Spiel: «Willst du uns nicht erzählen, warum du bei Riutta warst?»

«Dumme Frage.»

«Wieso?»

«Weil ein dummer Polizist sie stellt», sagte Järn.

«Red nur weiter.»

«Was gibt's da zu erklären? Doof bleibt doof.»

Takamäki blickte mit gequälter Miene nach vorn. «An diesem Punkt sollte ich dich davon in Kenntnis setzen, dass ich dich unter dem Verdacht der Anstiftung zum Mord festnehme.»

Järn schwieg sekundenlang, dann polterte er los: «Verdammter Idiot! Das Spiel zieht bei mir nicht. Bilde dir nicht ein, du könntest mich mit dem Quatsch einschüchtern. Worauf soll sich der Verdacht denn gründen?»

Takamäki sah starr auf die Straße. Es war ein Psychospiel. Järn glaubte, als Polizist würde er bevorzugt behandelt. Zudem kannte er mit Sicherheit alle üblichen Verhörtechniken, damit brauchte man es gar nicht erst zu versuchen. Also war eine harte Gangart die beste Option.

«Das erfährst du spätestens beim Haftprüfungstermin.»

«So.»

Takamäki schwieg. Der Wagen fuhr über die stille Straße nach Helsinki. Die Sonne stand noch ziemlich hoch. Über dem Wald sah man das Kreuz der Kirche von Lauttasaari.

Järn räusperte sich. «Können wir über alles reden, bevor die Karre ganz in der Scheiße steckt?»

Takamäki wandte sich an Joutsamo: «Haben wir Grund, ihm zuzuhören?»

«Nein», antwortete Joutsamo kühl.

Takamäki zuckte die Achseln.

«Verdammt nochmal, was ist denn in euch gefahren? Seid ihr wirklich komplette Idioten?», brauste Järn auf.

Takamäki funkelte ihn wütend an.

«Okay, okay, ihr seid keine Idioten. Ich bitte um Entschuldigung, wenn ich … mit meiner ungehobelten Redeweise eure Gefühle verletzt habe, okay? Also, ich hab mich nicht an die normalen Spielregeln halten können, aber euer Geniestreich hier und in Hanko zwingt mich, euch Dinge zu erzählen, die ich keinesfalls preisgeben dürfte. Ihr habt uns alle in eine Zwangslage gebracht.»

«Ich sehe keine Zwangslage», sagte Takamäki kühl und blickte aus dem Fenster. Sie fuhren gerade an der ehemaligen Schnapsfabrik vorbei, in der sich nun das Gerichtsgebäude befand.

«Einzelheiten kann ich nicht enthüllen, nur die großen Linien.»

«Dann haben wir keine Lust, dir zuzuhören. Von dem Bullshit hast du uns genug geliefert», erklärte Joutsamo.

«Okay, okay», sagte Järn. «Es geht um internationale Zusammenarbeit, und die unterliegt strikter Geheimhaltung. Aber im Interesse der Schadensbegrenzung will ich euch ins Bild setzen.» Er machte eine Pause und erwartete offenbar ein Schweigegelöbnis, doch die Kriminalisten blieben stumm.

«Na jedenfalls … Wenn ihr die Geschichte gehört habt, werdet ihr verstehen. Die Sache hat vor etwa einem Jahr angefangen, mit einem Tipp vom Bundeskriminalamt in Wiesbaden. Der deutsche Waffenhersteller Heckler & Koch, dessen Produkte ihr heute in Hanko entdeckt habt, hat eine

Lizenzfabrik in Indien. Entsprechende Betriebe gibt es auch in Griechenland, im Iran, in der Türkei und wer weiß wo, so ähnlich wie Nokias Handyfabriken. Das BKA begann sich für den Handel mit diesen Qualitätswaffen zu interessieren, weil eine in Indien hergestellte Maschinenpistole, die der Seriennummer zufolge nach Russland verkauft worden war, in der Wohnung eines Arabers in Hamburg gefunden wurde. Der Fabrikpreis der MP5 liegt in Russland bei zweihundertfünfzig Euro, im legalen Handel in der EU kostet die Waffe tausend Euro und auf dem Schwarzmarkt noch viel mehr. Die Deutschen kamen nicht weit, aber weil verschiedene Tipps nach Rostock, zur Fähre aus Hanko, führten, wandte sich das BKA an uns», erklärte Järn und legte eine kurze Pause ein, um festzustellen, ob seine Geschichte auf Interesse stieß.

«Weiter», sagte Takamäki.

«Wir haben Ermittlungen angestellt, sind aber auch bald in eine Sackgasse geraten. Die Fracht, für die sich das BKA interessierte, war tatsächlich über Russland nach Hanko und dort auf die Fähre gebracht worden, das konnten wir definitiv feststellen, aber dann kamen wir nicht weiter. Alle beteiligten Firmen waren Scheinfirmen, alle Telefonanschlüsse anonym. Im April haben sich die Deutschen erneut gemeldet. Inzwischen hatten sie in Indien einen Informanten eingeschleust und so erfahren, dass eine neue Waffenlieferung anstand. Das war der Punkt, wo wir uns entschlossen haben, eine ganz unorthodoxe verdeckte Operation aufzuziehen. Und damit kommen wir zu meiner Rolle. Zuerst haben wir den vorigen Schmuggeltransport von zwanzig unserer besten Leute noch einmal unter die Lupe nehmen lassen und sind dabei auf Tiina Wallin gestoßen. Danach kam ich ins Bild. Als korrupter Polizist. Ich habe die Frau mit nicht ganz legalen Mitteln erpresst und von ihr den Namen des Auftraggebers erfahren: Riutta. Mit ihm habe ich das Spiel dann weitergeführt.»

Takamäki beschlich allmählich das Gefühl, sich gründlich blamiert zu haben.

Järn fuhr in seiner Erzählung fort: «Durch meine Zusammenarbeit mit Riutta konnten wir sicherstellen, dass die Fracht über Finnland lief. Das Hauptziel besteht darin, sie nach Deutschland zu bringen, damit das BKA den Empfänger ermitteln kann. Wer braucht die Maschinenpistolen? Wer will eine Armee ausstatten? Das Nebenziel ist, Riutta festzunageln, sobald die Deutschen uns grünes Licht geben. Das BKA hat absolute Geheimhaltung verlangt. Wir haben nicht mal die Sicherheitspolizei informiert. Euch konnten wir erst recht keinen Einblick geben.»

Der Wagen bog in die Mechelininkatu ein. Takamäkis Nacken brannte.

«Wir mussten den Transport natürlich absichern. Die genaue Route kannten wir nicht, deshalb haben wir uns überlegt, dass wir einen Polizisten aus dem Baltikum brauchen, für den Fall, dass die Fracht über Estland und Polen geliefert wird. Tja, und dann ging die Sache in die Hose, weil der Este aufflog und ihr euch eingemischt habt. Inzwischen bereue ich sogar, dass ich euch nicht eingeweiht habe, aber andererseits hätte ich damit mein Cover gefährdet. Wir konnten einfach nicht riskieren, dass die Geschichte Riutta zu Ohren kam.»

Järn dachte kurz nach, dann setzte er seinen Monolog fort: «Es war ein Fehler, Martinsoni einzusetzen. Irgendwer muss ihn erkannt haben, und Riuttas Organisation hat mit extremen Schritten reagiert, die ich nicht verhindern konnte. Also musste ich mitspielen und Ersatz für den Esten suchen. Wir wollten keinen von unseren Leuten nehmen, aus Angst vor einem Leck. Deshalb hab ich in der Unterwelt nach einem Fahrer gesucht, und dann seid ihr gekommen. Wir konnten nicht wissen, ob ihr auf unserer Seite steht. Deshalb haben wir euch so ungnädig empfangen. Sorry, aber wir hatten keine Wahl. Ich will euch nicht kritisieren, aber wenn ihr uns die eine Woche gegeben hättet, um die ich euch gebeten habe, wäre die Operation geglückt. Als die Sache in die Binsen ging, haben wir die Fracht mit Unterstützung des Zollamts über Rajajooseppi nach Ivalo laufen lassen. Selbst damit habe ich die BKA-Operation gefährdet, aber es musste sein, damit die Waffen nach Deutschland kamen.»

«Wer hat sie über die Grenze transportiert?»

«Keine Ahnung. Wahrscheinlich ein unwissender Lkw-Fahrer aus Murmansk. An sich war für Russland ein russischer Fahrer vorgesehen, danach sollte die Ladung als EU-Binnentransport laufen. Aber in der Eile mussten wir den Laster von einem Russen über die Grenze bringen lassen.»

Takamäki sagte nichts. Järns Erklärung klang äußerst glaubhaft, aber glaubhafte Erklärungen hatte er schon oft gehört. So schlüssig wie diese waren sie allerdings selten. Nach den Geldtransfers und den Telefonaten mit Wallin konnte er Järn nicht fragen, ohne die technische Überwachung und die Abhöraktion preiszugeben. Es war besser, damit noch zu warten. Außerdem störte ihn irgendetwas an der Geschichte.

Järn sah zuerst Takamäki an, dann Joutsamo und Nurmi. «Was ist? Ich hab euch die Wahrheit gesagt. Das ist wirklich eine verdeckte Operation. Vizedirektor Elo hat einen offiziellen Beschluss über meine Rolle. Schriftlich. Er weiß von den Geldtransfers in die Schweiz.»

«Elo?» Takamäki überging die Geldangelegenheit.

«Ja.»

«Fahren wir hin?»

«Im Büro ist er jetzt nicht mehr. Aber auf meinem Handy, das ihr vorhin beschlagnahmt habt, ist seine Geheimnummer gespeichert. Ruf ihn an!»

29. Kapitel

Donnerstag, 22.40 Uhr
Vehkalahdentie, Helsinki

Takamäki parkte den Wagen in einer kleinen, von Einfamilienhäusern gesäumten Straße, die zum Hafen des Bootclubs von Puotila führte. Der Stadtteil Puotila war nur zwei Kilometer vom massiven Einkaufszentrum Itäkeskus entfernt. Die Straße wirkte wie ausgestorben. Wahrscheinlich waren die meisten zum Segeln oder in ihr Sommerhaus gefahren.

Takamäki schritt durch den Vorgarten auf das schon etwas ältere Haus zu und ging die Stufen zum Eingang hinauf. Er war allein unterwegs; Joutsamo, Strand und Järn waren im Präsidium geblieben.

Nurmi hatte aus der Klinik angerufen und berichtet, dass er Tiina Wallin gegen elf bringen würde. Joutsamo und Kohonen, die inzwischen aus Lappland zurückgekehrt war, würden dann sofort mit der Vernehmung beginnen.

Takamäki hatte Järn in Untersuchungshaft nehmen lassen. Seine Ausführungen hatten zwar glaubhaft geklungen, doch es handelte sich um die Aussage eines Verdächtigen. Järn hatte zwar protestiert, aber hinzugefügt, er verstehe, dass seine Aussage überprüft werden müsse. Sein Verständnis hatte Takamäki erneut verunsichert. Dennoch hatte er Turunen Anweisung gegeben, die beschlagnahmte Waffenlieferung nicht aus dem Land zu lassen.

Im Prinzip untersuchte Takamäki nun ein Amtsverbrechen und hätte einen Staatsanwalt als Ermittlungsleiter hinzuziehen müssen. Er hatte jedoch momentan keine Zeit, einem Neuen alle Einzelheiten des komplizierten Falles zu erklären. Sicherheitshalber hatte er sich vom diensthabenden Staatsanwalt grünes Licht geben lassen.

Es gab noch immer zu viele offene Fragen. Nachdem Järn in die Zelle gebracht worden war, hatte Takamäki Joutsamo angewiesen, die Anzeige vorläufig nicht offiziell zu registrieren.

Takamäki klingelte. Er kam nicht überraschend, sondern hatte seinen Besuch telefonisch angekündigt. Vizedirektor Elo hatte misstrauisch reagiert, war aber bereit, ihn zu empfangen.

Elo öffnete die Tür und führte Takamäki auf die Terrasse. Er hatte eine Bierflasche in der Hand. «Reden wir hier draußen. Meine Frau sieht sich einen Film an, da stören wir sie lieber nicht.»

Takamäki kam direkt zur Sache. «Bei unserer letzten Begegnung wollten Sie nicht über die Sache sprechen, aber nun liegen uns Informationen vor, wonach Järn eine Art Deckrolle spielt. Trifft das zu?»

«Dazu kann ich mich nicht äußern.»

«In Ordnung», sagte Takamäki. «Dann bleibt Järn unter dem Verdacht der Anstiftung zum Mord in der Zelle.»

«Moment mal …»

Takamäki unterbrach ihn. «Verdeckte Tätigkeit – ja oder nein?»

Elo sah ihn scharf an. «Was soll das heißen?»

«Verdeckte Tätigkeit oder nicht?»

«Anstiftung zum Mord? Ich bitte Sie!»

«Dieser Verdacht besteht.»

Elo überlegte eine Weile, bevor er sagte: «Er ist an verdeckten Ermittlungen beteiligt, ja, aber dieser Verdacht ist doch hanebüchen!»

«Darüber können wir uns morgen ausführlicher unterhalten. Jetzt will ich nur wissen, ob Järn als verdeckter Ermittler an einem Fall beteiligt war, bei dem es um Waffenschmuggel aus Russland geht. Die Lieferungen gehen über Finnland nach Deutschland.»

«Ja», sagte Elo. «Schon seit längerer Zeit. Wir haben ihm auch die entsprechende finanzielle Ausstattung gegeben, ein Konto in der Schweiz. Alles dokumentiert.»

«Okay. Reden wir morgen weiter. Im Polizeipräsidium in Pasila, um zehn Uhr. Ist Ihnen das recht?», sagte Takamäki und wandte sich ab.

Elo hielt ihn an der Schulter fest. «Worum geht es?»

«Darüber kann ich aus ermittlungstechnischen Gründen zurzeit nichts sagen. Morgen um zehn in Pasila», erwiderte Takamäki und ging. Verdammt, dachte er. Es sah ganz danach aus, dass er einen Fehler gemacht hatte. Hätte er doch eine Woche abwarten sollen?

Auf der Terrasse fluchte Elo und nahm einen langen Zug aus der Bierflasche.

Um 23.05 Uhr betrat Takamäki den Besprechungsraum. Trotz der späten Stunde waren fast alle da: Joutsamo, Kohonen, Strand und Nurmi. Auch Suhonen hatte sich nach Pasila geschleppt und weckte mit seinen Krücken Mitleid, aber auch Respekt. Mäki musste auf Anordnung des Arztes über Nacht in der Klinik bleiben.

Takamäki gab einen Lagebericht und erzählte von seinem Gespräch mit Elo. Alle machten eine ernste Miene.

«Verdammt seltsame Geschichte», meinte Kohonen. «Wenn das stimmt, wieso haben sie sich dann so verhalten? Warum hat es keine Zusammenarbeit gegeben?»

«Wir haben es ja versucht», erwiderte Joutsamo. «Das ist nicht unser Problem.»

«Meiner Meinung nach ist es spätestens jetzt unser Problem», meldete sich Nurmi zu Wort. «Das gibt eine teuflische Suppe, die wir mindestens bis Weihnachten auslöffeln, wenn nicht noch länger.»

«Der eine löffelt, der andere nicht», sagte Takamäki bedrückt.

Eine Weile saßen alle schweigend da. Joutsamo war diesmal nicht die Einzige, die Tee trank, denn es bestand die Chance, dass man in den nächsten Stunden schlafen gehen konnte, wenn nicht zu Hause, dann wenigstens auf einer Pritsche im Präsidium. Also war es ratsam, auf Kaffee zu verzichten.

Suhonen nahm eine Schmerztablette und spülte sie mit Wasser herunter. Takamäki musterte ihn. Suhonens Sonnenbräune war schon ein wenig verblasst, doch die Augen waren hellwach. «Järn lügt», sagte er.

Die anderen schwiegen und warteten auf eine Erklärung.

«Woher ich das weiß? Das überlegt ihr doch, oder?»

«Genau», sagte Kohonen.

«Das sagt mir mein Instinkt.»

«Dein Instinkt, aha», gab Kohonen zurück. Suhonen erwartete eine Reaktion, also sollte er sie haben.

Suhonen sah Takamäki an. Als der ihm zunickte, sprach er weiter.

«Also, erstens frage ich mich, wie die Wallin auf die Idee kam, Tammerk-Martinsonis Verbindungsdaten zu überprüfen. Mal angenommen, sie wäre über Järns Anschluss auf ihn gestoßen, dann hätte sie allein aufgrund der Nummer noch nicht wissen können, dass der Este Polizist war. Die Information kann nur von Järn gekommen sein, was anderes kann ich mir nicht vorstellen. Und woher sollen wir wissen, welches Spiel Järn und Riutta untereinander gespielt haben? Vielleicht hat Tiina Wallin die Information direkt an Lindholm weitergegeben, um sie glaubhafter erscheinen zu lassen.»

«Klingt einleuchtend», meinte Kohonen.

Suhonen fuhr fort: «Aber noch wichtiger ist die Frage, weshalb Tammerk-Martinsoni aus dem Weg geräumt werden musste. Dafür gibt es eigentlich nur eine Erklärung: um die Fracht an den deutschen Polizisten vorbei zum Empfänger zu bringen. Wenn Tammerk-Martinsoni den Lkw nach Deutschland gefahren hätte, wäre das BKA die ganze Zeit drangeblieben. Meiner Meinung nach ging es darum, die Nabelschnur zum BKA zu durchtrennen. Und das musste geschehen, bevor Tammerk-Martinsoni die Lieferung übernahm, denn danach hätte er Kollegen um sich gehabt, und der Laster wäre über Satellit und so weiter überwacht worden.»

«Das würde den Zeitpunkt erklären», überlegte Joutsamo. «Unmittelbar vor der Übernahme, nicht während des Transports. Die Fehlinformationen im Gefängnisregister deuten darauf hin, dass Tammerk-Martinsoni ein Schläfer war, der bei Bedarf kurzfristig für verdeckte Operationen eingesetzt werden konnte.»

Suhonen nickte. «Ich bin noch nicht fertig. Die Mitwirkung an der Aufdeckung von Tammerks Cover hebt die Rechtmäßigkeit von Järns verdeckter Tätigkeit auf, das heißt, er ist der Anstiftung oder mindestens der Beihilfe zum Mord schuldig.»

«Wir müssen also feststellen, mit wem in Deutschland Järn in den letzten Tagen Kontakt aufgenommen hat», sagte Joutsamo.

«Das wäre sicher hilfreich. Ich fasse nochmal zusammen: Meiner Meinung nach kann die Organisation nur durch die Zusammenarbeit von Wallin und Järn von Tammerk-Martinsonis wahrer Identität erfahren haben. Järn hat der

Frau einen Hinweis gegeben, und die hat die Information an die Organisation weitergeleitet, ohne die ursprüngliche Quelle zu nennen. Oder Järn hat Riutta direkt informiert. Das wissen wir nicht, aber in beiden Fällen läuft es auf dasselbe hinaus: Järn hat den Esten verraten.»

«Aber ...», begann Kohonen nachdenklich. «Wenn es doch irgendwie anders gelaufen ist? Vielleicht hat Tiina Wallin irgendwie die Verbindung zwischen Järn und Martinsoni entdeckt, oder irgendein estnischer Gangster hat ihn erkannt.»

«Möglich, aber nicht wahrscheinlich», sagte Suhonen.

«Wieso nicht?», fragte Kohonen.

«Der Ausgangspunkt ist doch, dass Järn den korrupten Polizisten gespielt hat, also wusste Lindholm oder zumindest Riutta, dass Järn auf ihrer Seite steht, dass sie also einen Beamten der Zentralkripo am Gängelband haben. Warum sollten sie ihn warnen, indem sie den estnischen Polizisten töten? Das macht keinen Sinn. Und dann die Methode: Heroin. Wenn die Pathologin nicht aufgepasst hätte, wäre die Sache als normale Überdosis durchgegangen.»

«Warum wurde Tammerk-Martinsonis Familie auch umgebracht?»

«Man könnte annehmen, dass dadurch der Schwerpunkt der Ermittlungen nach Tallinn verlagert werden sollte, aber ich vermute, was Riutta und Järn auf dem Band sagen, stimmt. Es war eine Überreaktion von Lindholm.»

Niemand meldete sich zu Wort.

Suhonen setzte seinen Monolog fort: «Gehen wir also davon aus, dass Järn tatsächlich ein Gangster ist und Tammerk-Martinsoni beseitigen wollte. Dazu hat er Tiina Wallin eingeschaltet. Er hat alles getan, um die Lieferung ans Ziel zu bringen, sich aber für den Fall, dass es schiefgeht, ein Hintertürchen offengelassen. Wenn Riutta und Järn über ihre Zusammenarbeit schweigen, haben wir nur ein einziges Indiz, und das belastet die Wallin.»

Takamäki nickte. «Mir scheint, Wallins Vernehmung ist derzeit unsere beste Chance, Beweise für deine Theorie zu sammeln.»

«Sie sitzt in der Zelle», sagte Strand.

«Wallin ist unsere erste Option, Riutta die zweite.»

«Riutta ist noch auf freiem Fuß», gab Joutsamo zu bedenken. «Sollen wir ihn festnehmen? Er ist in seinem Haus in Westend geblieben ...»

«Wenn keiner von euch einen Gegenvorschlag hat, nehmen wir ihn fest», sagte Takamäki.

«Und was wird aus der Waffenlieferung?», fragte Kohonen. «Die Operation geht uns zwar eigentlich nichts an, aber es wäre doch gut, wenn die Deutschen herausfänden, wer sich Tausende von Maschinenpistolen verschaffen will.»

«Darüber müssen wir uns morgen mit der Zentralkripo unterhalten. Wenn nötig, können die Knarren morgen Abend aufs Schiff. Kohonen, du koordinierst Riuttas Festnahme. Anna und ich vernehmen Tiina Wallin. Strand und Nurmi, ihr dürft schlafen gehen, aber legt das Handy aufs Kopfkissen, falls wir euch brauchen», ordnete Takamäki an. «Suhonen hat Genesungsurlaub ... bis morgen früh. Wir dürfen übrigens nicht vergessen, gleich morgen früh den Staatsanwalt als Ermittlungsleiter in puncto Järn einzuschalten. Und jetzt kocht einer von euch mal eine Kanne richtig starken Kaffee!»

Als Takamäki und Joutsamo den kahlen Vernehmungsraum betraten, saß Tiina Wallin im grünen Overall des Polizeigefängnisses und ungeschminkt auf einem Stuhl und starrte vor sich auf den Tisch. Sie hatte die Arme vor der

Brust verschränkt und wirkte mitgenommen. Die Klimaanlage brummte.

«Wie fühlst du dich?», fragte Joutsamo, noch bevor sie und Takamäki sich setzten. Mikrophon und Recorder standen bereit, sollten aber zunächst nicht verwendet werden. Vorläufig handelte es sich nur um eine Befragung, nicht um eine offizielle Vernehmung.

«Ganz gut. In Anbetracht der Umstände», antwortete Tiina Wallin leise.

«Hast du in der Klinik Medikamente bekommen?»

«Ich weiß nicht. Irgendwas gegen die Aufregung.»

Joutsamo nickte. Sie hatte die ärztliche Bescheinigung gesehen und wusste genau, welches Beruhigungsmittel die Frau bekommen hatte, doch sie hielt sich an eine bewährte Taktik. Zu Anfang leichte Fragen, die Mitgefühl signalisierten. Die Frage «Willst du reden?» war tabu. Man durfte Tiina Wallin keine Wahl lassen, sie *musste* reden.

«Jetzt fühlst du dich besser als an der Tankstelle?», fuhr Joutsamo fort. Sie wusste, dass sie selbst eine Tablette brauchen würde, um einschlafen zu können, aber vorläufig musste sie sich auf die Arbeit konzentrieren.

«Ja. Viel besser.»

«Sicherer?»

Tiina lächelte. «Genau.»

Weiter wollte Joutsamo die Handgranatenkarte nicht ausreizen, um keine Abwehrreaktion zu provozieren. Sie hatte Tiina lediglich daran erinnern wollen, wem sie zu Dank verpflichtet war. «Möchtest du etwas trinken? Tee? Kaffee? Oder lieber Wasser oder Limo?»

«Wenn du Limo hast, gern.»

«Holst du welche, Kari? Bring mir bitte auch eine mit», sagte Joutsamo. Takamäki nickte, schnaubte verächtlich und ging. Joutsamo sprach weiter: «Ich weiß, dass du nicht verheiratet bist, aber hast du einen Lebensgefährten, Freund oder sonst einen Angehörigen, den wir benachrichtigen sollten? Mutter, Vater oder irgendwen?» Auch dies war eine der Fragen, mit denen Tiina unmerklich in die Ecke getrieben wurde. Die Polizei wusste Bescheid und wollte trotzdem helfen, stand also gewissermaßen auf der Seite der Befragten.

«Ich hab keinen Freund. Meine Eltern leben in Haukipudas, aber mit denen hab ich vor einem Monat zuletzt gesprochen, die braucht ihr nicht zu benachrichtigen.»

«Warum nicht?»

Als Tiina zögerte, wusste Joutsamo Bescheid. Die Frau schämte sich. Das war gut. Sie wusste, dass sie falsch gehandelt hatte.

«Na, vorläufig noch nicht, wenn's geht.»

«Ist mir recht», nickte Joutsamo. Die Elternschiene konnte später eingesetzt werden, falls sie bei der Vernehmung nicht vorankamen. Man konnte beispielsweise die Mutter ins Polizeigefängnis bitten. Der Trick hatte schon öfter gewirkt.

Takamäki kam mit drei Flaschen Sprite zurück, setzte sich hin und reichte den beiden Frauen jeweils eine Flasche. Tiina schraubte ihre auf, Joutsamo ebenfalls. Takamäki ließ seine Flasche ungeöffnet auf dem Tisch stehen, obwohl auch er Durst hatte.

Die beiden Frauen tranken. Danach verschränkte Tiina die Arme nicht mehr vor der Brust, sondern legte die Hände auf den Tisch.

«Hör mal, Tiina, wie soll ich es sagen …», setzte Joutsamo an, obwohl sie haargenau wusste, wie sie es sagen musste. «Also, deine Lage ist ziemlich schlecht … ehrlich gesagt, sehr schlecht …»

Takamäki donnerte dazwischen: «Verdammt schlecht,

würde ich sagen. Sie sind unter dem Verdacht der Anstiftung zum Mord festgenommen worden. Darauf steht lebenslänglich!»

Tiina schwieg betroffen.

Joutsamo sprach nicht sofort weiter, sondern ließ Takamäkis Worte wirken. Hoffentlich hatte die Frau begriffen, dass sie keinen Ausweg hatte, denn das war der richtige Moment, ihr die letzte Chance zu bieten. «Ja, das heißt, so sieht es aufgrund unserer Ermittlungen aus. Sehr schlecht. Ich will dir nichts vormachen, deshalb muss ich dir sagen, dass du nicht ohne Haftstrafe davonkommst. Du kommst ins Gefängnis, aber wir haben noch einige Lücken in unseren Ermittlungen, unter anderem, was deine Rolle betrifft. Viele in unserer Gruppe haben ...» – Joutsamo zögerte und sah zu Takamäki hinüber – «eine genaue Vorstellung von deiner Tätigkeit, aber ich hab da meine Zweifel. Ich bin mir nicht sicher ... Wenn ich die anderen überzeugen soll, musst du mir erzählen, was passiert ist ... Das ist deine einzige Chance.»

Tiina schwieg.

Takamäki brauste auf: «Ich hab dir doch gesagt, es bringt nichts. So wie der Fall liegt, kriegt sie lebenslänglich, und in Anbetracht der Umstände heißt das mindestens sechzehn Jahre. Mindestens. Und sie hat jedes einzelne verdient. Umso besser, wenn sie nicht redet. Die Protokolle von der Telefonabhörung reichen völlig aus. Verdammt nochmal!»

Tiina sah Joutsamo an. «Ich kann mit dir reden, aber der Typ verschwindet.»

«Kommt nicht in Frage», sagte Takamäki.

«Dann sag ich kein Wort.»

«Umso besser», gab Takamäki bissig zurück und fragte sich, ob er zu weit gegangen war. «Sechzehn Jahre. Mindestens.»

Joutsamo mischte sich ein. «Der Typ verschwindet, sobald ich mit den Fingern schnippe, aber dann muss ich unser Gespräch auf Band aufnehmen. Ist dir das recht?»

«Von mir aus», sagte Tiina. «Wenn du wirklich mit den Fingern schnippst.»

Joutsamo tat es. Takamäki blieb demonstrativ zwei Sekunden sitzen, dann nahm er die Limonadenflasche und stand auf. Bevor er ging, warf er Tiina noch einen verächtlichen Blick zu.

Im Hinausgehen hörte Takamäki, wie Joutsamo sagte: «Ein Arschloch. Der kapiert überhaupt nichts. Brauchst du einen Anwalt?»

«Ich glaub nicht.»

«Gut», sagte Joutsamo.

Takamäki lächelte erst auf dem Flur.

30. Kapitel

Freitag, 1.05 Uhr
Polizeigebäude, Pasila

Takamäki, der am Computer saß und schrieb, fuhr auf, als Joutsamo plötzlich in der Tür stand. Sie hatte eine Teetasse in der einen und einen Notizblock in der anderen Hand.

«Na?», fragte Takamäki. Er war im Präsidium geblieben, um auf das Ergebnis der Vernehmung zu warten.

Joutsamo lächelte und kam herein. «Du hättest einen Oscar verdient.»

«Wenn die für solche Darbietungen vergeben würden, hätten wir alle die Regale voll davon. Du auch. Also?»

Joutsamo setzte sich. «Sie hat mir eine lange Story erzählt. Zum Teil eindeutig gelogen. Nachdem sie einmal angefangen hatte, hat sie die Sache kräftig zu ihren Gunsten hingebogen.»

«Irgendwas Brauchbares?»

«Viel. Das Wichtigste ist, dass sie Riuttas Geliebte war. Der hatte ihr den Auftrag gegeben, sich Järn gefügig zu machen, weil der ihm durch den Hinweis des BKA auf die Spur gekommen war. Die Einzelheiten lass ich jetzt aus, obwohl die auch wichtig sein können. Jedenfalls hat Tiina später mit Järn gemeinsames Spiel gemacht.»

«Also zwei Bosse?»

«Genau. Ihrer Aussage nach wollte sie mit Järn zusammen Riutta abzocken, weil der reichlich Kohle hatte. Järn war auf die Idee mit dem korrupten Polizisten verfallen. Gerade zu der Zeit war die erste Schmuggellieferung nach Deutschland akut. Nach Tiinas Darstellung hat Järn die

Amtshilfebitten der Deutschen torpediert und behauptet, die Zentralkripo hätte nichts rausgefunden.»

«Wie viel Lieferungen waren es?»

«Die heutige ist die dritte.»

«Scheiße. Alles Waffen?»

Joutsamo trank einen Schluck Tee. «Wahrscheinlich. Sie wusste es nicht sicher. Kann also auch was anderes gewesen sein. Tiina zufolge hat Järn den estnischen Fahrer mit ihrer Hilfe auffliegen lassen. Sie behauptet, von dem geplanten Mord nichts gewusst zu haben. Die Verbindungsdaten hatte sie auf Riuttas und Järns Bitte überprüft, ohne zu wissen, weshalb. Von der Rolle des BKA hatte sie auch keine Ahnung.»

«Offenbar hat jeder ihr seine eigene Version serviert», meinte Takamäki.

«Ja, und sie biegt das alles nochmal so zurecht, wie es für sie am günstigsten ist ... Zum Beispiel behauptet sie, Lindholm hätte ihr aufgetragen, sich an die Männer von der Schädelbrigade ranzumachen, um die beiden als Lkw-Fahrer zu gewinnen.»

«Klingt nicht sehr plausibel.»

«Aber», sagte Joutsamo und zog ihre Notizen zurate, «Järn hat es nicht gefallen, dass sie mit den beiden ins Bett gegangen ist.»

«Nichts davon widerlegt Järns Darstellung.»

Joutsamo trank Tee und ließ den Kommissar warten. «Nein. Nach Tiinas Aussage wurde das Honorar für Järns verdeckte Tätigkeit auf ein Konto in der Schweiz überwiesen. Davon wusste die Zentralkripo offenbar. Aber Järn hat ein zweites, noch geheimeres Konto in Gibraltar, bei der International Bank of Central Islands.»

«Hat er ihr das gesagt?»

«Nein, aber sie hat sämtliche Anschlüsse Järns, von denen sie wusste, überprüft, und von einem war viermal bei der Bank angerufen worden.»

«Haben wir die Kontonummer?»

«Nein. Tiina hat Riutta im Bett gefragt, wie viel der Polizist bekäme. Riutta hat von einer Million Euro gesprochen. Die gleiche Summe sollte sie auch bekommen, wenn alles geklappt hätte.»

Takamäki überlegte einen Moment. «Bei Järn kommen wir mit Tricks nicht weiter, der kennt die Vernehmungstechniken in- und auswendig. Wir können uns natürlich bei der Bank erkundigen, aber das ist eine langwierige Sache. Wie wäre es, wenn wir Järn direkt nach dem Gibraltar-Konto fragen? Das würde ihm einen Schock versetzen.»

«Mit dem Erfolg, dass er Riutta anschwärzt?»

«Das könnte ich mir vorstellen. Sicher wird er nicht sofort reden, aber es reicht, wenn er ins Grübeln kommt. Dann überlegt er sich eventuell, dass er uns doch besser seine eigene Version der Ereignisse liefert, um eine geringere Strafe zu bekommen. Das wiederum gibt uns die Chance, für alle drei die Maximalstrafe zu erreichen.»

«Jetzt?»

Takamäki nickte.

Järn schlief, als Takamäki und Joutsamo die enge Zelle des Polizeigefängnisses betraten. Auf Takamäkis Bitte ließ der Wärter die Tür offen. Järn setzte sich verschlafen auf.

Mit Komfort war das Polizeigefängnis nicht gesegnet. Auf der schmalen Pritsche lag eine dünne Matratze, die Toilette befand sich im selben Raum, es roch beißend nach Reinigungsmittel. Putzmittel mit Rosenduft kannte man hier nicht.

«Bist du wach?», fragte Takamäki.

Järn rieb sich die Augen und schob die dünne Decke beiseite. Er trug den grünen Overall der Untersuchungshäftlinge. «Ich war gerade eingeschlafen. Ist das die Methode, mit der die Helsinkier Gestapo ihre Häftlinge zum Reden bringt? Weckt ihr mich stündlich, bis ich gestehe?»

«Nein», sagte Takamäki.

«Eine Zeugin hast du auch dabei, damit ich dir keine Körperverletzung anhängen kann», stichelte Järn weiter.

«Hör zu, dies ist keine Vernehmung. Bei den Ermittlungen heute Abend ist eine dringende Frage aufgetaucht.» Takamäki wusste, dass er sich auf dünnem Eis bewegte. Er wollte einen Vorstoß riskieren und abwarten, wie Järn darauf reagierte, sei es sofort oder in den nächsten Tagen. Es ging darum, ihm klarzumachen, dass er nicht unangreifbar war.

«Wir haben die Sache mit der Undercover-Tätigkeit überprüft und festgestellt, dass du tatsächlich dienstlich beauftragt warst, den korrupten Polizisten zu spielen», fuhr Takamäki fort.

«Wie schön, dass ihr ab und zu mal was feststellt.»

«Genau. Deshalb brauchen wir jetzt einen ersten Kommentar zu dem Konto in der Schweiz. Uns ist nicht ganz klar, was es damit auf sich hat.»

Järn lachte auf. «Das hab ich euch im Auto doch erklärt. Hast du Elo nicht danach gefragt? Das Konto wurde speziell für diese Operation eröffnet. Was Riutta mir zahlt, fließt dorthin. Das wird alles ganz genau kontrolliert.»

Takamäki gab sich überrascht und ratlos.

Wieder lachte Järn höhnisch. «Und damit kommt ihr mitten in der Nacht an, um mich unter Druck zu setzen? Verdammt nochmal, wenn das alles ist, was ihr könnt, solltet ihr euch das Lehrgeld zurückgeben lassen!»

Takamäki rieb sich das Gesicht. «Tja … da ist noch was. Wir sind nämlich auf ein zweites Konto gestoßen. Bei der

Bank of Central Islands in Gibraltar. Wie passt das ins Bild?»

Das überhebliche Grinsen verschwand abrupt von Järns Gesicht, seine Schultern sackten herunter. «Ein Konto in Gibraltar? Was soll der Scheiß?», fragte er angriffslustig, doch seine Körpersprache zeigte, dass er sich seiner Niederlage bewusst war.

«Eine Million Euro», sagte Takamäki. «Der gute Polizist, der einen bösen Polizisten spielt, ist tatsächlich böse. Zum Donnerwetter, Järn, damit kommst du nicht durch!»

Der Kommissar sah, dass er sein Ziel erreicht hatte. Der Widerstand war gebrochen. Für die Vernehmung am nächsten Morgen konnte das nur nützlich sein. Järn würde in dieser Nacht nicht mehr schlafen, sondern sich Erklärungen zurechtlegen. Und je mehr er erklärte, desto tiefer verstrickte er sich.

Takamäki und Joutsamo warteten eine halbe Minute lang, doch Järn blieb stumm. Er schien zusammenzuschrumpfen.

«Sonst hast du nichts zu sagen?», fragte Takamäki.

Järn gab keine Antwort.

Takamäki und Joutsamo verließen die Zelle, und der Wärter schlug die Tür so fest zu, dass wahrscheinlich sämtliche Insassen des Polizeigefängnisses wach wurden.

Freitag

31. Kapitel

Freitag, 6.40 Uhr
Tarvontie, Stadtteil Munkkiniemi, Helsinki

Takamäki brachte seinen Toyota-Kombi am Anfang der Autobahn nach Turku zum Stehen. Als Anfang bezeichneten diese Stelle natürlich nur die Menschen in der Hauptstadtregion, aus Turkuer Sicht handelte es sich um das Ende. So oder so, die Ampel stand auf Rot.

Es war kein anderer Wagen in Sicht, aber Takamäki hielt sich – obwohl er im Einsatz war – an die Verkehrsregeln. Auf die paar Sekunden kam es nicht an. Jetzt schon gar nicht mehr.

Vor zwanzig Minuten hatte er einen Anruf aus dem Polizeigefängnis bekommen. Järn hatte seine Bettdecke zum Tau gedreht und sich am vergitterten Fenster erhängt. Der Wärter, der ihn bei der Morgenrunde fand, hatte vorschriftsgemäß die Schlinge um den Hals gelockert, nach Lebenszeichen gesucht und den Krankenwagen alarmiert. Gleich anschließend hatte er Takamäki angerufen.

Die Ampel sprang um, und Takamäki lenkte seinen Wagen auf die Huopalahdentie.

Er dachte über seine Ermittlungstaktik nach. War er zu brutal vorgegangen? Nein, sagte er sich, Järn hat seine eigenen Schlüsse gezogen. Er hätte ein Geständnis ablegen können, doch er hat sich anders entschieden. Der Selbstmord war Järns Wahl, Takamäki musste sein Gewissen damit nicht belasten.

Vizedirektor Elo würde entscheiden müssen, ob die Waffenlieferung nach Deutschland weitertransportiert werden sollte. Oder hatte sich auch dort der zuständige Beamte bestechen lassen? Vielleicht war es besser, wenn die Sicherheitspolizei die Zusammenarbeit mit dem BKA übernahm. Mit diesem Teil des Falls würde Takamäki jedenfalls bald nichts mehr zu tun haben.

Es ärgerte ihn, dass er Järn nicht mehr vernehmen konnte, denn er hatte gehofft, dadurch ein noch klareres Bild zu gewinnen. Doch auch so lag genügend Material für eine Anklage vor. Die Bandaufnahme der Unterhaltung in Westend und Tiina Wallins Aussage über Riuttas Rolle reichten für eine Verurteilung aus. Vor allem, wenn die Frau noch mehr erzählte. Und das würde sie mit Sicherheit tun.

Je länger Takamäki über den Fall nachdachte, desto zentraler schien ihm Tiina Wallins Rolle. Sie hatte sowohl mit Riutta als auch mit Järn gespielt. Es lag auf der Hand, dass sie alle an der Nase herumgeführt hatte, um an Riuttas und Järns Geld heranzukommen. Nun würde sie natürlich versuchen, die Polizei hinters Licht zu führen und ihre eigene Rolle herunterzuspielen.

Genau deshalb wären Järns Aussagen wichtig gewesen. In der jetzigen Situation würden Riutta und Wallin die ganze Schuld auf den Toten abwälzen.

Folglich mussten alle abgehörten Telefonate genau analysiert werden, um herauszufinden, ob die verschlüsselten Äußerungen die Darstellungen der Angeklagten bestätigten oder widerlegten. Nur so konnte man die Lügen aus ihren Aussagen herausfiltern.

Aber kam es letzten Endes auf die volle Wahrheit an oder genügte es, eine Verurteilung zu erreichen?

Und was hatte es mit den Waffen auf sich? Für wen hatte Riutta den Transport organisiert? Wahrscheinlich für einen Auftraggeber im Ausland. Wenn Riutta schwieg, würde man es womöglich nie herausfinden.

Riutta würde auf jeden Fall wegen mehrfacher Anstiftung zum Mord zu lebenslänglicher Haft verurteilt werden. Tiina Wallin hatte wegen Beihilfe zum Mord an Tammerk-Martinsoni vermutlich sieben bis acht Jahre zu erwarten, von denen sie die Hälfte absitzen musste. In den knapp vier Jahren im Frauengefängnis in Hämeenlinna würde sie zumindest das Nähen lernen. Dann hatte sie immerhin einen ordentlichen Beruf.

Takamäki fuhr am Hauptkontor der Versicherungsgesellschaft Pohjola vorbei auf die Lapinmäentie. Kannte Tiina Wallin die Nummer von Järns Konto in Gibraltar? Hatte sie selbst auch ein Geheimkonto? Die Antwort auf beide Fragen lautete vermutlich Ja. Tiina Wallin hatte ihre Entscheidung getroffen. Wenn man in die Ecke getrieben wurde, kam man am leichtesten heraus, indem man die Verantwortung auf andere abschob. Vier Jahre Gefängnis waren eine lange Zeit, selbst wenn irgendwo ein Haufen Geld wartete. Andererseits: Wenn die Summe hoch genug war, waren vier Jahre vielleicht doch nicht so viel.

Mit diesem Ermittlungsstrang würde sich das Dezernat für Wirtschaftskriminalität befassen. Wenn die Kollegen dort gründliche Arbeit leisteten, waren die Konten leer, bevor Tiina Wallin aus der Haft entlassen wurde. Takamäki beschloss, nach Kräften dazu beizutragen.

Es würde zweifellos ein hektischer Tag werden. Die oberste Polizeiführung würde sich melden, und die Schießerei in Hanko musste untersucht werden. Wegen Järns Verwicklung in den Fall würde sich auch der für Amtsdelikte zuständige Staatsanwalt in die Ermittlungen einschalten.

Takamäki unterdrückte den Impuls, Joutsamo anzurufen. Sie hatte sich ebenso in den Fall verbissen wie er – vielleicht sogar noch mehr.

Er hatte seine Hauptmeisterin in der Nacht nach Hause

gefahren. Beide hätten gern über den Zwischenfall in Hanko gesprochen, doch keiner wollte den Anfang machen. Vor Joutsamos Haus war der Kommissar ausgestiegen und hatte seine Mitarbeiterin fest umarmt. «Versuch zu schlafen», hatte er gesagt. Falls Joutsamo Schlaf gefunden hatte, wollte er sie auf keinen Fall wecken.

Der folgende Dienstag

32. Kapitel

Dienstag, 13.45 Uhr
Flughafen Helsinki-Vantaa

Kaarina Takamäki reichte der Angestellten am Abflugschalter der Finnair drei Tickets und drei Pässe. Kalle und Joonas standen stumm neben ihrer Mutter. Über Lautsprecher wurde irgendeine Verspätung angekündigt.

«Nach Kreta», sagte die rothaarige Angestellte lächelnd und gab die Buchungsnummer in den Computer ein. «Hmm, der Reservierung nach sollten Sie zu viert sein.»

«Wir sind aber nur zu dritt», erwiderte Kaarina Takamäki eisig.

«Aha», nickte die junge Frau. «Und wie viele Gepäckstücke geben Sie auf?»

«Zwei.»

Joonas, der ältere der beiden Jungen, wuchtete den ersten Koffer aufs Band, und die Angestellte befestigte den Aufkleber am Griff. Kalle, der jüngere, sah sich verstohlen um. Vielleicht tauchte sein Vater ja noch auf. Doch er war nirgends zu sehen.

Noch am Morgen hatte Kari Takamäki geglaubt, in einigen Stunden mit seiner Familie nach Kreta zu fliegen, doch nun saß er in einem Vernehmungsraum der Zentralkripo. Der Grund war ein Gespräch mit dem Leiter der Polizeiabteilung im Innenministerium, das am Vormittag stattgefunden hatte.

Der Leiter der Polizeiabteilung hatte sich von Takamäki persönlich über den Stand der Ermittlungen unterrichten lassen und ihn dann als Sachverständigen in eine vom Generalstaatsanwalt geleitete inoffizielle Untersuchungskommission berufen, die die Rolle der Zentralkripo in der Waffenaffäre klären sollte.

Takamäki hatte bei dem Gespräch erfahren, dass der Innenminister sich mit seinem deutschen Kollegen in Verbindung gesetzt hatte. Die Situation war heikel. Aus außenpolitischen Gründen sollte die Untersuchung ohne Aufsehen durchgeführt werden. Da Järn tot war, erübrigte sich die Ermittlung gegen ihn. Elo, der theoretisch ebenfalls unter Verdacht stand, hatte sich krankschreiben lassen, bevor seine Suspendierung publik wurde. Gegen ihn wurde bisher nicht ermittelt.

Der Leiter der Polizeiabteilung und der Generalstaatsanwalt hatten beschlossen, als Erstes eine «Hausdurchsuchung» bei der Zentralkripo durchzuführen. Es handelte sich dabei um eine inoffizielle Überprüfung. Falls dabei Unregelmäßigkeiten ans Licht kamen, sollte später ein offizielles Untersuchungskomitee eingesetzt werden. Takamäki erhoffte sich von der Überprüfung auch nützliche Hinweise für seine Mordermittlung.

Die EDV-Experten der Helsinkier Kriminalpolizei durchsuchten gerade die Computersysteme der Zentralkripo nach E-Mails und anderen Dokumenten, die mit der Deutschlandoperation zu tun hatten. Auf dem Tisch des Vernehmungsraums, in dem Takamäki saß, standen Ordner aus Järns Dienstzimmer und aus der Abteilung für internationale Kontakte. Sie enthielten die gesamte Korrespondenz mit dem BKA und sonstiges Material über die Operation, mit dessen Sichtung man jedoch erst begonnen hatte. Ein Teil der Papiere war in finnischer, ein Teil in deutscher oder englischer Sprache.

Die Arbeitsteilung sah vor, dass die Mitarbeiter des Generalstaatsanwalts die verdeckte Operation durchleuchteten, während die von Takamäki geleitete Gruppe den Informationsaustausch untersuchte.

Was für ein Schlamassel, dachte Takamäki. Eigentlich hätte er jetzt in der Bar am Flughafen Cola für seine Söhne und trockenen Weißwein für seine Frau bestellen sollen.

Die Tür zum Vernehmungsraum ging auf, Strand brachte weitere Ordner. «Das nimmt kein Ende. Sie haben auch den Nebenraum für uns reserviert.»

«Wer weiß, ob der ausreicht», brummte Joutsamo.

Takamäki sah auf die Uhr: 13.50. Eine Stunde bis zum Abflug. Vielleicht sollte er seine Frau anrufen und ihr noch einmal sagen, wie leid es ihm tat. Er hatte sich vom Leiter der Polizeiabteilung überreden lassen, auf seinen Urlaub zu verzichten. Wichtige Angelegenheit, gesellschaftliche Bedeutung, Glaubwürdigkeit der Polizei – von diesen Floskeln hatte Takamäki sich blenden lassen. Nun war es zu spät. Er musste mit der Entscheidung leben, die er am Vormittag getroffen hatte. Jetzt ging es um den Fall.

Er schlug einen der Ordner auf. Zuoberst lag ein Bericht des deutschen Justizministeriums. Takamäkis Deutschkenntnisse waren nicht überragend, reichten aber aus, um der Überschrift zu entnehmen, dass es sich um einen Vergleich der Gesetzgebung zu polizeilichen Gewaltmaßnahmen im Norden der EU handelte.

Mist, dachte Takamäki und blätterte weiter. Es war eine Wahnsinnsarbeit, das richtige Material zu suchen.

«Hör mal, Chef», sagte Joutsamo, die ein wenig später gekommen war und nun neben ihm saß. «Ist das wirklich unsere Sache?»

«Ja, weil man sie uns zugeteilt hat», antwortete Takamäki. «Wir ermitteln parallel in zwei Fällen, die eng miteinander verknüpft sind.»

«Das ist doch kein Mordfall mehr. Jedenfalls kein akuter. Alle Täter sind tot oder in Untersuchungshaft.»

«Willst du was trinken?», fragte Takamäki. Bei den Papiermengen war eine Tasse Kaffee angebracht.

«Weißt du was, ich glaube, du leidest unter posttraumatischem Stress», sagte Joutsamo und sah Takamäki in die Augen. «Die Symptome sind ganz deutlich.»

«Was?»

«Du brauchst eine Woche Urlaub.»

Takamäki fragte sich, ob Joutsamo sich über ihn lustig machte. Das konnte er im Moment wirklich nicht gebrauchen. Trotzdem schluckte er die heftige Bemerkung, die ihm auf der Zunge lag, herunter und sagte nur: «Ja, sicher ...»

«Im Ernst», beharrte Joutsamo.

«Hör auf.»

«Du schaffst es noch zum Flughafen.»

«Vielleicht, aber der Leiter der Polizeiabteilung ...»

Joutsamo lachte auf. «Wann hast du je nach seiner Pfeife getanzt? Nie. Also fang nicht ausgerechnet jetzt damit an.»

Takamäki schüttelte resigniert den Kopf. «Ich hab kein Ticket, keinen Pass und keinen Koffer.»

«Aber ich», sagte Joutsamo. «Kalle hat mich angerufen, ich hab deine Sachen bei euch abgeholt.»

«Kalle? Du meinst ...»

«Ja. Dein Sohn Kalle hat mich gebeten, dafür zu sorgen, dass du nach Kreta mitkommst ... Also, wie wär's?»

Takamäki überlegte kurz und sah noch einmal auf die Uhr. «Er hat dich angerufen?», lächelte er und stand auf. Joutsamo blieb jedoch sitzen.

«Eine Bedingung», sagte sie. «Du lässt dein Handy hier. Deine treue Sekretärin Joutsamo hält dir die bösen Geister vom Leib, während ihr Chef sich auf das sogenannte Material konzentriert.»

«Weiß Karila Bescheid?»

Joutsamo schüttelte den Kopf. «Nein, aber ich werde es ihm sagen, und er wird es verstehen. Außerdem dauert es seine Zeit, das ganze deutschsprachige Material übersetzen zu lassen», grinste sie.

«Dann nichts wie los», lächelte Takamäki.

«Mit Blaulicht und Sirene», sagte Joutsamo.

Sie waren um 14.05 Uhr am Flughafen, von Tikkurila aus war es nicht weit. Joutsamo setzte ihren Polizeiausweis ein, um Takamäki an allen anderen vorbei zum Check-in zu lotsen, und um 14.15 umarmten sich die beiden vor dem Eingang zur Sicherheitskontrolle. Noch fünfunddreißig Minuten bis zum Abflug.

«Okay», sagte Joutsamo. «Dein Handy.»

Takamäki reichte es ihr. «Danke, Anna.»

«Nichts zu danken.»

«O doch», lächelte Takamäki und ging durch die Kontrolle. Für Cola und Weißwein am Flughafen reichte die Zeit nicht mehr, aber mit Champagner im Flugzeug war seine Frau sicher auch zufrieden.

Takamäki sah seine Frau und seine Söhne still auf einer Bank vor Gate 28 sitzen. Von Urlaubsstimmung keine Spur. Er war noch zehn Meter von seiner Familie entfernt, als Kalle ihn entdeckte und auf ihn zulief. «Vati!», rief er. «Du bist gekommen!»

Auch Joonas stand auf, und Takamäkis Frau lächelte. Takamäki drückte Kalle fest an sich. «Danke», sagte er.

Donnerstag

8. Dezember 2005

Fünf Monate später

Takamäki saß auf dem Sofa, der Fernseher lief. Die Nachrichten sollten gleich anfangen. Es war still im Haus, denn die Jungen waren beim Eishockeytraining, und Takamäkis Frau besuchte einen Kurs an der Volkshochschule. Beides endete um die gleiche Zeit, sodass sie die Jungen auf dem Rückweg abholen konnte.

Die Hauptreportage des Abends kam aus dem Gerichtsgebäude.

Der Nachrichtensprecher sagte: «Vor dem Amtsgericht in Helsinki fand heute die Urteilsverkündung im Prozess über den sogenannten Brummi-Mord statt. Die Ereignisse, die zum Tod von insgesamt sieben Menschen führten, begannen im Juli mit einem Feuer in Pasila ...»

Dann kam Sanna Römpöttis Reportage. Die Aufnahme zeigte den ergrauten Antti Riutta, der in einem leicht zerknitterten braunen Anzug in den Gerichtssaal ging. Die Reporterin sprach im Off: «Der Geschäftsmann Antti Riutta wurde wegen Anstiftung zu drei Morden zu lebenslänglicher Haft verurteilt. Das Gericht kam zu der Auffassung, dass Riutta gemeinsam mit dem später verstorbenen Lauri Lindholm den Auftrag erteilt hat, einen verdeckt operierenden estnischen Polizisten und seine Familie zu ermorden. Der Polizist wurde in Helsinki mit Heroin vergiftet, seine Frau und seine Tochter wurden in Tallinn erschossen.

Nach Ansicht des Gerichts sollte durch die Morde die

Aufdeckung der kriminellen Organisation verhindert werden.

Die Täter sind bekannt, doch sie konnten der irdischen Gerechtigkeit nicht zugeführt werden. Beide wurden im Juli bei einem Schusswechsel mit der Polizei in Hanko getötet. Der zuständige Staatsanwalt im Bezirk Raasepori hat auf eine Anklageerhebung verzichtet. Die beteiligten Polizisten haben in Notwehr gehandelt.»

Nach der verlassenen Tankstelle bei Hanko wurde nun Tiina Wallin gezeigt, die – ungeschminkt und im Trainingsanzug – fast kindlich wirkte. «Tiina Wallin, die für die Verbrecherorganisation Telefondaten ausspionierte, wurde wegen Beihilfe zum Mord an dem verdeckten Ermittler und verschiedener kleinerer Delikte zu einer Gesamtstrafe von sechseinhalb Jahren verurteilt. Dass Wallin nach ihrer Festnahme die Polizei bei ihren Ermittlungen unterstützte, wirkte sich strafmindernd aus.

Der gesamte Fall ist mit einem großangelegten Schmuggelgeschäft verknüpft. Worum es dabei ging, ist nicht zu erfahren, denn das Gericht hat über diesen Teil der Prozessakten eine zwanzigjährige Geheimhaltungsfrist verhängt. Hinter geschlossenen Türen wurde auch die Tätigkeit eines Kommissars der Zentralkripo behandelt, der in den Fall verwickelt war und sich im Sommer im Polizeigefängnis das Leben nahm. Es wurde lediglich verlautbart, dass es im Rahmen einer verdeckten Operation der Zentralkripo zu Unregelmäßigkeiten gekommen war.»

Nun kam Römpötti selbst ins Bild. «Mit der heutigen Urteilsverkündung ist dieser außergewöhnliche Kriminalfall, der gewaltiges Aufsehen erregt hat, abgeschlossen. Die Arbeit des von der Regierung eingesetzten Komitees, das die Kriterien verdeckter Operationen beurteilen soll, wird dagegen noch einige Zeit in Anspruch nehmen.»

Damit gab die Reporterin zurück ins Studio. Der Nachrichtensprecher leitete zum nächsten Bericht über: «Im Irak starben heute …»

Takamäki schaltete den Fernseher aus und beschloss, eine Runde joggen zu gehen.

Eiskalte Morde:
Die ganze Welt der skandinavischen Kriminalliteratur bei rororo

Liza Marklund
Studio 6
Roman 978-3-499-22875-9
Auf einem Friedhof hat man eine Frauenleiche gefunden. Das Opfer war eine Tänzerin im Stripteaseclub «Studio 6». Die Journalistin Annika Bengtzon stellt wieder eigenmächtig Nachforschungen an ...
«Schweden hat einen neuen Export-Schlager: Liza Marklund.» Brigitte

Liza Marklund
Olympisches Feuer
Roman 978-3-499-22733-2

Karin Alvtegen
Die Flüchtige
Roman 978-3-499-23251-0
Mit ihrem ersten Roman «Schuld» (rororo 22946) rückte die Großnichte Astrid Lindgrens in die Top-Riege schwedischer Krimiautoren.

Jørn Lier Horst
Ruhe nicht in Frieden
Kriminaloman 978-3-499-24209-0
Die Entdeckung aus Norwegen! Der erste Fall für Kommissar Wisting.

Leena Lehtolainen
Alle singen im Chor
Roman 978-3-499-23090-5
Maria Kallio muss sich bewähren. Ein heikler Fall für die finnische Ermittlerin.

Leena Lehtolainen
Wie man sie zum Schweigen bringt
Roman

978-3-499-23829-2

Weitere Informationen in der Rowohlt Revue *oder unter* www.rororo.de